世界哲學家叢書

恩 格 斯

李 步 樓 著

1996

東大圖書公司印行

國家圖書館出版品預行編目資料

恩格斯／李步樓著. -- 初版. -- 臺北
市：東大發行：三民總經銷，民85
面；　公分. --（世界哲學家叢書）
參考書目：面
含索引
ISBN 957-19-2036-3 （精裝）
ISBN 957-19-2037-1 （平裝）

1.恩格斯（Engels, Friedrich,
1820-1895)-學術思想-哲學

147.79   85010870

國際網路位址　http://sanmin.com.tw

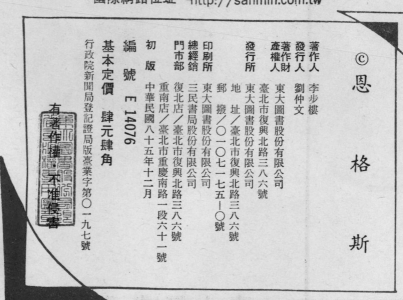

ⓒ 恩格斯

著作人　李步樓
發行人　劉仲文
著作財　東大圖書股份有限公司
產權人
發行所　東大圖書股份有限公司
　　　　地址／臺北市復興北路三八六號
　　　　郵撥／○一○七一七五一○號
印刷所　東大圖書股份有限公司
總經銷　三民書局股份有限公司
門市部　復北店／臺北市復興北路三八六號
　　　　重南店／臺北市重慶南路一段六十一號
初版　　中華民國八十五年十二月
編號　E 14076
基本定價　肆元肆角
行政院新聞局登記證局版臺業字第○一九七號

ISBN 957-19-2037-1 （平裝）

「世界哲學家叢書」總序

　　本叢書的出版計畫原先出於三民書局董事長劉振強先生多年來的構想，曾先向政通提出，並希望我們兩人共同負責主編工作。一九八四年二月底，偉勳應邀訪問香港中文大學哲學系，三月中旬順道來臺，即與政通拜訪劉先生，在三民書局二樓辦公室商談有關叢書出版的初步計畫。我們十分贊同劉先生的構想，認為此套叢書（預計百冊以上）如能順利完成，當是學術文化出版事業的一大創舉與突破，也就當場答應劉先生的誠懇邀請，共同擔任叢書主編。兩人私下也為叢書的計畫討論多次，擬定了「撰稿細則」，以求各書可循的統一規格，尤其在內容上特別要求各書必須包括（1）原哲學思想家的生平；（2）時代背景與社會環境；（3）思想傳承與改造；（4）思想特徵及其獨創性；（5）歷史地位；（6）對後世的影響（包括歷代對他的評價），以及（7）思想的現代意義。

　　作為叢書主編，我們都了解到，以目前極有限的財源、人力與時間，要去完成多達三、四百冊的大規模而齊全的叢書，根本是不可能的事。光就人力一點來說，少數教授學者由於個人的某些困難（如筆債太多之類），不克參加；因此我們曾對較有餘力的簽約作者，暗示過繼續邀請他們多撰一兩本書的可能性。遺憾的是，此刻在政治上整個中國仍然處於「一分為二」的艱苦狀態，加上馬列教

條的種種限制，我們不可能邀請大陸學者參與撰寫工作。不過到目前為止，我們已經獲得八十位以上海內外的學者精英全力支持，包括臺灣、香港、新加坡、澳洲、美國、西德與加拿大七個地區；難得的是，更包括了日本與大韓民國好多位名流學者加入叢書作者的陣容，增加不少叢書的國際光彩。韓國的國際退溪學會也在定期月刊《退溪學界消息》鄭重推薦叢書兩次，我們藉此機會表示謝意。

原則上，本叢書應該包括古今中外所有著名的哲學思想家，但是除了財源問題之外也有人才不足的實際困難。就西方哲學來說，一大半作者的專長與興趣都集中在現代哲學部門，反映著我們在近代哲學的專門人才不太充足。再就東方哲學而言，印度哲學部門很難找到適當的專家與作者；至於貫穿整個亞洲思想文化的佛教部門，在中、韓兩國的佛教思想家方面雖有十位左右的作者參加，日本佛教與印度佛教方面卻仍近乎空白。人才與作者最多的是在儒家思想家這個部門，包括中、韓、日三國的儒學發展在內，最能令人滿意。總之，我們尋找叢書作者所遭遇到的這些困難，對於我們有一學術研究的重要啟示（或不如說是警號）：我們在印度思想、日本佛教以及西方哲學方面至今仍無高度的研究成果，我們必須早日設法彌補這些方面的人才缺失，以便提高我們的學術水平。相比之下，鄰邦日本一百多年來已造就了東西方哲學幾乎每一部門的專家學者，足資借鏡，有待我們迎頭趕上。

以儒、道、佛三家為主的中國哲學，可以說是傳統中國思想與文化的本有根基，有待我們經過一番批判的繼承與創造的發展，重新提高它在世界哲學應有的地位。為了解決此一時代課題，我們實有必要重新比較中國哲學與（包括西方與日、韓、印等東方國家在內的）外國哲學的優劣長短，從中設法開闢一條合乎未來中國所需

求的哲學理路。我們衷心盼望，本叢書將有助於讀者對此時代課題的深切關注與反思，且有助於中外哲學之間更進一步的交流與會通。

最後，我們應該強調，中國目前雖仍處於「一分為二」的政治局面，但是海峽兩岸的每一知識分子都應具有「文化中國」的共識共認，為了祖國傳統思想與文化的繼往開來承擔一分責任，這也是我們主編「世界哲學家叢書」的一大旨趣。

傅偉勳　韋政通

一九八六年五月四日

自　序

　　這本書的寫作本應由我的朋友、學長金隆德先生承擔的，但他不幸因車禍喪生，所以現在由我來完成了。

　　我覺得，恩格斯被作為一個具有世界影響的哲學家，是當之無愧的。他雖然沒有正式上過大學，甚至連中學也沒有讀完，但他確實是一位學識淵博，才智超群的偉人。他在哲學上的建樹就是同馬克思一起創立了馬克思主義哲學。在馬克思逝世以後，又結合新的情況，維護、發展、充實和完善了這個哲學，並且在更加廣闊的範圍裡把它加以應用和傳播。他自己說過，馬克思在世時，他拉第二小提琴。馬克思是天才，而他至多不過是能手。然而，他畢竟是一位與馬克思並肩而立、患難與共，共同工作四十年之久的馬克思主義理論和實踐上的能手。他的哲學思想的發展經歷了從黑格爾唯心主義到帶有某種費爾巴哈色彩的唯物主義再到辯證的和歷史的唯物主義這樣一個曲折的探索過程。然而，在他達到世界觀的成熟以後，就一直一往無前地將這個新世界觀不斷向前推進。

　　恩格斯的哲學思想有幾個顯著的特徵。一是唯物論和辯證法的統一。他的唯物論是辯證的，他的辯證法是唯物的。而在他以前的哲學家特別是德國古典哲學家中，唯物論和辯證法是分裂的。二是世界觀和方法論的統一。他的哲學是關於世界的本質和世界普遍規

律的學說，因而是世界觀，但同時它又是指導人們正確認識世界、改造世界的根本方法，因而又是方法論。斯大林在談到馬克思主義哲學時，曾將唯物論看作理論，把辯證法看作方法，從而把世界觀和方法論割裂開來，這是不對的。三是本體論和認識論的統一。恩格斯的哲學並不從根本上否棄本體論，他所講的世界的物質統一性，物質世界的存在方式，物質世界的必然性、規律性等，實際上是本體論問題，但這種本體論又同認識論緊密結合，構成認識論的基本前提和基本原則。四是自然觀和歷史觀的統一。在恩格斯看來，人類生活的自然界，是處處打上了人類文化和人類實踐活動印記的自然界，人的思維的最本質最切近的基礎，正是人所引起的自然界的變化，而不單獨是自然界本身。恩格斯的唯物主義的歷史觀，不僅把自然界作為人類歷史的前提，而且肯定了人在改造自然界、進行物質生產的過程中創造了人本身，人與自然界之間的物質交換關係即物質生產和再生產構成了全部人類歷史的現實基礎，人類社會的發展也是一種自然歷史過程。這就把自然觀和歷史觀統一起來了。而以往的唯物主義在自然觀上是唯物的，而在歷史觀上則是唯心的。上述幾個方面的統一的基礎就是實踐的人和人的實踐，或者說是「現實的人及其活動」。 這些都是他的哲學之所以超越前人又啟發後人的地方。

恩格斯歷來都反對把馬克思和他的學說當成教條，當成「終極的」、「絕對真理體系」，認為「包羅萬象的、最終的關於自然和歷史的認識體系，是和辯證思維的基本規律相矛盾的」❶。恩格斯在世時，就是根據社會實踐和科學的發展來檢驗、修正、完善和發展

---

❶ 恩格斯，《「反杜林論」引論》，《馬克思恩格斯選集》第三卷，頁六四，北京，人民出版社，一九七二年版。

自己的理論的。在他逝世一百年後的今天，我們更要用發展的觀點來看待他的學說，一方面，要看到它的基本原理和基本精神仍然具有其內在的生命力和持久的理論價值，另一方面又要依據新的社會實踐和新的科學材料來進一步發展它，決不能用停滯凝固的觀點來看待它。

我在從去年年初至今年二月一年多的時間內完成本書的寫作，首先要感謝主編傅偉勳先生和我的學長洪漢鼎先生的支持。其次我的妻子張紹輝在武漢炎熱的盛夏為我查對有關著作，尋找有關材料。此外，我的助手李驍軍也為我提供了關於恩格斯生平的若干材料並協助編製了恩格斯〈年表〉，在此一併致謝。

李 步 樓
一九九六年八月於武昌

恩 格 斯

目 次

第一章　不平凡的一生

在人類歷史上，有一些傑出的思想家，在他們生前和死後的漫長歲月中，久久地影響著世界的思想文化的發展。馬克思 (Marx, Karl 1818～1883)就是這樣一位舉世公認的思想家。然而，人們不應當忘記，同馬克思並肩站在一起並為創立和發展馬克思主義學說共同工作了四十年之久的，還有一位非凡的人物。他出生於道地的資產者的家庭，然而卻心甘情願地為貧苦的無產者和勞動者貢獻了一生，他沒有正式上過大學，就連中學也沒有讀到高中畢業，然而卻通過頑強的努力，成為整個文明世界中一位知識淵博、著述等身的卓越學者；他是一個哲學家，但卻不是一個學究式的書齋哲學家；他死後，骨灰灑進了大海，因而沒有墓地，沒有墓碑，可是他的業績和他的思想，在無數人的心中樹起了一座不朽的豐碑。他就是弗里德里希·恩格斯(Engels, Friedrich 1820～1895)。

一　時代背景

恩格斯生於德國，但他的思想並不是專屬於德國的產物，而是時代精神的體現。具體地說，英國的產業革命、法國的政治革命和德國的哲學革命構成了恩格斯哲學思想形成的必要的歷史條件。

英國是恩格斯長期居住和活動的國家。從十八世紀六十年代開始的英國產業革命，到十九世紀三、四十年代，即恩格斯開始自己理論上的創造活動的時候，已經取得了偉大的勝利。蒸汽機帶動了各主要工業部門的改造。大工業的建立，產品的豐富，消費品和原材料市場的擴大，又促進了交通的改善。一八一一年，建造了第一艘輪船，到一八三五年，往來於英國各港口的輪船達五百五十艘之多。一八三〇年在利物浦和曼徹斯特之間的鐵路通車，六年之後，又修築了六百八十哩的鐵路，並開闢了四大幹線。而倫敦則成了九條鐵路線的樞紐站，一切大城市彼此都用鐵路聯繫起來。產業革命帶來了生產規模的不斷擴大，生產力的迅速增長，加上海上航線的開通和國際貿易的發展，這些都使人們的交往範圍日益擴大，聯繫更加緊密，眼界也更加開闊。這樣就使得人們比較易於認識自己在生產中所處的地位，意識到處於相同地位的人們共同的經濟利益；同時，也使得人們易於把各國、各民族的情況聯繫起來，進行全面的分析和比較，從而去發現社會現象中的規律性。如果說，達爾文（Darwin, Charles Robert 1809～1882）通過環球航行得以把世界各地不同條件下的生物物種的變異和適應的情況加以比較，從而為他的進化論提供了極為豐富的實證材料和極為有利的觀察條件，那末，大工業的發展帶來的地區局限性的突破，信息傳播的迅速和廣泛，為人們全面深入地研究人類社會的發展規律提供了充分的可能。同時，資本主義的發展，消滅了封建等級制度並將以往掩蓋著經濟目的的綱常倫理、宗教聖光以及家庭關係上溫情脈脈的面紗一一撕破，社會的階級關係變得比以往更簡單化、明朗化了。這就使人們易於觀察到階級鬥爭的現象並有可能發現隱藏在它背後的物質動因。

產業革命的最重要的結果就是與大工業生產相聯繫的近代無

產階級的形成和壯大。由於大機器的使用，市場和生產規模的擴大，需要有大量工人到城市工廠來勞動，因而成批成批的勞動力從農村流往城市。由於機器代替了手工工具，原來的小業主和作坊師傅中少數幸運者成了新的廠主，而絕大多數由於喪失競爭能力而和其他破了產的城市小生產者、小資產者一道被無情地捲進了勞動力市場。社會日益明顯地劃分為資本家階級和無產階級。這樣，社會矛盾和階級矛盾採取了新的形式並日益尖銳。一八二五年英國爆發了資本主義發展史上第一次經濟危機。一八三六年和一八四七年又先後發生了影響歐洲各國的經濟危機。在危機到來時，大批「過剩的」產品被銷毀，大量工廠倒閉，大批工人失業。而龐大的失業大軍的存在又使廠主們得以用更加低廉的工資僱到足夠數量的勞動力。本來已經很少的工資卻因此而更加下降。隨著無產階級貧困化的加劇，無產階級反對資產階級的鬥爭也不斷發展。到十九世紀三十至四十年代，無產階級已經從早期自發地反對個別企業主、破壞機器、要求增加工資等發展到有組織的大規模的政治鬥爭。一八四二年的英國憲章運動，就是無產階級獨立的政治運動。

法國是恩格斯經常從事活動的國家。在法國，一七八九年的政治大革命，摧毀了封建關係，為資本主義的發展掃清了道路，也為歐洲各國的民主制奠定了基礎。雖然在一八一五年拿破崙倒了臺，但法國大革命的深刻影響仍然是不可磨滅的。這場革命是以自由、平等、博愛為旗幟的，它鮮明地反映了法國和歐洲大陸各國人民反封建的要求和願望。一八三〇年的七月革命推翻了復辟的波旁王朝的統治，鞏固了資產階級的勝利成果。而在法國革命中起主力作用的廣大人民群眾，特別是無產階級則仍然處在貧困和無權地位。法國的政治革命和隨後的產業革命使資本主義經濟迅速發展，而無產

階級的生活卻日益惡化。法國革命的思想家們所要求建立的理性國家不過是資產階級的民主共和國。平等歸結為法律面前的資產階級的平等，革命的箴言「博愛」在商業的欺詐、競爭的詭計和嫉妒中獲得了實現。由「理性的勝利」建立起來的社會制度成了「一幅令人極度失望的諷刺畫」❶。人們這種失望情緒和不滿情緒不久便在空想社會主義者聖西門 (Saint-Simon, Henri 1760～1825)、傅立葉 (Fourier, Charles 1772～1837)等人的著作中強烈地表現出來了。一八三一年和一八三四年，在里昂發生了大規模的工人起義，表明無產階級已開始登上了政治舞臺。

恩格斯的祖國德國，比起當時的英法等先進國家來說，經濟上和政治上則落後得多。在政治上，到十九世紀初，德國還不是一個統一的國家，而是包括三十多個各自獨立的封建專制小國。在這種小國林立、諸侯割據的局面下，市民資產者的勢力只能極其緩慢地發展。德國資產階級十分軟弱，他們希望實現國家的統一和廢除封建制度，但又沒有革命的力量和勇氣，法國大革命曾經使他們受到鼓舞，但又被這場革命中空前巨大的群眾隊伍和革命中的恐怖嚇壞了。他們希望在與國內封建勢力的妥協中，依靠專制勢力自上而下地實現統一。在德國，資產階級的革命要求是用哲學語言表達出來的。在法國發生政治革命、英國發生產業革命的時候，德國發生的是哲學革命。這種哲學革命看起來同法國的政治革命迥然不同。法國人為了進行革命要同一切官方學問，同教會，常常也同國家進行公開的鬥爭；他們的著作在國內不能出版，往往要拿到國外（例如荷蘭或英國）去印刷，而他們本人則隨時準備被關進巴士底獄。相反，在德

---

❶　恩格斯，《反杜林論》，頁二五四～二五五，人民出版社，一九七〇年版。

國，進行哲學革命的是從康德(Kant, Immanuel 1724～1804)、費希特(Fichte, Johann Gottlieh 1762～1814)、謝林(Shelling, Friedrich Von 1775～1854)到黑格爾(Hegel, Georg Wilhelm Friedrich 1770～1831)這樣一些赫赫有名的教授，他們是一些由普魯士國家任命的青年導師；他們的著作是公認的教科書，而黑格爾哲學，甚至在某種程度上被推崇為普魯士王國的國家哲學。就是在這些教授的晦澀枯燥的語句裡面，竟包含著豐富的革命內容。在他們的著作中包含著對封建專制制度的批判和對法國革命精神的嚮往。他們把辯證法推向一個新的高峰，這種辯證法在對事物的肯定的理解中，包含著對事物的否定的理解，它永遠結束了關於事物和歷史發展的終極狀態的觀點。他們發展了在理性基礎上關於人類思維的能動性和創造性的思想，關於自由和必然性的思想。這些都表現了德國古典哲學的革命意義。

德國資本主義的發展雖然遠遠落後於英法，但到十九世紀二十年代，資本主義工業和商業畢竟有了相當程度的發展。特別是恩格斯出生的萊茵省，曾經是拿破崙時期法國統治地區，較早地受到法國大革命和實施拿破崙法典的影響，資本主義工商業發展比較迅速。該地區的絕大多數居民對於廢除封建特權和宣布資產階級的自由、平等、民主的原則，視為莫大的好事。在這裡封建關係和封建稅賦已被廢除，教會和貴族的封建特權已不復存在。工業生產已逐步採用機器，資本主義的經營方式被廣泛地施行，因而這裡很快發展成為資本主義工業的先進地區。德國生產力發展水平雖然不如英法，但資本主義所固有的矛盾，即無產階級和資產階級的矛盾也同樣日益尖銳地表現出來。由於德國資產階級的軟弱，它們在錯綜複雜的社會矛盾和階級矛盾面前，寧願同封建勢力妥協，共同反對無產階

級，因而德國的無產階級受到資產階級和封建勢力的雙重壓迫，生活非常痛苦，工人罷工和反對統治階級的鬥爭也不斷發生。十九世紀四十年代初發生的西里西亞織工起義，就是當時階級矛盾尖銳化的突出表現。這次鬥爭像英國的憲章運動、法國的里昂工人起義一樣，最後都失敗了。但是它們都表明了一個無可爭辯的歷史事實，即無產階級已經成為一支獨立的政治力量，無產階級不單純是一個受苦的階級，而是一個肩負著自己的歷史使命，用自己的行動來改造世界、創造歷史的階級。他們的鬥爭一方面為新的哲學和社會理論創造提供了豐富的歷史經驗和實踐材料，同時又強烈地呼喚著新的哲學和社會理論的誕生。然而，工人鬥爭本身還不能直接產生自己所需要的科學理論，這個任務必須由掌握人類文明的偉大成果、通曉各種科學知識、能夠從理論上認識歷史運動、概括歷史經驗並堅定地為無產階級事業獻身的知識分子來完成。恩格斯和馬克思一樣，正是這樣的知識分子。

二　理論來源

德國是一個哲學的國度。當時它在經濟和政治方面都沒有什麼值得稱道的東西，然而在哲學上卻超出了當時歐洲的水平。從康德開始，經費希特、謝林、黑格爾到費爾巴哈 (Feuerbach, Ludwig 1804～1872) 終結的這個階段的哲學被稱之為德國古典哲學。德國古典哲學特別是其中的黑格爾哲學和費爾巴哈哲學，都曾經對青年恩格斯產生過巨大影響，成為恩格斯哲學探索的出發點，他的哲學思想的主要來源。

恩格斯十九歲時就是一個黑格爾的信徒，對黑格爾的著作進行

過認真的研究。他把黑格爾的辯證法比喻為「在思想之宮所在的密林中沉睡的美麗公主」，但他並沒有盲目地追隨黑格爾，而是有自己的獨立見解。當他思想成熟時，就離開了黑格爾的唯心論，成為徹底的唯物主義者，但他並不是把黑格爾簡單地加以拋棄，而是在批判黑格爾唯心論的同時，拯救其中合理的辯證法。他說：「在黑格爾的辯證法中，正如他的體系的其他一切部門中一樣，一切真實的聯繫都是顛倒的。但是，如馬克思所說的，『辯證法在黑格爾手中神秘化了，但這決不妨礙我們說，他第一個全面地有意識地敘述了辯證法的一般運動形式。在他那裡，辯證法是倒立著的。必須把它倒過來，以便發現神秘外殼中的合理內核』。」❷黑格爾在對「絕對精神」發展過程的描述中，揭示了自然、歷史和精神的世界有著諸多方面內在聯繫的發展過程，由其自身的矛盾而不斷推移轉化，構成巨大的體系。儘管他的形式是那樣的抽象和唯心，但卻到處體現著一種偉大的歷史感。在黑格爾的體系中，包含著對辯證法的原則、規律、範疇自有哲學史以來最系統、最完整的論述。恩格斯和馬克思一起，完成了把黑格爾倒立著的辯證法顛倒過來，吸取其合理內核的任務。

　　費爾巴哈是使恩格斯從早年的唯心主義走上唯物主義道路具有關鍵性影響的哲學家。費爾巴哈通過對宗教神學和黑格爾唯心論的批判，恢復了唯物主義的權威。他把自然界和人本身作為他的唯物主義的基礎，認為思維是從存在來的，但存在並不來自思維，黑格爾的錯誤在於顛倒了思維與存在的關係，把思維看成主體，存在作為賓詞，把自然界看成是從邏輯概念中派生出來的東西。在費爾巴哈看來，人是自然界的存在物，思維是人腦的屬性；人是歷史的

---

❷　恩格斯，《自然辯證法》，《馬克思恩格斯全集》，卷二〇，頁三八八，北京，人民出版社，一九七一年版。

本質、國家的本質、宗教的本質；在宗教中，神、上帝是人的本質的虛幻的反映，不是上帝創造了人，而是人創造了上帝，上帝是人的本質的異化。恩格斯在費爾巴哈的影響下，成為唯物主義者，並一度持有費爾巴哈的觀點，但他並沒有使自己的哲學停留在費爾巴哈的水平上，而是吸取了費爾巴哈唯物主義的基本內核，批判和克服了它的機械性、直觀性和不徹底性，批判了他在歷史領域中的唯心主義和泛愛主義，把唯物主義推向更高的水平。

作為恩格斯哲學思想理論來源的前輩思想主要是德國古典哲學，尤其是黑格爾和費爾巴哈哲學。但如果以為只有德國古典哲學才是恩格斯哲學思想的理論來源，那就未免有簡單化之嫌了。應當指出，除了德國古典哲學以外，還有英國、法國的唯物論和十八世紀法國啟蒙思想家的唯物主義思想和社會政治思想、法國復辟時期歷史學家以及十九世紀英國和法國空想社會主義者的社會歷史觀點，都在恩格斯的哲學探索過程中起過一定的啟示作用，提供了某些思想資料或者提出了需要進一步研究的問題。

法國十八世紀的啟蒙思想家是為行將到來的資產階級革命製造輿論的思想家。他們崇尚理性，反對迷信，主張自由、平等、博愛，他們的文章機智活潑，氣勢磅礴，充滿了生活的激情和戰鬥精神。恩格斯稱讚「在法國為行將到來的革命啟發過人們頭腦的那些偉大人物，本身都是非常革命的。他們不承認任何外界的權威，不管這種權威是什麼樣的」❸。恩格斯從啟蒙思想家的著作中，不僅學習和借鑑其機智、幽默、潑辣、生動的文風，更重要的是吸取了他們的社會哲學、政治哲學中人道主義和徹底民主主義思想的合理內容。同時恩格斯也明確地指出了他們階級的、時代的局限性，指

❸　恩格斯，《反杜林論》，頁一四，北京，人民出版社，一九七〇年版。

出了他們的所謂永恆理性的片面性和非歷史主義的性質。法國唯物主義者如狄德羅(Diderot, Denis 1713～1784)、霍爾巴赫(Holbach, Paul-Henri 1723～1789)、愛爾維修(Helvétius, Clande Adrien 1715～1771)等都是堅決批判宗教神學和唯心主義的偉大哲學家。他們認為人的一切感覺、表像、意見和思想都來自周圍環境的作用,「人是環境的產物」。但他們所說的環境主要指法律和政治制度的好壞,在他們看來,環境又是由人的理性、意見決定的。這樣又得出「意見支配世界」的結論,從而陷入不可解決的矛盾中,最後只得把歷史的發展和進步歸於少數天才人物的作用,從而導致唯心主義歷史觀。然而,他們提出的人的思想意識和社會環境的關係問題則成為啟發包括馬、恩在內的後來思想家進一步尋找社會發展最後動因的重要契機。

法國十九世紀空想社會主義者聖西門、傅立葉在歷史觀上一方面繼承和進一步發揮了十八世紀啟蒙思想家的理性原則和唯物主義者關於「人是環境的產物」的思想,另一方面,鑑於法國革命進程和革命後的現實與啟蒙思想家們早先的美好許諾發生尖銳的矛盾,因而他們又力圖作出新的發現。聖西門早在一八○二年已經認識到法國革命是貴族、市民等級和無財產者之間的階級鬥爭。一八一六年,他還提出政治是關於生產的科學並預言政治將完全為經濟所包容,實際上,已經把經濟狀況是政治制度的基礎這個唯物史觀的基本思想以萌芽的形式表現出來了。同聖西門差不多同時,傅立葉也以自己的傑出智慧研究了人類的社會制度。他第一個確立了社會哲學的一條重要原理:由於每個人天生就愛好或喜歡某種勞動,所以這些個人愛好的全部總和就必然會形成一種能滿足整個社會需要的力量。這些思想都為歷史唯物主義產生提供了思考的線索和思想的

資料。

　　法國復辟時期（即一八一五年拿破崙「百日政變」失敗、波旁王朝復辟到一八三〇年的「七月革命」波旁王朝被推翻這一時期）的歷史學家米涅(Mignet，François-Auguste-Marie 1796～1884)、基佐(Guizot, Francois-Pierre-Guillaume 1789～1874)、梯葉里(Thierry, Jacques-Nicolas-Augustin 1795～1856)等人對歐洲歷史的研究做出了卓越的貢獻，他們在歷史哲學方面提出了一些非常重要的深刻見解，如關於人民群眾在歷史上的重要作用，梯葉里批評了以往的歷史學家否認人民群眾作用的錯誤觀點，指出「人民群眾沿著自由和幸福的道路前進對於我們會比征服者的進軍更加印象深刻，因而人民群眾的不幸比失去統治權的國王們的災難更加觸動人心」❹。關於階級鬥爭學說，他們不僅把原始社會解體後的歐洲歷史描寫為階級鬥爭的歷史，並且試圖揭示階級鬥爭的經濟根源。基佐指出，法國的歷史是充滿階級鬥爭的歷史，或者說法國的歷史是由階級鬥爭構成的；階級鬥爭既不是一種理論也不是一種假定，而是一種簡單的事實，看見這種事實的人並沒有什麼了不起，但否認這一事實的人則是令人可笑的❺。他們還指出，利益是群眾之所以需要某種制度和創立某一事業的根源，革命時期各種政黨的鬥爭只是表現了各種階級利益的矛盾。在他們看來，全部法國革命史都說明了一個原理，即「變化破壞利益；利益產生政黨；政黨進行鬥爭」❻。他們

---

❹　參看普列漢諾夫著，《奧古斯丹・梯葉里和唯物史觀》。轉引自李清崑著，《唯物史觀與哲學史》，頁二六二，河北，人民出版社，一九九二年版。

❺　同❹，頁二六六。

❻　同❹，頁二六七。

還企圖擺脫十八世紀法國啟蒙思想家和唯物主義者關於「人是環境的產物」和「意見支配世界」的矛盾，指出決定民族風俗和國家制度的更深刻的原因是公民生活和財產關係。他們的歷史觀點雖然也受到階級的局限和存在著理論上的缺陷，但畢竟作出了超越以往歷史學家的貢獻，對馬克思、恩格斯創立歷史唯物主義產生過直接的影響。恩格斯指出：「如果說馬克思發現了唯物史觀，那末梯葉里、米涅、基佐以及一八五〇年以前英國所有的歷史學家就證明，已經有人力求做到這一點。」❼

三　自然科學前提

哲學從來就離不開自然科學的發展。恩格斯的哲學思想的形成和發展，是同他吸取和概括近代自然科學特別是十九世紀自然科學的重大成就分不開的。

近代自然科學是從十六世紀開始的。它的一個重大特點就是把觀察和實驗看作最重要的研究方法。在周密的觀察和反覆實驗的基礎上，運用數學和邏輯思維方法加以歸納、分析和綜合，形成科學理論。一五四三年哥白尼(Kopernik, Nikolaus 1473～1543)的《天體運行論》衝破了宗教神學的禁錮，開闢了通向近代天文學乃至近代自然科學的廣闊道路。牛頓 (Newton, Isaac 1642～1727) 和林奈(Linné, Carl 1707～1778)是繼哥白尼之後，在近代自然科學中取得最偉大成就的科學家。牛頓從力學上證明了自然界的物質統一性，證明了地球上的物理運動規律和天體的運動規律是統一的，實現了

---

❼　恩格斯，〈致符・博爾吉烏斯〉，《馬克思恩格斯選集》，卷四，頁五〇七，北京，人民出版社，一九七二年版。

人類對自然認識的第一次綜合。林奈的分類學是人類分類系統的偉大成就，它使分類成為科學。

隨著歐洲許多國家資產階級的勝利和大工業的建立，從十八世紀下半葉開始，歐洲近代自然科學的發展進入一個新的時期。前一個時期的自然科學分門別類地搜集和掌握了相當豐富的材料，到這時需要從整體的相互聯繫中來進一步綜合這些材料，研究關於自然事物的發生和發展。這時，一些揭示自然界各種物質形態之間聯繫和發展的科學，如地質學、胚胎學、動植物生理學和有機化學等紛紛建立起來。在天文學方面，康德—拉普拉斯(Laplace, Pierre-Simon 1749～1827)關於太陽系起源的星雲假說，把太陽系和宇宙天體看成一個發生和發展的過程，打破了天體永恆不變的僵化觀點。化學方面先後出現了拉瓦錫(Lavoisier, Antoine-Laurent 1743～1794)氧化理論、道爾頓(Dalton, John 1766～1844)的原子論，這些理論揭示了化學現象之間的內在聯繫以及物質的量變與質變之間的辯證關係。一八二八年，維勒(Wöhler, Friedrich 1800～1882)的〈論尿素的人工合成〉的論文，證實了無機物和有機物之間並沒有不可逾越的鴻溝。在地質學和古生物學中，英國地質學家賴爾(Lyell, Charles 1797～1875)的《地質學原理》把發展的觀點帶進了地質領域，論證了地層是在各種自然力的緩慢的長期作用下所引起的變化逐漸形成的。在物理學方面，法拉第(Faraday, Michael 1791～1867)對電磁感應現象的發現，揭示了機械運動、磁和電流的產生之間的聯繫和轉化。這些科學發明、科學發現和科學理論，都猛烈地衝擊著形而上學的自然觀，為唯物辯證法提供了有力的證據和豐富的材料。

在十九世紀自然科學的一系列進展中，對創立辯證的自然觀和辯證唯物主義的世界觀具有特別重要意義的重大科學發現主要是細

胞學說、能量守恆和轉化定律和達爾文的進化論。一八三八年和一八三九年德國植物學家施萊登 (Schleiden, Matthias Jakob 1804～1881)和解剖學家施旺(Schwann, Theodor 1810～1882)先後發現了植物和動物的細胞，奠定了動植物細胞理論的基礎。細胞理論揭示了動物和植物之間、簡單生物和複雜生物之間、低級生物和高級生物之間具有密切的聯繫，證明了世界上多種多樣的生物體都有共同的基礎和遵循共同規律。由德國醫生邁爾 (Mayer, Julius Robert 1814～1878)、英國物理學家焦耳 (Joule, James Prescott 1818～1889)等發現和創立的能量守恆和轉化定律,揭示了機械力和熱、光、聲、電、磁等物理力以及化學力都可以在一定條件下相互轉化，自然界中一切運動都可以從一種形式轉化為另一種形式而運動的總量保持不變。在生物進化論方面，從十八世紀中葉到十九世紀初德國和法國都先後出現過不同形式的進化學說，而英國生物學家達爾文則在前人研究的基礎上確立了完整系統的生物進化論，用極為豐富的事實和深刻的分析論證說明了自然界多種多樣的物種都是由原始的單細胞生物在不同的環境下按照物競天擇、適者生存的規律通過遺傳和變異長期進化的結果。它有力地駁斥了生物學上的目的論和形而上學的物種不變論。恩格斯說：「由於這三大發現和自然科學的其他巨大進步，我們現在不僅能夠指出自然界中各個領域內過程之間的聯繫，而且總的來說也能指出各個領域之間的聯繫了，這樣我們就能夠依靠經驗自然科學本身所提供的事實，以近乎系統的形式描繪出一幅自然界聯繫的清晰圖畫來。」❽

---

❽ 恩格斯，《路德維希・費爾巴哈和德國古典哲學的終結》(以下簡稱《終結》)，《馬克思恩格斯選集》，卷四，頁二四一～二四二，北京，人民出版社，一九七二年版。

四　早年歲月

　　恩格斯於一八二〇年十一月二十八日生於普魯士萊茵省的巴門，一個當時只有四萬人口的小城。它位於烏培河谷，與另一個小城愛北斐特緊密相連。烏培河是一條狹窄的小河，它不時泛起那紅色的波浪，急速地奔過煙霧彌漫的廠房建築。那鮮紅的河水告訴人們：這裡有大量使用紅色染料的染坊和發達的棉紡工業，並且是紡織工業的中心。現在在地圖上已經找不到上述兩個小城的名字了，因為在一九三〇年它們已被合併為烏培塔爾市。

　　恩格斯的父親老弗里德里希・恩格斯(Engels, Friedrich 1796～1866)是當地有名的經營棉紡業的工廠主。他起初在祖父的工廠裡主持業務，到一八三七年就獨立經營，並和家族中幾個兄弟共同創辦了歐門一恩格斯棉紡廠。恩格斯的母親伊麗莎白・弗蘭契斯卡・莫莉蒂婭・恩格斯 (Elisabeth Franziska Mauritia Engels 1797～1873) 是語言學家、中學校長伯恩哈德・範・哈爾 (Haar, Gerhard Bernhard Van 1760～1837) 的女兒。她愛好音樂和文學，是一位內涵豐富、頗有教養的女性。恩格斯非常熱愛他的母親，認為她是一個「很好的人」。

　　恩格斯從小就接受了很好的教養。但他的家庭同時又是一個「徹頭徹尾基督教的、普魯士的家庭」。他的父親對兒女施加嚴格的宗教教育，大有非《聖經》之言勿聽的味道。少年恩格斯自一八二九年起就進巴門市立學校讀書。那裡和家裡一樣，基督教的虔誠主義精神頗為濃厚，這使恩格斯受到很大的壓抑和束縛。一八三四年秋，他父親又把他送到愛北斐特理科中學去，希望他在那裡學到扎

扎實實的學問。這裡的教師有許多是自由主義者，他們講的課使少年恩格斯接觸到較廣闊的知識世界，呼吸到一些擺脫宗教神秘主義的新鮮空氣。

恩格斯酷愛讀書，在中學就擅長寫詩。他贊賞德國文學作品中的齊格弗里特、退爾、浮士德等英雄人物，這些英雄人物的堅強性格和犧牲精神深深地感動了恩格斯。除了讀書以外，恩格斯對烏培河谷的工人生活有經常的接觸和深入的觀察，對工人的貧困的生活和悲慘的境遇充滿了同情。

恩格斯十七歲時，他的父親未等他讀完中學最後一年的課程，就讓他離開學校到他在巴門的事務所當練習生，學習經商。第二年又派他到不來梅，到父親的朋友亨利希・洛伊波德開設的大商行去進一步實習商業事務。

不來梅是當時德國四座自由城市之一，是德意志最大的商港和出口港。這裡不像巴門那樣沉悶和壓抑，宗教氣氛不濃，人們易於接受和傳播自由思想。書商們能夠出售許多在巴門根本不可能允許出售的自由主義和激進的書刊。

恩格斯雖然不喜歡商業工作，但他仍每天到商行的辦事處上班。在那裡，他要同洛伊波德和他的商業助理討論商業事務、抄寫商業信件或到海關倉庫領取進口樣品或者出口貨物樣品的箱子等，工作一點也不輕鬆。但這一切並沒有妨礙恩格斯對真理的追求和對科學、政治、文學、哲學的研究。每當清晨，他便坐在教堂花園的長椅上專心讀書。晚間，讀書寫作至深夜，有時甚至徹夜不眠。星期天或閒暇時節，或騎馬遠遊，到附近村莊和市場去觀察人們的生活和社會風情，或到威悉河去游泳。他還常常擊劍和參加音樂會。然而他對這裡的生活常常感到厭倦。在這裡，他沒有志同道合的朋

友，沒有愛情，沒有快樂，周圍的一些人「都是一些庸人」，「只有同煙草、啤酒和兩個不善飲酒的熟人在一起」**❾**。在不來梅期間，恩格斯讀了大量文學作品，特別是歌德 (Goethe, Johann Wolfgang Von 1749～1832)、席勒 (Schiller, Friedrich 1759～1805)、海涅 (Heine, Heinrich 1797～1856)、萊辛 (Lessing, Gotthole Ephraim 1729～1781)、白爾尼(Borne, Ludwig 1786～1837)等人的作品，更是愛不釋手。他們在作品中所體現的民主主義和人道主義的理想對青年恩格斯有很大影響。他還一度參加擁護海涅和白爾尼的自由主義的文學團體「青年德意志」的活動。在不來梅的兩年半時間裡，恩格斯在各種報刊上發表了四十多篇詩歌、通訊、政論和文學評論文章。他的詩歌和文章充滿了青春的活力和對自由的渴望，在一首詩裡，他寫道：「我寧願做一隻遨遊世界的雀兒，也不願做一隻籠中的夜鶯，為老爺們尋歡作樂而歌唱。」**❿**一八三九年他以弗里德里希‧奧斯瓦爾特(Oswalt, Friedrich)的筆名，發表〈烏培河谷來信〉。文章用生動的語言和詳盡的事實描述了工人和窮人的苦難，廠主的貪婪和宗教虔誠主義的偽善，在當時引起一定的反響。

　　恩格斯還以很大的熱情研究哲學，主要是黑格爾哲學。黑格爾於一八三一年逝世後，他的學派分裂為保守的黑格爾右派（即所謂老年黑格爾派）和激進的黑格爾左派（即所謂青年黑格爾派）。青年黑格爾派對德國的專制主義制度是強烈反對的，他們從批判宗教開始，進而批判德國的專制制度和意識形態，具有激進的資產階級民

❾　恩格斯，〈致威廉‧格雷培〉，《馬克思恩格斯全集》，卷四一，頁五二七，北京，人民出版社，一九八二年版。

❿　恩格斯，〈黃昏〉，《馬克思恩格斯全集》，卷四一，頁一〇九，北京，人民出版社，一九八二年版。

主主義的鮮明傾向。一八三五年，青年黑格爾派的主要代表人物之一大衛・施特勞斯 (Strauβ, David Friedrich 1805 ～ 1874) 的重要著作《耶穌傳》出版。該書指出耶穌不是神，而是人，《聖經》上的故事不是神喻，而是表達猶太民族願望的神話傳說。這部書對青年恩格斯影響甚大。他在讀了《耶穌傳》後寫給一位信教的朋友的信中說：「我目前是一位熱心的施特勞斯主義者了。」❶ 恩格斯雖然很早就對宗教虔誠主義表示不滿，但他在童年和少年時期就生活在強烈的宗教氣氛之中，受到宗教觀念的影響。後來先是施萊爾馬赫 (Schleiermacher, Friedrich 1768 ～ 1834) 的合乎人情的宗教觀使他摒棄了正統教派，而後又在施特勞斯的《耶穌傳》的啟發下轉向了無神論並成為激進的青年黑格爾派的成員。當時他對黑格爾哲學非常崇拜，他形容自己研究黑格爾哲學時的感受說：「一陣幸福的顫慄在我身上掠過，宛如從晴空飄來一陣清新的海風吹拂在我身上；思辨哲學的深邃，宛如無底的海洋展現在我面前，使那窮根究底的視線，怎麼也無法從海上移開。」❷

　　一八四一年三月，恩格斯結束了不來梅的實習生活，回到巴門。故鄉的一切「依舊是老樣子」，生活過得枯燥無味。夏天，他隨父親一起到瑞士、意大利作一次旅遊，為的是從中獲得新的經歷和感受，以便能夠迅速忘掉一次失戀。同年八月，他決定以自願入伍者的身分應徵入伍到柏林服兵役一年。在此期間，他曾到當時作為德國思想文化中心的柏林大學作旁聽生。當他聽了老牌哲學家謝林教授講授「啟示哲學」，公開為基督教神學辯護並攻擊黑格爾時，他便以初

❶　同❾，頁五二二。

❷　恩格斯，〈風景〉，《馬克思恩格斯全集》，卷四一，頁九六，北京，人民出版社，一九八二年版。

生牛犢不怕虎的氣概，迅速作出反應。從一八四二年十二月到次年春，先後寫了〈謝林論黑格爾〉、〈謝林和啟示〉、〈謝林——基督教哲學家〉等三篇抨擊謝林、維護黑格爾的文章。其中第一篇以弗里德里希·奧斯瓦爾特的筆名在《德意志電訊》上發表，其餘兩篇分別以單行本形式在萊比錫匿名出版。在三篇文章發表後，他受到青年黑格爾派和青年學生的熱烈歡迎。不了解的人都以為寫這些文章的作者是一位學識淵博的博士，就連《德意志年鑑》的編輯盧格(Ruge, Arnole 1802～1880)也這樣稱呼他。恩格斯當時在給盧格的信中說：「我不是博士，而且也永遠不可能成為博士；我只是一個商人和普魯士王國的炮兵；因此請您不要對我用這樣的頭銜。」⓭這時，恩格斯結識了青年黑格爾派的重要人物麥克斯·施蒂納 (Stirner, Max 1806～1856)、布魯諾·鮑威爾(Bauer, Bruno 1809～1882)和埃德加爾·鮑威爾(Bauer, Edgar 1820～1886)等，和他們交往密切，並且還同埃德加爾·鮑威爾共同寫過一本小冊子。

　　恩格斯自發表批判謝林、論述黑格爾哲學的論著以後，比以往任何時候都更加勤奮地致力於哲學研究。一八四二年七月，在給盧格的信中說：「我決定在一個時期完全放棄文字活動，而更多地進行學習……。我還年輕，又是個哲學的自學者。……不能靠博士文憑取得談論哲學的權利。……迄今為止，我的寫作活動，從主觀上說，純粹是一些嘗試……。現在我認為自己的義務是，通過研究（我要以更大的興趣繼續進行研究）去越來越多地掌握那些不是先天賦予一個人的東西。」⓮恩格斯這時基本上是個黑格爾主義者，並且受當

⓭　恩格斯，〈致阿·盧格〉，《馬克思恩格斯全集》，卷二七，頁四二八，北京，人民出版社，一九七二年版。

⓮　恩格斯，〈致阿·盧格〉，《馬克思恩格斯全集》，卷二七，頁四三一，

時青年黑格爾派的影響，沒有擺脫唯心主義。他認為，黑格爾的原則是好的，而青年黑格爾派左翼的功績就在於，他們保存了這些原則。一八四二年五、六月間他和埃德加爾・鮑威爾共同寫了一部長篇諷刺性英雄敘事詩〈橫遭災禍但又奇蹟般地得救的聖經，或信仰的勝利〉。該詩是為抗議普魯士國王下令解除布魯諾・鮑威爾在柏林大學的教職而寫。詩中對鮑威爾評價甚高，把他寫成反基督教爭取自由的英雄。這表明，恩格斯當時是明顯地持黑格爾思辨理性的觀點，明顯地站在青年黑格爾派的行列之中的。但這時他對青年黑格爾派主張單純的理性批判，在抽象的思辨中打圈子而脫離具體的政治鬥爭和現實生活的傾向是不滿意的。當時在青年黑格爾派中批判基督教神學真正在哲學理論上最有力的還不是布魯諾・鮑威爾，也不是施特勞斯，而是費爾巴哈。費爾巴哈的《論基督教的本質》不但清算了宗教唯心論，而且也批判了黑格爾的唯心論。這本書觀點鮮明，筆調生動潑辣，它一下子使唯物主義重新登上王座，在當時具有振聾發聵的作用，使人耳目一新。恩格斯後來在談到這本書的巨大影響時說：「這本書的解放作用，只有親身體驗過的人才能想像得到。那時大家都很興奮：我們一時都成為費爾巴哈派了。」❶❺ 在費爾巴哈著作的影響下，恩格斯開始從黑格爾唯心主義轉向唯物主義。但他並沒有完全拋棄黑格爾哲學。

　　在柏林為期一年的兵營生活結束以後，恩格斯的父親決定要他研究「英國人經商的方法」而到曼徹斯特去經營已經處於虧損狀態的歐門－恩格斯棉紡廠。也許恩格斯當時覺得，靠賣文度日幾乎是不可能的，到英國去住幾年，了解那裡的社會狀況並進行自由的研

北京，人民出版社，一九七二年版。

❶❺ 同❽，頁二一八。

究，這也是可以接受甚至是多少有點吸引力的。一八四二年十月初，他離開柏林，返回故鄉巴門。在途經科倫時，他曾去《萊茵報》編輯部打算拜訪剛任該報主編的馬克思。在柏林時，他雖從文章上知道馬克思並且非常敬仰，但未能謀面。可是這時馬克思尚未到達科倫，故未能見到。回到巴門在家裡作了短暫的逗留後，就啟程去英國。在途經科倫時，他再次到《萊茵報》編輯部，拜訪馬克思。當他走進一間辦公室時，看到一位正在埋頭整理稿件的人，中等身材，寬肩膀，大前額，滿頭濃密的黑髮，目光炯炯有神——這就是馬克思，當時只有二十四歲。然而出乎恩格斯意料的是這次的會見竟是一次「十分冷淡」的會見。因為這時馬克思已經與青年黑格爾派斷交，並且正反對鮑威爾兄弟把《萊茵報》搞成一種脫離政治鬥爭的場所。而恩格斯當時同鮑威爾兄弟有書信往來，所以被看成他們的盟友。但馬克思仍希望恩格斯到英國後能為《萊茵報》寫一些有關英國狀況的通訊稿。恩格斯慨然應允。然後便去荷蘭乘船渡海，再沿泰晤士河上溯到達倫敦，再乘火車去曼徹斯特，於一八四二年十一月十九日到達位於艾威爾河畔的歐門－恩格斯棉紡廠，擔任總助理。

五　新世界觀的誕生

英國是現代產業革命的搖籃，是現代無產階級最集中的地方，又是古典經濟學和現代唯物主義的故鄉。

恩格斯在一八四〇年曾和他的父親一道來過英國，當時他來去匆匆，對英國還很不了解，所以表示要以歡呼和斟滿的酒杯向自由的英國祝賀。但是這一次到英國以後，由於進行了深入的調查研究

和周密的觀察，因而他對英國的看法與以往大大不同了。他除了處理公司的業務以外，把大部分時間都用於進行科學研究、了解工人生活情況和整個社會的政治經濟情況。他拋棄了許多社交活動和種種宴會，拋棄了上流社會的葡萄牙紅葡萄酒和香檳酒，把自己的空閒時間幾乎都用來和普通工人交往。他走遍了曼徹斯特的新城和舊城，走遍了工人棲身的污街陋巷，經常參加工人的集會或到工人家中作客，還細心地研究了英國和其他國家的種種社會主義學說、亞當・斯密 (Smith, Adam 1723 ~ 1790)、大衛・李嘉圖 (Ricardo, David 1772 ~ 1823) 的經濟學說以及涉及工人狀況的書籍和所能得到的官方文件。他還到倫敦、利物浦等大城市去進行考察，還同英國的憲章派和歐文派社會主義者進行密切的接觸。正是這種實際調查和深入研究，使恩格斯的思想認識迅速深化，進入了一個新的思想境界。恩格斯這次來曼徹斯特不久，就認識一位愛爾蘭紡織女工瑪麗・白恩士 (Burns, Mary)。她的父親是染色工人。她容貌美麗，性格爽朗，對貧苦工人的境遇非常熟悉並且充滿了同情和友愛。她經常同恩格斯一起出入於工人住宅區，幫助恩格斯了解英國工人階級的狀況。在一段時間的工作和相處中，他們發現彼此的志趣十分相投，於是漸漸地產生了愛慕之情。終於，這兩個不同國籍、不同文化的年輕人深深地相愛了，並且最終結合為夫婦。

　　恩格斯在曼徹斯特工作生活了二十一個月，寫了十幾篇論文，主要發表在馬克思編的《萊茵報》和英國的幾家報刊上，還在瑞士一家刊物發表過他的論著。在馬克思和盧格主持的《德法年鑑》上發表的《政治經濟學批判大綱》和《英國狀況・評托馬斯・卡萊爾的「過去和現在」》也許是這個時期的最重要的研究成果。《政治經濟學批判大綱》被馬克思稱之為「天才的大綱」，它擺脫了青年黑格

爾派的抽象的思辨和對物質利益的輕視，第一次試圖用政治經濟學來論證社會主義，證明經濟關係就是人與人之間的關係，並且從關於人類本質的一般議論轉向了對資本主義經濟關係的分析和對其經濟基礎的批判。他在這部著作中指出，不應該像資產階級經濟學家那樣把社會經濟關係看成某種永恆不變的東西，而應該把它們看成是歷史的產物，現存的經濟關係是從歷史過程中必然產生、發展並要被揚棄的，資本主義經濟制度的最終消滅是它本身矛盾辯證發展的結果。雖然這部著作還不算深刻，對英國古典經濟學的批判還較膚淺，但它卻標誌著恩格斯在通向唯物史觀的道路上邁出了決定性的一步。在《英國狀況・評托馬斯・卡萊爾的「過去和現在」》中，恩格斯首先肯定了卡萊爾(Carlyle, Thomas 1795～1881)的《過去和現在》不同於那些供「有教養的人」消愁解悶和領受教益的書籍，而是「唯一能夠動人心弦、描繪人的關係、具有人的思想方式的一本書」❶。但他同時又著重批評了卡萊爾把宗教觀念的崩潰不是看作社會經濟，特別是資本主義經濟發展的結果，而是看作資本主義經濟發展的原因，從而顛倒了現實的關係；卡萊爾幻想用一種新的宗教，即泛神論的英雄崇拜、勞動崇拜來消除資本主義的弊端，是無濟於事的。恩格斯在這篇文章中批判了黑格爾把歷史作為檢驗他的邏輯結構的工具，他說：「歷史就是我們的一切，我們比任何一個學派，甚至比黑格爾都重視歷史。」「我們要求把歷史的內容還給歷史，但我們認為歷史不是『神』的啟示，而是人的啟示，並且只能是人的啟示。」❶ 這篇文章雖然表現了費爾巴哈影響的明顯痕跡，但他對

---

❶　恩格斯，《英國狀況・評托馬斯・卡萊爾的「過去和現在」》，《馬克思恩格斯全集》，卷一，頁六二六，北京，人民出版社，一九五六年版。

❶　同❶，頁六五〇。

英國的現實經濟狀況和社會關係的研究以及對真實的歷史發展的重視又使他超出了費爾巴哈。

　　馬克思於一八四三年三月因拒絕放棄激進的民主主義立場而退出《萊茵報》編輯部，並於同年十月和夫人燕妮一道遷居巴黎，與盧格共同創辦《德法年鑑》。一八四四年八月底到九月初，恩格斯在英國回故鄉巴門途中，特意繞道巴黎會見了馬克思。這次會見與上次會見的氣氛完全不同，他們已經在彼此的論著和通信中有了深厚的文字之交，現在的相會如同久別的摯友雙方期待已久的一次重逢。通過互相傾訴和深入地討論，他們發現彼此在一切重要理論問題上非常一致。恩格斯在巴黎逗留了十天，與馬克思朝夕相處，心心相印。他們都為得到一個真正的志同道合的朋友而興奮不已。這次會晤，為他們長達四十年之久的終生不渝的友情和親密無間的合作奠定了牢不可破的基礎。恩格斯回到巴門後，給馬克思寫信說：「我還從來沒有一次像在你家度過的十天那樣感到心情愉快，感到自己真正是人。」⓲

　　馬克思和恩格斯都是馬克思主義科學世界觀的創始人，他們兩人各自獨立地通過不同的研究途徑達到了共同的科學結論。馬克思主要是通過研究哲學，特別是對黑格爾的歷史哲學和法哲學的批判以及對費爾巴哈哲學的研究，通過對英國和法國歷史的研究，對資本主義制度下的異化現象進行深入分析，得出了重要的結論：「法的關係正像國家的形式一樣，既不能從它們本身來理解，也不能從所謂人類精神一般發展來理解，相反，它們根源於物質的生活關係，這種物質的生活關係的總和，黑格爾按照十八世紀的英國人和法國

⓲　恩格斯，〈致馬克思〉，《馬克思恩格斯全集》，卷二七，頁九，北京，人民出版社，一九七二年版。

人的先例，稱之為『市民社會』，而對市民社會的解剖應該到政治經濟學中去尋求。」⑲正是在這個基礎上，進一步研究政治經濟學，從而攀登上了解決世界歷史發展之謎的高峰。恩格斯是比較務實的。他雖然也熟悉黑格爾哲學和費爾巴哈哲學，但對於他達到歷史唯物主義和科學社會主義具有決定意義的是他對英國產業革命、英國工人階級狀況、英國社會狀況、英國的工人運動和社會主義運動的實際考察和親身研究。恩格斯對經濟問題的研究比較早。馬克思研究經濟問題是在他到巴黎後，在研究中他吸取了包括恩格斯在內的經濟學方面的研究成果。

在這次巴黎會見中，馬克思和恩格斯合作寫了第一部著作：《神聖家族，或對批判的批判所作的批判——駁布魯諾・鮑威爾及其伙伴》。儘管鮑威爾兄弟曾經是馬、恩的朋友，曾經一起進行反對封建主義、批判基督教神學的活動，但這時他們已經分道揚鑣了。因為鮑威爾兄弟堅持他們主觀主義的自我意識的哲學，脫離現實，敵視群眾，鄙棄無產階級，說它是一群沒有頭腦的人；他們宣揚個人主義和無政府主義，宣稱批判具有「劃時代的力量」，「群眾是精神的真正敵人」等。他們還在自己辦的刊物《文學總匯報》上對馬、恩闡述的新世界觀進行攻擊。馬克思和恩格斯一致認為，鮑威爾兄弟所代表的思潮是荒謬而有害的思潮，「在德國，對真正的人道主義說來，沒有比唯靈論即思辨唯心主義更危險的敵人了」⑳。恩格斯為這部著作寫了其中的前三章（全書共分九章）和第四章的兩節。

---

⑲　馬克思，《「政治經濟學批判」序言》，《馬克思恩格斯選集》，卷二，頁八二，北京，人民出版社，一九七二年版。

⑳　馬克思和恩格斯，《神聖家族》，頁七，北京，人民出版社，一九五八年版。

他批判了鮑威爾兄弟的唯心主義，還把他們所依據的黑格爾唯心主義哲學形容為一個年老色衰、孀居無靠的老太婆❹。這部著作明顯地存在著費爾巴哈哲學的影響，但其基本論點已經接近唯物史觀。

　　恩格斯於一八四四年九月初回到巴門。使他吃驚的是烏培河谷在各方面的進步非常之大。主要是資產階級燃起了對普魯士政府反抗的火焰，年輕人從那單調無味的諧聲中解脫出來，強有力地衝擊了虔誠主義和市儈行為的海洋。更為重要的是，隨著德國工業的發展，無產階級也從昏睡中日益覺醒。恩格斯非常注意支持資產階級反對派反對普魯士政府的活動，到科倫會見了赫斯 (Heβ, Moses 1812～1875)，還到過波恩、杜塞爾多夫、威斯特伐里亞等城市與多種民主主義的團體發生關係。在家鄉附近的愛北斐特市的集會上，他還發表了支持進步活動，闡明他的新觀點的演說。

　　在回到巴門以後，恩格斯花了一段時間專心致志地整理和補充有關英國工人階級狀況的材料，並且對這些材料進行科學分析，引出了一些重要的結論。一八四五年三月，他寫出了《英國工人階級狀況》這部著作，並於同年五月在萊比錫出版。這部書用大量的事實異常鮮明、逼真地描寫了英國工人階級的貧困和苦難，揭示了在資本主義制度下，大工業使工人階級中產生了一批喪失人的面貌、在精神和道德上淪落到動物狀態、在身體上受到損傷的人。然而，這部著作重要之處還在於它第一次對現代無產階級的階級地位、歷史使命和未來前途作了科學的分析和研究，指出大工業怎樣創造了現代無產階級，無產階級怎樣發展壯大起來，它為了自身解放應當怎樣按照歷史辯證法發展下去，還指出，無產階級不單純是一個受苦受難的階級，而且是一個最有前途的階級，唯一能夠拯救英國的

---

❹　同❷，頁二二。

階級，根據它所處的那種經濟地位必然會推動它前進，推動它去爭取本身的最終解放。德國歷史學家梅林 (Mehring, Franz 1846～1919) 說：「恩格斯不是第一個描寫英國無產階級生活狀況的人，可是他毫無疑問是最後一個使自己的先驅多少遜色的人。」❷誠然，這本在恩格斯才二十四歲時就寫成的書，不可避免地帶有「作者青年時代的痕跡」，例如，該書認為亞當・斯密和李嘉圖學說中非常重要的價值範疇對於分析資產階級生產關係沒有什麼意義，這表明作者對這個問題的理解還很膚淺。另外，在一些地方還表現了作者沒有完全擺脫費爾巴哈關於「一般的、純粹的人的基礎」的見解。書中「有時過高地估計了革命工人運動的步伐」❸。然而，正如德國哲學家朗格(Lange, Friedrich Albert 1828～1875)所說，恩格斯和馬克思都保持著一顆青年人的心，但他們是「明察秋毫的思想家」❹。

　　恩格斯回到家鄉後的言論和行動，雖然都是在為人類的事業同時也是為德國的進步事業而工作，但卻使他的作為企業家和虔誠基督徒的父親深為憂慮和不滿。家庭的格格不入的氣氛使恩格斯難以忍受。於是，他決定離開巴門去和馬克思共同工作。可是，這時馬克思因遭基佐政府驅逐而移居比利時首都布魯塞爾，過著極為貧困的生活。恩格斯得知馬克思的處境後，便呼籲科倫、愛北斐特等地的友人給以兄弟式的幫助，募集了一百二十法郎，他自己將《英國工人階級狀況》一書的第一批稿酬一百塔勒也交與馬克思使用。他於一八四五年四月初離開巴門來到布魯塞爾，與馬克思比鄰而居。

---

❷　梅林，《馬克思和恩格斯是科學共產主義的創始人》，頁九八，北京，生活・讀書・新知三聯書店出版，一九六二年版。

❸　同❷，頁一○○。

❹　同❷，頁一一○。

這時，馬克思和恩格斯決定首先對他們在《神聖家族》中開始闡述的唯物史觀作進一步的探討，全面地制定他們的科學世界觀，並合寫一部大部頭著作——《德意志意識形態》，一方面從理論上批判黑格爾和費爾巴哈，清算青年黑格爾派成員鮑威爾、施蒂納和其他資產階級、小資產階級思想家的影響；另一方面也藉此機會把他們自己的哲學信仰清算一下。這部著作是真正的共同創作的結晶。他們首先共同制訂一份周密的寫作計畫，然後逐章討論，認真推敲；有些篇章，尤其是理論上最重要而且理論性最強的第一卷第一章，經過了反覆多次討論。這部著作第一次對作為科學社會主義的哲學基礎的唯物主義歷史觀作了比較全面系統的論述。它標誌著馬克思、恩格斯不僅同黑格爾的唯心主義決裂，而且也同費爾巴哈的人本主義決裂，初步完成了從歷史唯心主義到歷史唯物主義的根本轉變。從這本書的副標題——對費爾巴哈、布・鮑威爾和施蒂納所代表的現代德國哲學以及各式各樣先知所代表的德國社會主義的批判——就可以清楚地看出，它是一部論戰性很強而涉及面又很廣的理論著作，一部宏偉深刻、內容豐富的著作。全書分為二卷，第一卷共三章，最重要的第一章是〈費爾巴哈：唯物主義觀點和唯心主義觀點的對立〉，主要是闡述歷史唯物主義基本原理和批判費爾巴哈，第二、三章是對青年黑格爾派特別是布魯諾・鮑威爾和施蒂納的批判。第二卷三章是對所謂「真正的社會主義」的批判。馬克思、恩格斯為了完成這部著作花費了巨大的心血。但是，這本書在當時的德國竟無法出版。其障礙一方面來自警方，一方面來自代表書中所批判的一些流派（如所謂「真正的社會主義」）利益的出版商。關於這本書的命運，馬克思後來在他的《「政治經濟學批判」序言》中說：「既然我們已經達到了我們的主要目的——自己弄清問題，我們就情願

讓原稿留給老鼠的牙齒去批判了。」❷在馬、恩生前，只有該書中對
「真正的社會主義」進行批判的一部分內容在《威斯特伐里亞汽船》
雜誌上發表。整個著作於一九三二年在前蘇聯首次出版。

　　恩格斯在和馬克思進行科學研究、從事理論著述的同時，還積
極參加和指導當時的社會主義運動。一八四六年初，馬、恩和一些
在布魯塞爾的志同道合者一起建立了共產主義通訊委員會。一八四
六年八月，恩格斯受該委員會的委託，前往巴黎，負責組織巴黎共
產主義通訊委員會分會，在巴黎的德籍工人中間進行實際工作，並
同法國空想社會主義的代表進行接觸。一八四七年六月，恩格斯作
為巴黎支部的代表出席了在倫敦召開的共產主義者同盟第一次代表
大會。這次大會，馬克思因經濟困難未能參加。大會通過了恩格斯
提議並起草的《共產主義者同盟章程》。大會經過辯論，還通過了由
恩格斯起草、作為同盟綱領草案的由二十二條問答式條文組成的《共
產主義信條草案》。恩格斯回到巴黎後，又在這個信條草案的基礎上
進行修改，寫成了同盟綱領草案的第二個稿本《共產主義原理》，仍
然採用問答條文形式。一八四七年十一月二十九日在倫敦召開共產
主義者同盟第二次代表大會時，馬克思參加了大會。馬克思和恩格
斯受大會委託共同起草同盟的綱領性文件。在大會召開之前和大會
過程中，恩格斯和馬克思詳細地商討了這個綱領的起草問題，並取
得了一致意見。他們把這個文件命名為《共產黨宣言》（以下簡稱
《宣言》）。代表大會以後，馬克思和恩格斯一起到布魯塞爾共同為
這個宣言擬定一份提綱。然後，恩格斯便回到巴黎，馬克思在恩格
斯起草的前兩個綱領草案的基礎上，於一八四八年一月底寫成了《宣
言》，二月初，這個文件在倫敦印發。這是一本只有二十三頁的小冊

❷　同❶，頁八四。

子，但它的思想容量、理論價值和社會影響遠遠超過了多少部宏篇巨製，它公開宣告了馬克思主義科學世界觀的誕生。

按照恩格斯的說法，《宣言》的核心的基本原理就是：「每一歷史時代主要的經濟生產方式與交換方式以及必然由此產生的社會結構，是該時代政治的精神的歷史所賴以確立的基礎，並且只有從這一基礎出發，這一歷史才能得到說明；因此人類的全部歷史（從土地公有的原始氏族社會解體以來）都是階級鬥爭的歷史……；這個階級鬥爭的歷史包括有一系列發展階段，現在已經達到這樣一個階段，即被剝削被壓迫的階級（無產階級），如果不同時使整個社會一勞永逸地擺脫任何剝削、壓迫以及階級劃分和階級鬥爭，就不能使自己從進行剝削和統治的那個階級（資產階級）的控制下解放出來。」❷⑥《宣言》用歷史發展的觀點分析了資產階級和無產階級，它認為：「資產階級在歷史上起過非常革命的作用。」「它按照自己的面貌為自己創造出一個世界。」「資產階級在它不到一百年的階級統治中所創造的全部生產力，比過去一切世代創造的全部生產力還要多，還要大。」但是，「資產階級愈發展，無產階級即現代工人階級也在同一程度上跟著發展。」「在當前同資產階級對立的一切階級中，只有無產階級是真正革命的階級。」馬、恩在《宣言》中指出：「代替那存在著階級對立的資產階級舊社會的，將是這樣一個聯合體，在那裡，每個人的自由發展是一切人自由發展的條件。」❷⑦

《宣言》剛剛問世，歐洲大陸，從法國、意大利、奧地利、德

---

❷⑥　恩格斯，《「共產黨宣言」一八八八年英文版序言》，《馬克思恩格斯選集》，卷一，頁二三七，北京，人民出版社，一九七二年版。

❷⑦　馬克思和恩格斯，《共產黨宣言》，《馬克思恩格斯選集》，卷一，頁二五二～二七三，北京，人民出版社，一九七二年版。

國、比利時、波蘭、匈牙利直至俄國邊境都掀起了主要是資產階級民主革命的革命風暴，這就是人們常說的一八四八年革命。恩格斯和馬克思都以極大的熱情親身參加了這次革命運動。恩格斯從法國回到德國後，幫助馬克思出版《新萊茵報》，還親自參加了當時德國的維護帝國憲法（由法蘭克福國民議會通過的德國第一部具有資產階級民主性質的憲法）的群眾運動，在由共產主義者同盟盟員維利希(Willich, August 1810～1878)領導的一支志願部隊中擔任副官而參加多次作戰。據馬克思的女兒愛琳娜(Eleanor, Marx-Aveling)回憶說：「所有在戰火中見過他的人，很久以後都還在談論他那種非凡的鎮靜和漠視一切危險的氣魄。」❷❽這次運動失敗後，恩格斯離開德國在瑞士暫住一段時間，然後於一八四九年十一月經意大利赴英國倫敦，與先期因法國政府再次驅逐而遷居英倫的馬克思相見。他在距馬克思住所不遠的麥克爾斯菲爾德街六號找到了棲身之所。從此，這兩個智慧的頭腦又可日日相見，共同討論和研究各種重要問題。

六　重返曼徹斯特二十年

一八四八至一八四九年的革命失敗，並沒有使馬克思和恩格斯陷入悲觀失望，而是促使他們進行更深入的理論研究。來到倫敦後，馬克思、恩格斯在非常困難的情況下通過友人集股的辦法籌辦一份新的刊物《新萊茵報・政治經濟評論》。該刊於一八五〇年初創刊，每月出一期。恩格斯在這份刊物上發表了總結一八四八年革命的重要著作《德國維護帝國憲法的運動》、《德國農民戰爭》，馬克思發表了《一八四八年至一八五〇年的法蘭西階級鬥爭》。此外，他們還

---

❷❽　見《摩爾和將軍》，頁一六八，北京，人民出版社，一九八二年版。

合寫或各自單獨撰寫了許多書報評論和政論文章。但是這份刊物由於經費困難和警方干預於一八五〇年十一月被迫停刊。

十九世紀五十年代初，恩格斯和馬克思在倫敦過著極其貧困和艱苦的生活。馬克思一家處在令人喪氣和辛酸的境地。他從父親那裡得來的一筆遺產已在德國因辦《新萊茵報》而全部用盡。在那種艱難歲月裡，靠賣文為生是沒有指望的。當時歐洲大陸沒有一個編輯和出版商敢於出版馬克思、恩格斯的論著。一八五〇年春，由於拖欠房租，馬克思一家七口被迫遷出原來的住所，到索荷區的狹窄小巷一所只有兩間住房和一間廚房的住所居住。起初，由於缺少家具，全家人不得不睡在地板上。搬家以後，先後出世的一個男孩和一個女孩，都因無錢治病而早夭。這種極度貧困的生活如果繼續下去，不但會埋沒馬克思的天才，剝奪他進行創造性研究的條件，而且甚至會使馬克思一家在艱難竭蹶之中被餓死。為了能夠從經濟上幫助馬克思及其一家，恩格斯決定接受他父親提出的條件，重新回到曼徹斯特的歐門一恩格斯公司去當職員。剛開始時，恩格斯僅從父親那裡得到「交際費用和生活費用」而沒有固定薪金，以後才漸漸有了固定收入並逐年從公司分到更多的紅利。從一八五一年起，恩格斯先是不定期地，後來則是每月甚至每周都或多或少地寄錢給倫敦的馬克思。這些錢被馬克思稱為「救命錢」。儘管恩格斯對作為一個資本主義世界的商人非常厭惡，但是為了事業，為了親密的朋友，他還是心甘情願地作出這種犧牲。在這裡整整幹了二十年。在一八六一年恩格斯的父親去世後，他終於成了該公司的合辦人，這樣，能夠用於幫助馬克思一家的錢就更有保障了。

在曼徹斯特的二十年中，恩格斯和馬克思只有過幾次短暫的會見，但他們之間的聯繫卻非常密切，差不多每天都有書信來往，及

時交換彼此對各種問題的見解和研究成果，互相鼓勵互相幫助。他和馬克思之間，無論是金錢還是學問，都是不分彼此的。當馬克思答應給《紐約每日論壇報》寫通訊稿時，英語還不夠熟練。恩格斯就幫他翻譯，甚至常常代為分擔任務。恩格斯以馬克思的名義為該報寫的文章有一百三十篇以上。此外，還有以馬克思名義發表在《美國新百科全書》上的有六十篇以上。這不僅是在專業上互相幫助，而且也是在經濟上幫助馬克思的一種方式。

恩格斯一生酷愛學習和鑽研各種學問，有著永不衰竭的求知欲和極為廣泛的知識興趣。人類知識海洋的各大領域，幾乎沒有哪種知識是他不感興趣的。在平靜的年代，他更加頑強奮發地去學習和研究。除了文學、哲學、政治、歷史以外，最先吸引恩格斯的是語言和軍事。他自幼就富有學習各種語言的才能。到了中年以後，他對歐洲各種語言甚至某些方言的知識「豐富得令人難以置信」(保·拉法格語)。他不僅精通德語、法語和英語，而且能用西班牙語、葡萄牙語、意大利語和丹麥語進行寫作。一八五〇年底移居曼徹斯特後不久，他就開始學習俄語，同時還學習斯拉夫語——塞爾維亞、克羅地亞語、斯洛文尼亞語和捷克語。他還研究過阿拉伯語、波斯語等東方語言，以後又進一步研究過古日爾曼語，特別是哥特語的知識。他在和人通信時，為了使對方感到親切、高興，他會故意地使用對方的語言：他曾用俄文寫信給俄國人，用法文寫信給法國人，用波蘭文寫信給波蘭人等等。

恩格斯的軍事知識令人驚異。這不僅僅因為他當過兵，過過軍旅生活，更重要的是他十分注意對軍事問題進行研究。一八五三年，俄國和土耳其之間的戰爭爆發前夕，他應馬克思的要求就土耳其問題給《紐約每日論壇報》寫稿。恩格斯在廣泛深入地研究了土耳其

和俄國雙方政治、經濟、軍事和民族問題的基礎上，先後寫出了〈俄軍在土耳其〉、〈雙方軍隊在土耳其的調動〉、〈神聖的戰爭〉、〈土耳其戰爭的進程〉、〈多瑙河戰爭〉等論文和評論。文章具有很高的權威性，該報為了提高自己的地位，將這些文章大都以編輯部的社論名義發表出來，使報紙受到廣泛重視。恩格斯在曼徹斯特廣泛地閱讀了各種軍事文獻，其中包括作戰藝術史、軍隊史、兵種史、武器史、戰略和戰術發展史等，研究過作戰戰術、炮兵學、築城原理、軍隊的組織體系以及各國軍隊的供應和裝備情況，先後讀過一百多位各種軍事作家的論著，其中包括六卷集的《比利牛斯半島和法國南方戰爭史》、威廉・納皮爾(Napier, William)中將的西班牙戰爭史，德國軍事家維利森 (Willisen, 1790 ～ 1879)、克勞塞維茨 (Clausewits, Karl 1780～1831)等人的軍事論著等。一八五七年馬克思應美國《紐約每日論壇報》編輯德納 (Dana, Charles Anderson 1819～1897)的要求，給《美國新百科全書》撰稿，其中軍事條目均由恩格斯完成。這些條目中的第一篇〈軍隊〉論述了從古代埃及到克里木戰爭時期軍事狀況的發展過程，關於亞述的軍隊，波斯帝國的軍隊，古代希臘各國的軍事制度、馬其頓的菲力浦和亞歷山大的軍隊以及羅馬的軍隊的情況，還涉及隨著封建制度崩潰和城市的發展而出現的軍隊，恩格斯還分析了北美殖民地反對英國統治的獨立戰爭和十八世紀法國革命採用的新的軍隊組織形式和新的戰術以及英國、法國、俄國、德國的部分的戰爭訓練機構的組織。馬克思認為恩格斯這篇文章寫得非常好，認為「軍隊的歷史非常明顯地概括了市民社會的全部歷史」。在恩格斯為該百科全書所寫的六十三個條目中，還包括〈步兵〉、〈炮兵〉、〈海軍〉、〈騎兵〉、〈築城〉等長條目，以及論述各種武器和軍事設施的短條目如〈彈射器〉、〈刺刀〉、〈明火刀〉、〈馬

槍〉、〈卡倫炮〉、〈阿穆塞特炮〉、〈爆炸彈〉、〈散彈〉、〈炮艇〉、〈棱堡〉、〈掩體〉、〈軍用橋〉等。他還幫助馬克思為這套百科全書撰寫了許多軍事統帥的傳記。除此之外，恩格斯還撰寫了大量軍事論文和評論。當普法戰爭爆發時，恩格斯給英國《派爾—麥爾新聞》不署名地寫了多篇戰事短評。在戰爭初期，人們都以為裝備精良的法國軍隊會打敗普魯士軍隊。恩格斯根據當時各方面情況加以判斷，推測德國統帥毛奇將軍有圍殲麥克馬洪元帥指揮的法軍的意圖，並指出法軍將可能在色當遭到慘敗而不得不投降。戰爭的結局完全證實了恩格斯的推斷。這些短評在倫敦引起了轟動，就連《泰晤士報》這樣的大報也加以轉載。人們都猜測，短評的作者一定是倫敦的軍事權威。馬克思的夫人燕妮(Jenny，Marx 1814〜1881)興奮地寫信給恩格斯說：「您的這些文章在這裡多麼轟動一時啊！這些文章寫得如此驚人地清晰明瞭，使我不能不把您稱作小毛奇。」❷馬克思的大女兒給恩格斯起了「將軍」和「總參謀部」的綽號❸。恩格斯關於軍事方面的論著，固然是他淵博的軍事知識的明證，同時又是他運用辯證唯物主義和歷史唯物主義於軍事領域的傑作。

在曼徹斯特期間,恩格斯對自然科學的研究主要是在物理學、有機化學和生物學等學科上，他認為在這些方面「近數十年來的新發現充分證實了辯證法的世界觀」❸。

一八六三年一月六日，和恩格斯患難與共、相依相伴了近二十

---

❷ 燕妮・馬克思，〈致弗・恩格斯〉，《馬克思恩格斯全集》，卷三三，頁六五五，北京，人民出版社，一九七三年版。

❸ 同❷，頁一七〇。

❸ 恩格斯，〈致卡・馬克思〉，《馬克思恩格斯選集》，卷四，頁三三七，北京，人民出版社，一九七二年版。

年的瑪麗‧白恩士突然因心臟病發作而去世，這使恩格斯異常悲痛。此後，瑪麗的妹妹莉希(Burns, Lydia)就為恩格斯料理家務，由相互同情而發展為愛情，成為恩格斯的第二位夫人。

恩格斯的理論研究工作領域異常廣闊，任務十分繁重。他為了使馬克思能夠集中精力寫他的巨著《資本論》，主動承擔了經濟學以外的其他領域的許多寫作和研究任務。儘管他非常希望盡早擺脫商業辦事處和交易所的工作而抽出更多時間來從事著述和研究，但他首先考慮的是以後的收入能否在解決自己的生活問題的同時保證馬克思一家的正常生活。從一八六四年六月起，他把繼承的遺產投入公司，因而成為歐門─恩格斯公司的股東，不再是「公司的代理人和主要業務助手」了。他和哥‧歐門公司簽定的合同將於一八六九年六月期滿。歐門深知恩格斯不願繼續經營商業，所以便在合同期滿前一年即一八六八年就提議付還恩格斯全部資本並為他退出商業付給一定的補償金，從而使他能更好地資助馬克思一家的生活。他詳細詢問馬克思平時的正常開支，問每年三百五十英鎊是否夠用(治病和意外緊急開支除外)。在得到馬克思回答「三百五十英鎊這個數目是完全夠用的」以後，經過長時間與公司談判，歐門終於一次付給恩格斯一千七百五十英鎊補償金。直到一八六九年八月中旬，恩格斯才同歐門簽訂了結束共同經營的協議，此後便將自己在該公司的流動資金全部抽出。從此，恩格斯便開始脫離商界。

一八六九年九月，恩格斯和夫人莉希以及馬克思的幼女愛琳娜一起到愛爾蘭遊歷。他熱愛愛爾蘭的美麗土地，愛這個苦難的民族，愛他先後兩個夫人的故鄉。當時，他搜集了許多愛爾蘭的歷史資料，決定要寫一部愛爾蘭史，力圖恢復被歪曲了的愛爾蘭人民的歷史真面目。回來後，他為了寫這部書而研究了大量歷史文獻和古愛爾蘭

文原著、古愛爾蘭法律。到一八七○年七月，寫完了該書第一章和第二章的一部分（原計畫寫四章）。可是由於普法戰爭爆發，巴黎公社的出現和失敗，國際中的繁重的領導事務以及其他更緊迫的任務而未能完成這一著作。

在曼徹斯特的二十年間，恩格斯除了寫大量的政論和軍事論著外，還寫了《德國農民戰爭》和《德國的革命和反革命》兩部著作。此外，需要特別一提的是，一八六七年正式出版的馬克思的《資本論》第一卷，也包含了恩格斯的大量勞動。恩格斯於一八四四年發表的《政治經濟學批判大綱》給了馬克思許多啟發，並促使馬克思下決心研究政治經濟學。在馬克思寫作《資本論》第一卷的過程中，他們有一百八十多次通信就《資本論》涉及的種種政治問題，它的結構、方法，它的有關材料，某些篇章的解釋和補充等交換意見。馬克思在《資本論》中曾一再引用恩格斯的《英國工人階級狀況》一書。恩格斯還為馬克思寫作《資本論》提供各種精確的經濟資料，搜集有關書籍和文獻。由於恩格斯身居曼徹斯特這個大工業城市，對資本主義經濟關係和社會生活各個方面相當熟悉，對無產階級和資產階級的真實狀況非常了解，所以馬克思經常向恩格斯求教。因為這些方面許多實際材料是在理論著作中找不到的。在《資本論》全書草稿寫出來以後，恩格斯建議並說服馬克思在其餘各卷未能定稿之前，先將第一卷修改定稿，送交出版，並建議對價值形式發展的歷史作更詳細的說明。對這本書的結構、章節安排以及許多地方的說明方式，恩格斯都提出了非常重要的具體修改意見。最初馬克思把這部長達五十多印張的著作只分為六章。恩格斯建議題目分得更細一些，多分一些小節，多加一些小標題。在該書付印前，馬克思及時將經過自己校閱過的校樣寄給恩格斯徵求意見，恩格斯也像

馬克思一樣仔細校閱了全部清樣，並把意見寫在上面。在此之前，馬克思曾寫信給恩格斯說：「如果你能在我的主要著作中……直接以合著者的身分出現，而不只是被引證者，這會使我多麼高興！」❸❷馬克思於一八六七年八月十六日深夜校完最後一頁清樣時，滿懷深情地寫信給恩格斯說：「這樣，這一卷就完成了。其所以能夠如此，我只有感謝你！沒有你為我作的犧牲，我是決不可能完成這三卷書的巨大工作的。我以滿懷感激的心情擁抱你！」❸❸

七　移居倫敦：和馬克思共事的最後十三年

恩格斯擺脫了商界事務以後，並不意味著從此得享清閒，而是能夠以全部時間和精力投入自己所心愛的事業。

一八七○年九月，恩格斯從曼徹斯特遷往倫敦，住在瑞琴特公園一二二號，離馬克思的住所只需步行十分鐘。從此他們幾乎每天都見面，「每天下午一時左右，他就上馬克思家裡去，如果天氣晴朗、馬克思興致又很好的話，他們就一起到漢普斯泰特荒埠去散步。如果由於某種原因不能外出散步，他們便在馬克思的工作室裡，各自沿著一條對角線走來走去，一連談上好幾個鐘頭。……對他們來說，任何對他們的思想和著作的批評，都不及他們彼此交換意見那樣意義重大」❸❹。

恩格斯移居倫敦時，正是舉世關注的普法戰爭結束之時。這場

❸❷　馬克思，〈致恩格斯〉，《馬克思恩格斯全集》，卷三一，頁二三六，北京，人民出版社，一九七二年版。

❸❸　同❸❷，頁三二八～三二九。

❸❹　同❷❽，頁一二二。

戰爭中，法國的失敗不但導致了法國皇帝拿破崙三世被俘投降，以及法蘭西第二帝國垮臺，而且加劇了法國國內的階級矛盾，引發了巴黎公社的出現和法蘭西內戰的爆發。這場經歷了七十二天的巴黎公社革命，終於在以梯也爾(Thiers, Adolphe 1797～1877)為首的凡爾賽政府軍隊和協助它的普魯士軍隊共同鎮壓下失敗了。馬克思和恩格斯始終站在公社一邊，對它提供的豐富經驗和教訓進行了深刻的理論總結，對它的歷史意義作了高度評價。在當時和以後的二十多年時間裡，恩格斯一直十分重視總結巴黎公社的經驗，使之成為國際無產階級的理論財富。

當時，恩格斯除了進行理論研究外，還花費很大精力指導國際工人協會（即第一國際）的工作。國際工人協會成立於一八六四年，馬克思、恩格斯均為協會總委員會委員，馬克思任總委員會德國通訊書記，恩格斯先後擔任西班牙通訊書記、意大利通訊書記以及葡萄牙、丹麥通訊書記，還兼任總委員會財務委員。馬克思由於長期的貧困生活和繁重工作，從七十年代起便常常患病。為了使馬克思得到必要的休息和治療，並有時間和精力從事著述和研究，恩格斯主動承擔了國際總委員會中許多本來由馬克思擔負的工作。

巴黎公社失敗後，恩格斯和馬克思一樣，特別注意工人階級政黨的理論建設和思想上的統一。而德國社會民主黨又是他們傾注心血最多、影響最大的黨。七十年代初，德國工人運動的兩派愛森納赫派和拉薩爾(Lassalle, Ferdinand 1825～1864)派實現了組織上的統一。馬、恩贊成他們的統一，但認為他們在哥達通過的黨的綱領《哥達綱領》是一個向拉薩爾的錯誤觀點妥協讓步、極其糟糕的會使黨墮落的綱領。為此，馬克思寫了著名的《哥達綱領批判》， 恩格斯給黨的領導人倍倍爾(Bebel, August 1840～1913)、李卜克內西

(Liebknecht, Wilhelm 1826～1913)、白拉克(Bracke, Wilhelm 1842
～1880)寫信，批評了《哥達綱領》中存在的問題。此後不久，剛剛
實現統一的德國社會民主黨又受到以「社會主義的行家」、「社會主
義的改革家」自居的柏林大學講師歐根・杜林(Duhring, Eugen Karl
1833～1921)思想的影響。七十年代初，杜林先後出版了《國民經
濟學和社會主義批判史》、《國民經濟學和社會經濟學教程》、《哲學
教程——嚴格科學的世界觀和人生觀》等著作，在哲學上宣揚實證
主義和歷史唯心主義，在經濟學上鼓吹凱里(Carey, Henry 1793～
1879)的庸俗經濟學，在社會主義理論上，宣揚小資產階級的社會主
義，以極其狂妄的口吻和自吹自擂的空洞的「革命」詞藻向馬克思
主義挑戰，「向當代挑戰」。杜林的思想在德國社會民主黨的許多年
輕的黨員和黨的一些領導人中，產生了很大的影響。當時以柏林的
黨組織和機關報《柏林自由新聞》為中心，形成了一個人數不多、
勢力不小的宗派。他們使黨內的杜林擁護者與社會上支持杜林的大
學生們互相呼應，推波助瀾，造成相當的氣候，使該黨在思想上和
組織上引起很大混亂。鑒於杜林思想理論上的荒謬性和實踐上的危
害性，馬克思和恩格斯都感到有進行深入批判的必要。一八七六年，
恩格斯應德國社會民主黨首領威廉・李卜克內西的請求，毅然放下
他正在進行的對自然科學和自然辯證法的研究，擔負起在理論上全
面地批判杜林的任務。

　　可是，批判杜林並非一件輕而易舉的事情。因為杜林的學說雖
然內容淺薄，漏洞百出，但他卻拼湊了一個涉及哲學、政治經濟學
和社會主義等廣闊領域、包羅萬象的體系。要駁倒他，就必須對這
些廣闊領域中的各種各樣的問題進行認真而深入的研究，提出具有
真知灼見的科學見解與之相對立。這樣做雖然要耗費很多精力，但

對恩格斯來說也有一個好處，就是使他有機會在同杜林的爭論中用比以前更連貫、更系統的形式闡明馬克思主義對這許多形形色色問題的見解。

在動手寫批判杜林的文章之前，恩格斯首先向馬克思說明了自己的寫作計畫和論述方式：「開始時我將純客觀地、似乎很認真地對待這些胡說，隨著對他的荒謬和庸俗的揭露越來越深入，批判就變得越來越尖銳，最後給他一頓密如冰雹的打擊。」❸恩格斯從一八七六年六月開始動手寫作，先後用了兩年時間寫了一系列相互連接的系統的批判文章，以三組系列論文的形式連續發表在德國社會民主黨的機關報《前進報》上。一八七八年在萊比錫印成《反杜林論》單行本。在《反杜林論》的寫作過程中，馬克思給恩格斯很多具體幫助。他在寫作《資本論》的緊張工作的情況下，還抽出許多時間來閱讀、分析杜林的著作，及時和恩格斯交換意見，提出恩格斯應當注意的問題。有時，他還為恩格斯搜集、寄送或推薦有關書籍和材料，還親自動手寫了對杜林《國民經濟學批判史》一書第二版前三章的詳盡批判。後來，恩格斯將馬克思寫的這份手稿作了某些修改，以《「批判史」論述》為題作為《反杜林論》一書第二編的第十章。在《反杜林論》付印之前，恩格斯將全部原稿讀給馬克思聽，得到馬克思的贊同。恩格斯在該書第二版序言中說：「本書所闡述的世界觀，絕大部分是由馬克思所確立和闡發的，而只是極小的部分是屬於我的，所以，我的這部著作如果沒有他的同意就不會完成，這在我們相互之間是不言而喻的。」❸

---

❸ 恩格斯，〈致卡・馬克思〉，《馬克思恩格斯全集》，卷三四，頁一八～一九，北京，人民出版社，一九七二年版。

❸ 恩格斯，《「反杜林論」二版序言》，《馬克思恩格斯全集》，卷二〇，

　　《反杜林論》是恩格斯的最重要和最基本的著作之一。他在批
判杜林體系的同時，概述了馬克思主義在哲學、政治經濟學和科學
社會主義等方面的基本原理和基本觀點，它的《概論》和《哲學編》，
是對馬克思主義哲學的系統論述。該書的第二、第三編，雖然主要
是分別論述馬克思主義政治經濟學和科學社會主義的理論，但其中
也滲透了恩格斯的哲學思想，特別是他的唯物史觀。

　　恩格斯批判杜林的文章在《前進報》上發表，雖然受到支持杜
林者的激烈反對，但當時黨的執委會認為，恩格斯的文章不僅針對
杜林的偽科學，而且也針對一知半解的淺薄之徒，應當繼續刊登，
從而使反對意見遭到失敗。隨著時間的推移，杜林漸漸被人們遺忘，
《反杜林論》中對杜林的批判性內容失去了實際意義，然而該書正
面論述的馬克思主義基本原理和基本觀點，卻仍然使人們發生長久
的興趣。

　　在完成了對杜林的理論清算以後，恩格斯便又開始了因批判杜
林而中斷了的研究自然科學和撰寫《自然辯證法》的工作。在恩格
斯看來,他和馬克思已經批判地吸取了德國古典哲學中的合理內容,
拯救了自覺的辯證法和歷史觀，但是辯證的同時又是唯物主義的自
然觀尚有待進一步確立。這就需要具備數學和自然科學知識，絕不
能從頭腦中虛構一些聯繫，然後把它強加於自然界。過去由於工作
條件的限制，他對自然科學只能作零星的、時停時續的研究。而退
出商界並移居倫敦以後，他比過去有了更多的研究時間。這時，他
便下決心花大力氣對自然科學進行系統深入的研究，「盡可能地使自
己在數學和自然科學方面來一個徹底的……『脫毛』」。從一八七三
年開始到一八八三年馬克思逝世之前，中間因寫《反杜林論》中斷

頁一一，北京，人民出版社，一九七一年版。

兩年，其餘八年除了從事國際工人運動的指導工作外大部分時間都用在這上面了。

恩格斯在這個艱苦而又漫長的「脫毛」過程中廣泛地涉獵了反映當時研究水平的數學和自然科學各個領域中各種權威論著和各種重要研究成果。在物理學方面，他從研究力學開始，不僅閱讀了牛頓、笛卡爾 (Descartes, R. 1596～1650)、萊布尼茲 (Leibniz, G. W. 1646～1716)和麥克斯韋(Maxwell, J. C. 1831～1879)等人的著作，還閱讀了邁爾、卡諾 (Carnot, N. L. S. 1796～1832)、赫爾姆霍茲 (Helmholtz, H. L. F. 1821～1894)、維德曼(Wiedemann, G. H. 1826～1899)、馬赫(Mach, E. 1838～1916)等人的著作。在化學領域，無機化學方面，恩格斯以波義耳(Boyle, R. 1627～1691)、拉瓦錫、道爾頓以及門捷列夫(МенделееB,Д. Н. 1834～1907)等人的理論成果和著作為主，旁及其他；有機化學方面，他研究了李比希(Liebig, J. 1803～1873)、維勒、凱庫勒(Kekule, F. A. 1829～1896)以及肖萊馬 (Schorlemmer, C. 1834～1892)、霍夫曼 (Hofmann, A. W. 1818～1892)等人的著作。在生物學和生物人類學方面，恩格斯還閱讀了德國生物學家海克爾(Haeckel, E. H. 1834～1919)的《自然創造史》、德國病理學家微耳和(Virchow, R. 1821～1902)的《細胞病理學》、德國生物學家奧肯(Oken, L. 1779～1851)的細胞原漿論和原胞說，德國生物學家特勞白(Traube, M. 1826～1894)關於人造細胞理論、德國自然科學家特雷維拉努斯(Treviranus, G. R. 1776～1837)的早期進化論思想以及法國古生物學家居維葉(Cuvier, G. 1769～1832)、瑞典植物學家和分類學家林奈、英國醫生哈維 (Harvey, W. 1578～1657)等人的論著。生態學當時還處在萌芽階段，德國植物學家、農學家弗臘斯(Fraas, K. N. 1810～1875)在一八四七年出版的《各個時

代的氣候和植物界》一書多年來未引起科學界應有重視。但在馬克
思給恩格斯的一封信中提到此書時，恩格斯便設法找到它進行研究，
並在自己的論著中發揮了其中的見解。在天文學領域，恩格斯研究
了從托勒密(Ptolemaeus, C. 西元二世紀)到哥白尼，從哥白尼到布魯
諾(Bruno, G. 1548～1600)、伽利略(Galilei, G. 1564～1642)、開普
勒(Kepler, J. 1571～1630)直到勒維烈(Le Verrier, U. J. J. 1811～
1877)等人的天文學理論，並深入研究了康德—拉普拉斯的天體演化
學說，還參閱了與之有關的賽奇(Secchi, A. 1818～1878)和梅特勒
(Madler, J. 1794～1874)等人的著作。在地質學領域，居維葉的突變
論和賴爾的漸變論在當時正在進行新的論戰。恩格斯分別研究了雙
方的理論，並從唯物辯證法的觀點評價了這兩種理論。在數學方面，
恩格斯在馬克思的幫助下，繼續進行他於六十年代中期開始的對高
等數學（主要是微積分）的研究。總之，恩格斯在數、理、化、天、
地、生等各門科學領域中極為嚴肅認真地進行了艱苦細緻的研究，
努力掌握各門科學在當時達到的最高成就，同時也探討了各門科學
理論發展的歷史。他對自然科學的研究，使他在批判杜林的自然哲
學時能夠利用有關科學成果來有根有據地駁倒論敵。他說，雖然當
時還在「脫毛」過程之中，但「沒有人能指出我真正違反了當時人
所共知的事實，或者不正確地敘述了當時公認的理論」❸。在恩格
斯看來，只有依據經驗自然科學本身所提供的事實，才能以系統的
形式描繪出一幅自然界內在聯繫的清晰圖畫。

　　恩格斯關於《自然辯證法》的構想開始於七十年代之初。在此
之前，他和馬克思之間對於自然科學和技術方面許多問題經常交換
過意見。馬克思一向是非常重視自然科學的。早在一八六四年，他

---

❸　同❸，頁一三。

曾在給恩格斯的信中談到他在讀施旺和施萊登關於細胞的著作和多種生理學、生物組織學、解剖學著作。馬克思在一八六四年讀了格羅夫(Grove, W. R. 1811~1896)的《物理力的相互關係》一書，認為它很好地論證了能量轉化問題,贊揚格羅夫是自然科學家當中「最有哲學思想的人」。一八五九年達爾文的《物種起源》出版後，馬、恩都十分重視,認為他為辯證唯物主義觀點「提供了自然史的基礎」。一八七三年五月，恩格斯將自己的寫作計畫寫信告訴馬克思，還請馬克思將此信轉給肖萊馬看，徵求他們二人的意見。馬克思和肖萊馬都表示贊許。按照恩格斯的計畫，《自然辯證法》寫作將分兩步進行。第一步是先寫出各種論文札記、論文片斷和摘要。第二步是在第一步成果的基礎上，寫出系統、完整的著作。恩格斯在一八七三年至一八八六年期間，在仔細研究自然科學大量文獻的基礎上，寫成了十篇大體完成的論文、篇章和一百七十多個札記和片斷。實際上完成的主要是原先設想的第一步計畫。對這些手稿，恩格斯後來將它們分為四束。其中有些內容和關於自然界辯證發展的基本思想在《反杜林論》的有關篇章中已表達出來。

　　七十年代末期，恩格斯在非常困難的條件下繼續研究自然辯證法。因為他的夫人莉希患嚴重的哮喘和坐骨神經痛，恩格斯要陪她進行醫治、療養，並給以悉心照料。馬克思夫婦也是重病纏身。馬克思夫人燕妮的肝病日趨惡化，最後經醫生確診是患了肝癌，而馬克思患神經炎，加之不斷咳嗽和難以忍受的頭痛和胸痛，常使他難於堅持正常工作。這些都給恩格斯增加了越來越沉重的精神痛苦和工作負擔。另外，他特別關注的德國社會民主黨在這時由於德意志帝國國會通過了《反社會民主黨人非常法》而遭到取締。在實行這個法律的時期，社會主義的組織、工人的工會組織，他們的報刊、

集會和各種宣傳活動，均遭禁止。馬克思、恩格斯的著作和其他社會主義者的著作都被禁止出版發行。恩格斯這時要為這個一時被取締的黨做許多救援引導和信念支持等工作。

一八七八年，莉希完全病倒了。這位長期與恩格斯患難與共的愛爾蘭出生的女工，在她臨終之前，要求丈夫與她舉行一個正式的婚禮。恩格斯尊重妻子的願望，按照傳統的習俗，在病榻前舉行了婚禮。幾小時以後，她在恩格斯懷裡安詳地去世了。恩格斯始終深深懷念她。後來，他回憶說：「我的妻子是一個地地道道血統的愛爾蘭無產者，她對本階級的天賦的熱愛，對我是無比珍貴的，在關鍵時刻，這種感情給我的支持，比起『有教養的』、『多愁善感的』資產階級小姐的細膩和小聰明可能給予的總要多些。」❸在莉希逝世三年之後，一八八一年十二月二日，馬克思的夫人燕妮逝世了。醫生不允許重病中的馬克思去參加葬禮。恩格斯在燕妮的墓前致悼詞說，馬克思的朋友們將總是為再也聽不到「她那大膽而合理的意見（大膽而不吹噓、合理而不損尊嚴的意見）而感到遺憾」❹。燕妮的逝世，對馬克思是一個無法彌補的巨大損失和無比沉重的打擊。恩格斯竭力幫助馬克思忍痛節哀，並安排他治病療養，希望他能恢復健康。但是，恩格斯也預感到，隨著燕妮的去世，「摩爾（對馬克思的愛稱──引者）也死了」。

一八八三年一月十一日，馬克思的大女兒燕妮・龍格逝世，留下了五個孩子。這對馬克思來說無異於雪上加霜。他的病情劇趨惡

---

❸　恩格斯，〈致尤・倍倍爾〉，《馬克思恩格斯全集》，卷三八，頁二九九，北京，人民出版社，一九七二年版。

❹　恩格斯，〈在燕・馬克思墓前的講話〉，《馬克思恩格斯全集》，卷一九，頁三二三，北京，人民出版社，一九六五年版。

化。三月十四日下午兩點三刻，馬克思在他的安樂椅上溘然長逝了。恩格斯親自把馬克思逝世的消息通知馬克思的所有親友，並把馬克思的遺體安葬在倫敦海德公墓他夫人的墓地旁邊。在簡樸的葬儀上，恩格斯用英語發表了情深意長、思想凝重的演說。演說概括了馬克思一生最主要的貢獻，表達了對馬克思的智慧、人格和崇高品德的深深敬意。他指出，馬克思首先是個革命家，他又是一個科學巨匠。正像達爾文發現有機界的規律一樣，馬克思發現了人類歷史的發展規律，還發現了現代資本主義生產方式和它所產生的資本主義社會的特殊的運動規律。除了這兩大發現即唯物史觀和剩餘價值學說以外，馬克思在他所研究的每一個領域（甚至在數學領域）都有獨到的發現。最後，恩格斯說：「我敢大膽地說：他可能有過許多敵人，但未必有一個私敵。他的英名和事業將永垂不朽！」❹

八　壯心不已

在馬克思患病的那些年裡，恩格斯已經擔負了與國際社會主義運動進行通訊聯繫和接待來訪的大部分工作。馬克思逝世後，這些工作全部落在恩格斯一人身上了。他成了各國工人和社會主義者當之無愧的顧問和導師。人們失去了馬克思，但在恩格斯身上看到了馬克思的「第二個自我」。

擺在他面前的事情實在太多：他的《自然辯證法》才做了第一步工作；《愛爾蘭史》已經寫出一部分手稿，但還沒有完成；他想寫一部德國社會主義運動史，一本國際史，還打算寫一本古日爾曼的

---

❹　恩格斯，〈在馬克思墓前的講話〉，《馬克思恩格斯選集》，卷三，頁五七六，北京，人民出版社，一九七二年版。

歷史（這本書已經搜集了大量資料，作了準備）……。然而，恩格斯認為，在馬克思逝世以後，對他來說，在所有工作中，最重要的是整理和出版馬克思的《資本論》二、三卷，同時對於馬克思生前準備寫一部闡述摩爾根(Morgan, Lewis Henry 1818～1881)的研究成果的關於古代社會的著作，他也打算盡快去加以實現。此外，馬克思已經發表過的著作的修訂再版和作序等工作也要付出一定勞動。馬克思在逝世前，曾經告訴女兒愛琳娜，希望根據他的未完成的手稿「做出點什麼來」。恩格斯覺得，無論如何，完成亡友的遺著是他義不容辭的責任。他說：「像馬克思這樣對每個字都要推敲的人所留下的手稿，整理時是要花費不少勞動的。然而這是我喜愛的一項工作，因為這樣我又重新和我的老伙伴在一起了。」❹

　　恩格斯瀏覽了馬克思《資本論》二、三卷的手稿以及有關札記和摘錄。第二卷有六個稿本，其中只有兩個比較完整，但那是較早時寫的，使用的材料比較陳舊；後面幾份是修訂稿，但往往只是開了個頭，多半是一些片斷。材料的主要部分雖然實質上已大體完成，但在文字上沒有推敲，往往夾雜兩種文字的術語，常常出現整句甚至整段英文。有些章節結尾只留下幾個不連貫的句子。還有一些也許連馬克思自己也難於辨認的文體。馬克思的手稿，只有馬克思本人、他的夫人和恩格斯能夠辨認，其他人誰也看不懂。也就是說，當時只有恩格斯是唯一能夠辨認這些珍貴的手稿並且具有和馬克思相當的才智和思路的人了。

　　恩格斯把這項工作分兩步進行。首先把馬克思的手稿謄寫清楚，使之成為一個別人也能讀下去的初稿，萬一自己來不及整理成

---

❹　恩格斯，〈致菲·貝克爾〉，《馬克思恩格斯全集》，卷三六，頁二八，北京，人民出版社，一九七四年版。

書，那末至少可以按照原樣刊印。第二步，在謄清稿子的基礎上，再加工整理成書，開始真正的編輯工作。但恩格斯把這種編輯工作限制在必要的範圍內，盡可能保持初稿的性質。個別有重複的地方，也照樣保留。這樣，經過兩年多的緊張工作，《資本論》第二卷得以在漢堡出版。

第三卷手稿共五百二十五頁，近百萬字。恩格斯認為，第三卷是卓越的、出色的，是他所讀過的著作中最驚人的著作，它第一次從總的聯繫中考察了資本主義生產的全過程。恩格斯首先把全卷分為七篇，又在每篇分出章節，並對各章節加上小標題，然後對各篇逐一加以整理、增刪或重新撰寫。在改動或增補超出單純編輯的範圍之處，或在根據馬克思提供的材料，按照馬克思的精神必須由恩格斯自己來作出結論的地方，恩格斯都加上四角括號，並附上恩格斯姓名的縮寫，使讀者能夠清楚地看出，哪些是馬克思的原文，哪些是恩格斯增補的文字。經過這樣的艱苦細緻的工作，到一八九四年五月，恩格斯終於把整理好的《資本論》第三卷書稿寄給了出版社。十月四日，他為該卷寫了一篇長序，序中他向讀者說明了他在工作中碰到的嚴重困難。首先是他本人長期視力衰退，幾乎不能在燈光下寫作。此外，他還有大量別的無法推卸的工作要做。其次，是第三卷手稿本身的編輯工作不同於第二卷。因為第三卷只有一個初稿，而且極不完全。每一篇的開端通常都相當細心地撰寫過，但越往下，越不完全。在許多地方，由於馬克思工作過度而發病且逐漸加重，所以筆跡很難辨認，敘述也不連貫、清晰。所有這一切，都給整理和編輯工作帶來巨大的困難。然而，他終於克服了這些困難，在他有生之年把這部著作交給了讀者。恩格斯整理出版馬克思的《資本論》後兩卷，「是替自己的朋友馬克思建立了一座比金屬還

結實的紀念碑，在這座紀念碑上，他無意中也把自己的名字不可磨滅地刻上去了」❷。

完成了《資本論》第三卷的整理和出版工作以後，馬克思的小女兒勞拉曾寫信給恩格斯，勸告他「稍稍休息一下」。可是，恩格斯當即覆信談了他的「一攬子計畫」：一、觀察歐美各國工人運動的情況，接待有關訪問人員；二、公布拉薩爾給馬克思和他自己的書信；三、全盤加工《德國農民戰爭》；四、編寫馬克思的政治傳記；五、再版馬克思和他自己的早期作品；六、整理出版《資本論》第四卷，即《剩餘價值理論》。這時，恩格斯已是一個有病在身的老人。他在信中不無感慨地說：「我的狀況如下：七十四歲，我才開始感覺它，而工作之多需要兩個四十歲的人來做。真的，如果我能夠把自己分成一個四十歲的弗・恩格斯和一個三十四歲的弗・恩格斯，兩人合在一起恰好七十四歲，那末一切就會很快就緒。但是在現有的條件下，我所能做的，就是繼續我現在的工作，並盡可能做得多些好些。」❸

恩格斯除了完成《資本論》二、三卷的整理和出版工作，以實現馬克思的遺願外，他在一八八四年寫的《家庭、私有制和國家的起源》（以下簡稱《起源》），在某種程度上，也是執行馬克思的遺言。馬克思很早就十分重視對古代原始社會的研究，但一直沒有讀到這個問題上系統的科學著作。一直到一八八一年，馬克思才發現

---

❷ 維・阿德勒，〈弗里德里希・恩格斯的一生〉，見蘇德馬列主義研究院合編，《恩格斯逝世之際》中譯本，頁五九，北京出版社，一九八五年版。

❸ 恩格斯，〈致勞拉・拉法格〉，《馬克思恩格斯全集》，卷三九，頁三三○，北京，人民出版社，一九七四年版。

了摩爾根的《古代社會》這部重要著作。他立即仔細地閱讀並作了詳細摘錄和批注，準備寫一部關於原始社會的著作，並且擬定了提綱。但馬克思未能實現這一計畫就去世了。在整理馬克思的遺稿時，恩格斯發現了馬克思的《摩爾根「古代社會」一書摘要》，認識到《古代社會》一書是一本在論述社會的原始狀況方面，「像達爾文學說對於生物學那樣具有決定意義」的著作❹，證實了他和馬克思創立的唯物史觀。同時，恩格斯也考慮到當時許多人在婚姻家庭問題、私有制和國家起源問題上存在著很大的理論上的混亂，有必要趕快寫出《起源》。恩格斯從一八八四年三月下旬到同年五月十七日，不到兩個月的時間，便寫出了《起源》一書。該書於同年十月出版。到一八九一年出第四版時，恩格斯又根據這段時間有關這一問題的新的文獻對原書作了修訂和補充。

恩格斯的《起源》與摩爾根的《古代社會》既有密切聯繫又有重大區別。它不是單純「客觀地」敘述摩爾根的著作，而是對它進行了批判性的探討，除了利用摩爾根的材料外，他還搜集了關於古代希臘、羅馬、古代日爾曼人等原始民族的有關材料，並利用新的成果來論證和發揮馬克思、恩格斯所創立的唯物史觀。恩格斯在這個著作中以國家問題為中心，深入討論了家庭、氏族、國家這三種社會組織發生、發展的歷史過程和規律性，揭示了原始公社制度解體和以私有制為基礎的階級社會形成、發展的過程，闡明了在不同社會經濟形態中家庭關係和家庭形式的變化，還指出階級消滅、國家消亡和人類由必然王國進入自由王國的歷史前景，因而它有助於人們用科學的態度認識歷史，認識婚姻和家庭關係，認識階級、階

---

❹　恩格斯，〈致卡・考茨基〉，《馬克思恩格斯全集》，卷三六，頁一一二，北京，人民出版社，一九七四年版。

級鬥爭和國家。

　　完成了《起源》後的兩年中，恩格斯在整理、編輯《資本論》手稿的同時，還穿插做了一些其他重要工作。一八八五年，斯圖加特的一家出版社出版了丹麥哲學家卡・斯達克 (Starcke, Carl Nikolai 1858～1926)的論述費爾巴哈及其哲學的一本書。當時,卡・考茨基(Kautsky, Karl 1854～1938)主持的《新時代》雜誌請恩格斯寫一篇評論該書的文章。恩格斯覺得可以藉此機會系統地說明一下他和馬克思與黑格爾、費爾巴哈這兩位哲學家的關係，更確切地說，馬克思主義哲學與德國古典哲學的關係。他認為，在他和馬克思年輕時合寫的《德意志意識形態》中對他們和黑格爾的關係闡述得不夠全面系統，對和費爾巴哈的關係也沒有進行很好回顧。他們怎樣從黑格爾和費爾巴哈的哲學出發，又與之分離，需要作一個系統的交代和總結。於是他欣然答應了《新時代》編輯部的請求，於一八八六年初寫出《路德維希・費爾巴哈和德國古典哲學的終結》（以下簡稱《終結》），同年四月和五月在《新時代》雜誌上發表。事實上，《終結》不僅是對德國古典哲學和馬克思主義哲學的關係第一次全面系統的闡述，而且對馬克思主義誕生以後四十年來歐洲哲學方面的一些重大爭論作了理論上的總結，對馬克思主義哲學體系和基本原理作了概括的論述，特別是關於哲學的基本問題，關於唯物主義和唯心主義涵義的界說，關於對哲學、宗教、倫理等意識形態部門與經濟基礎的關係所作的歷史唯物主義的闡明，都是對馬克思主義哲學的新的發揮。

　　十九世紀八十年代末和九十年代初，有些學者如德國的巴爾特 (Barth, E. E. P. 1858～1922)等人，把唯物史觀說成是只承認經濟因素決定作用的所謂經濟決定論，而德國社會民主黨內一些青年黨員，

則把唯物主義當成標籤和套語，把馬克思主義加以簡單化、庸俗化地對待。針對這種情況，恩格斯在八十年代末直至逝世之前寫了一系列重要書信，全面闡明了唯物史觀關於經濟基礎與上層建築的辯證關係，進一步揭示了意識形態的相對獨立性和對經濟基礎的反作用，強調指出歷史唯物主義是科學研究的方法和行動的指南而不是教條。這些書信是對唯物史觀的豐富和發展，是恩格斯晚年哲學方面重要貢獻的一部分。

恩格斯在他的晚年，仍然十分關心國際工人運動，始終保持與歐美各國工人政黨的領導人和活動家的密切聯繫，還特別注意培養和幫助一批年輕的馬克思主義者，如德國的倍倍爾、李卜克內西、考茨基、梅林，法國的拉法格(Lafargue, Paul 1842～1911)，意大利的馬爾提內蒂 (Martignetti, Pasquale 1844 ～ 1920)、拉布里奧拉(Labriola, Antonio 1843～1904)，俄國的普列漢諾夫(Plekhanov, G. V. 1856～1918)、查蘇里奇(Sassulitsch, V. I. 1851～1919)，奧地利的阿德勒(Adler, Victor 1852～1918)等，恩格斯不顧年邁力衰，仍然抽出時間和他們通信，接待他們的來訪，為他們的進步而高興，也十分中肯地指出他們的缺點，還在經濟上給予幫助。在恩格斯的直接推動和具體指導下，一八八九年七月十四日，在巴黎成立了第二國際（第一國際於一八七六年七月，根據當時形勢而解散）。

八十年代末，恩格斯患眼疾和慢性結膜炎，醫生建議他去作一次旅遊，以調節身心，恢復健康。他接受了這個建議，於一八八八年夏，由化學家肖萊馬和愛琳娜・艾威琳及其丈夫陪同，到美國作一個多月的旅行。他們先後遊覽了紐約、波士頓、康克德等城市，觀賞了著名的尼亞加拉大瀑布的壯麗景色，接著，又乘船沿著安大略湖行駛至聖勞倫斯河，順流而下到達加拿大的蒙特利爾，然後回

美國的普拉茨堡。在美期間，他曾在美國工人運動和社會主義運動活動家左爾格(Sorge, F. A. 1828～1906)家作客，還探望了亡妻的侄兒威利・白恩士以及他的弟弟海爾曼。在歸途中，他給海爾曼寫信說：他感到自己「至少年輕了五歲」。 這次旅行，使恩格斯對美國民族留下了深刻印象。美國人的進取精神和自由的個性使他非常佩服。

一八九三年八、九月間，恩格斯應倍倍爾和阿德勒的邀請，到歐洲大陸作一次旅行。這次他回到了自己的祖國，也回到了他的故鄉萊茵省。他先後到了德國、瑞士、奧地利、捷克、荷蘭等國，所到之處，都受到人們的熱烈歡迎。在瑞士的蘇黎士，他還以第二國際第三次代表大會名譽主席的名義出席大會並用英語、德語、法語致熱情洋溢的閉幕詞，會後會見了各國黨的代表。

一八九四年，恩格斯經常感到身體不適，常患感冒。但他仍然堅持工作。到一八九五年，醫生發現他患了食道癌。五月初，他的脖子上出現腫瘤，並且迅速擴散。劇痛使他難以入睡。但他仍以頑強的意志和幽默的精神對待疾病，表現了驚人的毅力。在這段時間，他整理了《資本論》的附錄，為馬克思的《一八四八－一八五〇法蘭西階級鬥爭》寫了新版序言，還鑽研了早期基督教的歷史，並研究了有關這一問題的全部最新文獻。從一八九五年一月起的病重期間，他還給德、法、奧、英、俄、美、意、西班牙、波蘭、保加利亞等國的朋友寫了大量信件，現在僅存的就有七十九封。在臨終前幾個月，他發現自己只是從第二手材料了解邁內爾特這位天才對生命和大腦皮層功能的研究，於是，便把邁內爾特的主要著作全翻遍了。七月二十三日即逝世前十三天，他發出生前最後一封信，那是給馬克思的女兒勞拉(Marx, Laura 1845～1904)的，信中對自己的病

情好轉仍抱有希望，並且幽默地說：「看來我脖子上的土豆地終於到了緊要關頭，膿腫處可以切開，那樣就舒服了。」❹

　　恩格斯對死神的逼近並非毫無思想準備。他早在一八九三年七月二十九日就立下了遺囑。一八九四年十一月十四日又寫了給遺囑執行人的信，並將有關內容分別寫信通知倍倍爾、辛格爾、勞拉和愛琳娜。一八九五年七月二十六日又對遺囑作了補充。在他看來，死亡是生命的必然結果，絲毫沒有什麼可怕。他像馬克思一樣，喜歡引用古希臘哲學家伊壁鳩魯(Epikouros, 西元前約341～270)的一句話:「死不是死者的不幸，而是生者的不幸。」所以，他盡量使自己的死不給生者帶來不幸，默默地承受著巨大的痛苦，默默地做死前應做的一切。他認為，活著就意味著為人類頑強地工作，如果像廢人一樣勉強活著而不能工作，毋寧不在人間。

　　一八九五年八月五日二十二時三十分，弗里德里希・恩格斯在他自己的寓所安詳地與世長辭。他的葬儀，完全是私人性質的，非常簡樸。參加八月十日在倫敦滑鐵盧車站大樓舉行的追悼會的，只有親友和同志約八十人。李卜克內西在致詞時說：故人的謙遜不允許舉行大規模的紀念活動，如果每一個在事業上有同樣感覺的人都能來到這裡，那麼甚至整個倫敦也容納不了。他是先驅者，他同時也是一個普通的戰士。理論和實踐始終在他身上融為一體。馬克思逝世前，恩格斯為事業的需要心甘情願作出自我犧牲，馬克思逝世以後，他又為偉大的亡友犧牲自己。他一生都在履行自己的義務，總是給自己提出最高的要求❹。致悼詞的人中，除了工人運動的代

❹　恩格斯，〈致勞拉・拉法格〉，《馬克思恩格斯全集》，卷三九，頁四七六，北京，人民出版社，一九七四年版。

❹　見❷所引《恩格斯逝世之際》，頁一四八～一四九。

表外，還有來自巴門的恩格斯的一位親戚。他並不掩飾他自己和他所代表的親人不贊同恩格斯所選擇的道路和目標，但他對恩格斯的氣質以及在與自己親人的關係中所表現出來的無私和友愛，還是給予了公正的評價❹。八月二十七日，按照遺囑，恩格斯的骨灰罐被沉入他生前常去度假的伊斯特勃恩海濱附近的波濤洶湧的大海之中。

---

❹　同❻書，頁一四七。

第二章　哲學唯物主義

　　恩格斯的哲學思想，就其發展的線索來看，先是由一個具有批判精神的青年黑格爾派唯心主義者，在費爾巴哈的影響下轉向唯物主義。但他不像費爾巴哈那樣簡單地拋棄黑格爾哲學，而是在唯物主義基礎上改造了黑格爾哲學，吸取其中的合理內核即豐富的辯證法，從而迅速地超越了費爾巴哈的唯物主義，又通過對政治經濟學的研究和對英國工人階級狀況以及整個社會狀況的實際調查而達到歷史唯物主義。在他和馬克思共同創立歷史唯物主義並加以多方面的實際應用以後，才著手系統研究自然科學，進一步建立唯物的和辯證的自然觀。這是恩格斯哲學思想進展的實際軌跡。但是，我們以下的論述大體上是按照恩格斯在《反杜林論》、《終結》等重要哲學著作中提示給我們的他的哲學思想的完整體系加以分章敘述而不是按照歷史發展的線索去一步一步地追溯恩格斯思想演變的具體過程。

　　恩格斯常常把他和馬克思的哲學稱作「現代唯物主義」，以區別於以往的唯物主義，特別是十七、十八世紀英國和法國的唯物主義以及十九世紀德國費爾巴哈的唯物主義。這種唯物主義是唯物論和辯證法的統一，又是唯物主義的自然觀和歷史觀的統一。

一 哲學的基本問題和哲學的唯物主義

唯物主義這個名詞，由來已久，但是對於什麼是唯物主義，在恩格斯以前，似乎並沒有一個明確而科學的標準，以致有人產生許多誤解，以為唯物主義就是追求物質生活享受而毫無理想和精神生活可言。恩格斯在對歐洲哲學史，特別是近代歐洲哲學史進行考察和總結的基礎上，吸取了以往哲學家特別是黑格爾和費爾巴哈關於思維與存在關係在哲學中重要地位的思想，提出他關於哲學基本問題的理論，從而為唯物主義和唯心主義的區別提出了根本標準。

恩格斯認為，全部哲學，特別是近代哲學的重大的基本問題，是思維和存在的關係問題。這個基本問題，在哲學發展的不同階段，具有不同的表現形式。各個歷史時期不同哲學家爭論的形形色色的哲學問題，都貫穿著這個基本問題。

在遠古時期，人們還談不上有明確的哲學意識和科學思想，也完全不知道自己身體的構造，只是模糊地感到他們的思維和感覺不是身體的活動，而逐漸形成獨立於肉體、可以脫離肉體而存在的靈魂的觀念。因此，靈魂與外部世界的關係，是思維與存在關係的最古老的表達形式。後來，由於自然力被人格化，產生了最初的神，隨著宗教向前發展和人們智力發展中的抽象化過程，逐漸從多神中產生了一神教。這時，思維對存在的關係表現為神和世界的關係。在中世紀的經院哲學中，唯名論和唯實論的爭論，是以多少隱蔽的形式提出了精神和自然界何者為本原的問題。在馬克思和恩格斯合

寫的《神聖家族》中，認為後期唯名論是「唯物主義的最初表現」❶
在歐洲人從基督教中世紀的長期冬眠中覺醒以後，在近代，反對宗
教神學的人則以更加尖銳的形式向教會提出：世界是神創造的，還
是從來就有的？

　　在近代哲學中，哲學家對於思維和存在的關係在全部哲學中的
重要地位，有了比較明確的認識。例如，黑格爾就認為，思維與存
在的對立，「是哲學的起點，這個起點構成哲學的全部意義」❷。黑
格爾不僅有了哲學基本問題的思想，而且還在唯心論的基礎上提出
思維與存在同一性的命題。費爾巴哈也對哲學基本問題作了自己的
論述，在他的《宗教本質講演錄》中，明確地提出：「神是否創造世
界的問題即神對世界的關係如何，這個問題其實就是精神對感性的
關係問題。」　這是「屬於人類認識和哲學上最重要又最困難的問題
之一，整個哲學史其實只在這個問題周圍繞圈子。」❸可見，黑格爾
和費爾巴哈已經接近於提出哲學基本問題，但還缺乏深刻和準確的
概括，也沒有用它來解決唯物主義和唯心主義的劃界問題。

　　恩格斯認為，思維和存在，精神和自然界，誰是本原，誰是派
生的問題，這是劃分唯物主義和唯心主義的根本標準。「哲學家依照
他們如何回答這個問題而分成了兩大陣營。凡是斷定精神對自然界
說來是本原的，從而歸根到底以某種方式承認創世說的人……組成

---

❶　馬克恩、恩格斯，《神聖家族》，單行本，頁一六三，人民出版社，一
　　九五八年版。

❷　黑格爾，《哲學史講演錄》，卷三，頁二九二，生活·讀書·新知三聯
　　書店，一九五七年版。

❸　費爾巴哈，《宗教本質講演錄》，《費爾巴哈著作選集》，卷下，頁六二
　　一，商務印書館，一九八四年版。

唯心主義陣營。凡是認為自然界是本原的，則屬於唯物主義的各種學派」❹。他特別強調說，唯物主義和唯心主義這兩個用語，只能在精神和物質、思維和存在，何者是本原，何者為第一性的這個意義上使用才是正確的。除此之外，這兩個用語本來沒有任何別的意思。如果離開這個標準來使用這兩個用語，就會造成嚴重的混亂。例如《路德維希‧費爾巴哈》一書的作者施達克博士就認為，費爾巴哈由於相信人類進步，追求自己的理想，懷有對真理和正義的熱忱，承認理想的力量，因而是一個唯心主義者。這樣來找唯心主義就完全找錯了地方。因為任何人在行動之前都要先在頭腦裡形成目的、動機和「理想的意圖」並承認「理想的力量」。照施達克的標準，任何一個發育稍微正常的人都是天生的唯心主義者而根本不可能還有唯物主義者了。另一方面，一些對唯物主義懷有偏見或懷有仇恨的人常把唯物主義理解為貪吃、酗酒、娛目、肉欲、虛榮、愛財、吝嗇、貪婪、牟利、投機等一切齷齪或不文雅的行為的代名詞。由於受這些偏見和誹謗的影響，就連真正的唯物主義者費爾巴哈也拒絕稱自己為唯物主義者了。

　　恩格斯認為，思維和存在的關係問題，包括兩個方面：第一個方面就是思維和存在誰是本原的問題，哲學家依照他們對這個問題的不同回答而劃分為唯物主義和唯心主義。第二個方面是是否承認思維和存在同一性的問題，也就是是否承認思維能夠認識世界，是否承認人在自己的表象和概念中能夠正確地反映現實，或者說世界是不是可知的問題。這方面的問題主要是關於認識論的問題。恩格斯在他的著作中沒有明確說明第一個方面和第二個方面的關係，但顯然，

---

❹　恩格斯，《終結》，《馬克思恩格斯選集》，卷四，頁二一九，人民出版社，一九七二年版。

單是對第二個方面問題的回答不是劃分唯物主義和唯心主義的標準。因為他說:「絕大多數哲學家對這個問題都作了肯定的回答。」❺唯心主義哲學家例如黑格爾明確地肯定了思維與存在的同一性,但黑格爾的這種同一性是在唯心主義基礎上的同一性。在他那裡,世界是絕對觀念逐漸實現的東西,所以思維能夠認識那一開始就已經是思想內容的內容。唯物主義者也承認人的思維是能夠認識並能夠正確認識外部世界的。只有少數哲學家才否認認識世界的可能性,或者至少是徹底認識世界的可能性。這就是被稱之為不可知論者的那些哲學家。恩格斯把休謨(Hume, David 1711～1776)和康德作為近代哲學家中不可知論的代表。

那麼,不可知論是不是在唯物主義和唯心主義之外的第三種派別呢? 顯然不是。事實上,不可知論者並沒有超越唯物主義和唯心主義的對立,而是動搖於二者之間,表現了哲學上的不徹底性。他們的體系中既包含了唯物主義成分或通向唯物主義的方面,又包含了唯心主義的因素或為唯心主義留下的地盤,只是唯物主義和唯心主義的成分多少問題。恩格斯甚至稱英國的某些不可知論是「羞羞答答的」唯物主義❻。

由此可見,對哲學基本問題的第二個方面的回答,雖然不是劃分唯物主義和唯心主義的標準,但也不能說與唯物主義和唯心主義的問題全然無關。在恩格斯看來,唯心主義哲學家雖然肯定地回答了這個方面的問題,但它並沒有解決我們的表象和概念是否能「正確地反映現實」的問題。在黑格爾那裡,「因為對他的思維來說他的

---

❺ 同❹,頁二二一。

❻ 恩格斯,《「社會主義從空想到科學的發展」英文版導言》,《馬克思恩格斯選集》,卷三,頁三八六,人民出版社,一九七二年版。

哲學是正確的，所以他的哲學也就是唯一正確的」❼。這當然不能
算得是正確地解決了思維與存在的同一性問題。不可知論者的回答
也不能認為是正確的。只有在唯物主義的基礎上，承認思維對現實
世界的反映，才是正確地回答這個問題。在《終結》中，恩格斯對
唯物主義在認識論上的涵義作了進一步的規定。他說：「人們在理解
現實世界（自然界和歷史）時，決意按照它本身在每一個不以先入
為主的唯心主義怪想來對待它的人面前所呈現的那樣來理解，他們
決意毫不憐惜地犧牲一切和事實（從事實本身的聯繫而不是從幻想
的聯繫來把握的事實）不相符合的唯心主義怪想。除此之外，唯物
主義根本沒有更多的意義。」❽這就表明，唯物主義從本體論上就是
要承認物質對精神、存在對思維的本原的地位，物質，自然界是從
來就有，本來就存在的，而精神和意識則是由物質所派生的。從認
識論上，就是要按照現實世界本來的面貌來理解現實世界，承認物
質、自然界決定精神和思維，人的認識是對外部世界的反映。這就
是說，哲學的基本問題的第一個方面和第二個方面結合起來，才能
很好地回答認識論上唯物主義和唯心主義的問題。

二　唯物主義的不同形態

　　按照恩格斯提出的劃分唯物主義和唯心主義的標準，凡是主張
物質、自然界先於意識、思維而獨立存在，意識和思維由物質、自
然界所派生的，就是唯物主義。但是從哲學史上和恩格斯當時的哲
學的舞臺上的情況看，唯物主義是有不同形態、不同面貌的。這種

---

❼　同❹，頁二二一。

❽　同❹，頁二三八。

不同形態唯物主義的形成，一方面與科學發展的不同水平有關，另一方面也同不同時期的歷史條件有關。恩格斯說，像唯心主義一樣，唯物主義也經歷了一系列的發展階段。甚至隨著自然科學領域的每一個劃時代的發現，唯物主義也必然要改變自己的形式。這樣說來，不同發展階段不同形式的唯物主義，其科學基礎和哲學思維水平有高低之分和精粗之別，其思想內容有深淺的差異，在許多重大問題上有正確與錯誤的不同。

在遠古時代，人類處在蠻荒狀態，生產力和物質生活條件處於極端低下水平，因而人類思維水平和思維方式也非常原始。那時，人們還完全不知道自己身體的構造，也沒有明確地區分主體與客體，精神和自然界的觀念。他們關於靈魂可以離開肉體和靈魂不死的觀念並不意味著有了對作為精神實體的靈魂的認識。因為他們甚至對現實和夢境何者為真實，何者更重要也沒有加以區別。至於靈魂到底是物質的還是精神的，更不可能提出這樣的問題。恩格斯指出：「蒙昧人和低級野蠻人中間，現在還流行著這樣一種觀念：夢中出現的人的形象是暫時離開肉體的靈魂，因而現實的人應當對自己出現於他人夢中時針對做夢者而採取的行為負責。」❾除了靈魂和肉體的關係以外，還有一個問題就是神與人的關係。在原始人那裡，「自然力被人格化」，「他們用人格化的方法來同化自然力。正是這種人格化的欲望，到處創造了許多神」❿。在自然力和自然現象被人格化的同時，人和神之間，現實和神靈世界之間的區別，物和物的觀念甚至它的名稱，它的影像之間的區別似乎都是不清楚的。用法國

---

❾　同❹，頁二一九。

❿　恩格斯，《「反杜林論」準備材料》，《馬克思恩格斯全集》，卷二〇，頁六七二，人民出版社，一九七一年版。

人類學家列維－布留爾 (Léevy-Brühl, Lucién 1857 ～ 1939) 在他的
《原始思維》一書中的話來說，在原始人那裡，客體和主體，物和
它的觀念，和它的影子、肖像，現實和夢境都是「互滲」的。他們
的抽像思維水平很低，因此，人類在原始階段，是談不上唯物主義
和唯心主義的區別的。

　　哲學產生於奴隸制社會，古代希臘、羅馬是西方奴隸制社會的
典型。從泰勒斯 (Thales) 起，希臘人開始有了哲學。古希臘羅馬哲
學中的唯物主義是以德謨克利特（Demokritos，約西元前460～前
370年）和伊壁鳩魯為代表的原子論。這種唯物主義堅持用物質的，
自然的原因說明一切現象，在認識論上他們主張感覺和思想是由外
物的流射造成的影像。這實際上是唯物主義反映論的最初說法。這
時的唯物主義雖然比起原始思維來是一種進步，但它還是素樸的、
幼稚的唯物主義，本身還缺乏科學的基礎。

　　在馬克思主義的辯證唯物主義哲學產生以前的近代的唯物主
義包括十七世紀英國的唯物主義和十八世紀法國唯物主義以及十九
世紀德國古典哲學中費爾巴哈的唯物主義這三種具體形態。在馬克
思和恩格斯共同寫作的《神聖家族》中，他們指出：「法國和英國
的唯物主義始終同德謨克利特和伊壁鳩魯保持密切的聯繫。」**⓫** 這就
道出了近代唯物主義與古代唯物主義的繼承關係。但同時，他們也
指出了法國唯物主義有兩重起源,即除了起源於英國唯物主義以外,
還起源於法國笛卡爾的物理學。英國唯物主義和法國唯物主義雖然

⓫　馬克思、恩格斯，《神聖家族》，單行本，頁一六一，人民出版社，一
　　九五八年版。《神聖家族》中對英國和法國唯物主義的這些論述，是
　　馬克思所寫，恩格斯在他的《「社會主義從空想到科學的發展」英文
　　版導言》中引用了這一節的基本內容。

同屬近代的唯物主義，但它們之間是有區別的，馬、恩指出：「法國唯物主義和英國唯物主義的區別是與這兩個民族的區別相適應的。法國人賦予英國唯物主義以機智，使它有血有肉，能言善辯。他們給它以它過去所沒有的氣概和優雅的風度。他們使它文明化了。」⑫十八世紀法國唯物主義不僅直接影響了十九世紀法國的空想社會主義，而且影響了費爾巴哈。費爾巴哈的唯物主義把人當作他的哲學的出發點和最高對象，因而被稱之為「人本主義」。費爾巴哈從他的人本主義立場出發，批判了黑格爾的思辨哲學，也批判了宗教特別是基督教，還批判了不可知論。他認為，人是自然界的產物，是自然界的一部分，自然界的原因應該在自然界本身中去尋找。雖然費爾巴哈哲學具有不同於英國和法國唯物主義的某些特點，但從總體上來說，仍然沒有超出十八世紀法國唯物主義的水平，因而仍然屬於近代的形而上學唯物主義的範疇。

　　恩格斯認為，包括十七世紀英國唯物論、十八世紀法國唯物論和十九世紀費爾巴哈的唯物論在內的近代唯物主義哲學，有三個主要的局限性。第一，這種唯物主義是機械的。它用當時在所有自然科學中達到了某種完善地步的力學（剛體力學）來說明一切現象，用力學的尺度來衡量化學過程和有機過程，對植物和動物機體的活動也用純粹機械原因來解釋。在這種機械唯物主義看來，不僅動物是機器，而且人也是機器。這種唯物主義抹煞了高級運動形式和低級運動形式之間的質的區別，實際上把有機過程的高級運動形式歸結為力學過程，同時，它也抹煞了人所特有的能動性。恩格斯指出，這種唯物主義的機械性，是同當時科學發展狀況分不開的。因為在十八世紀，在所有自然科學中達到了某種完善地步的只有力學，而

⑫　同⑪，頁一六五。

且只有剛體力學。化學剛剛處於幼稚的燃素論的形態中，生物學尚在襁褓中，對動物和植物的機體只作過極膚淺的研究。

第二個局限性在於，這種唯物主義的形而上學性，它不能把世界理解為一種過程，理解為一種處在不斷的歷史發展中的物質。這也是和當時的自然科學狀況以及與此相聯繫的形而上學的哲學思維方式相適應的。根據當時的想法，自然界的運動永遠繞著一個圓圈旋轉，因而始終停留在同一地點，總是產生同一的結果。雖然在費爾巴哈所處的時代，自然科學比十八世紀的狀況有了長足的進展。細胞學說，能量守恆定律以及達爾文的進化論，在費爾巴哈在世時都已經出現了。但是，由於費爾巴哈在鄉間過著孤寂的生活，根本沒有充分研究和了解自然科學的條件。因而無法克服十八世紀法國唯物主義的片面性。恩格斯認為造成這種片面性的，不是費爾巴哈本人的過錯，而是德國的可憐的狀況，由於這種狀況，當時哲學講席全被那些故弄玄虛的、折衷主義的、打小算盤的人所占據，而比這些傢伙高明百倍的費爾巴哈，卻不得不在窮鄉僻壤過著孤陋寡聞的生活❸。

這種唯物主義的第三個局限性就是它在歷史領域中的形而上學的非歷史的觀點，在歷史觀上表現為歷史唯心主義。十八世紀的法國唯物主義者把中世紀看做是由千年來普遍野蠻狀態所引起的歷史的簡單中斷，以往的一切社會形式，國家形式，一切傳統的觀念都當做不合理的東西扔到垃圾堆裡去。他們用永恆理性作為衡量一切、評判一切的尺度，認為過去的一切的不合理，只是因為迷信、偏私所致。這種觀點既是非歷史的，又是唯心的。費爾巴哈在歷史領域內同樣是一個唯心主義者。用恩格斯的話來說，他下半截是唯

---

❸　同❹，頁二二六。

物主義者，上半截是唯心主義者⑭。「當費爾巴哈是一個唯物主義
者的時候，歷史在他的視野之外，當他去探討歷史的時候，他決不
是一個唯物主義者」⑮。因為費爾巴哈對待社會歷史問題，不是從
現實的人和現實的社會關係出發，而是從抽象的人和空洞的人類之
愛出發，因而找不到從他自己所極端憎恨的抽象王國通向活生生的
現實世界的道路。恩格斯指出，「要從費爾巴哈的抽象的人轉到現
實的、活生生的人，就必須把這些人當做在歷史中行動的人去研究」，
對抽象的人的崇拜，即費爾巴哈的新宗教的核心，必須由關於現實
的人及其歷史發展的科學來代替」⑯。

　　簡要地說，馬克思、恩格斯以前的近代唯物主義，是近代自然
科學和社會歷史條件的產物，這種唯物主義在反對中世紀迷信和基
督教神學，在批判唯心主義的鬥爭中，在推動人類的哲學思維的發
展上，起過非常重要的作用。但是由於科學發展的狀況和社會歷史
條件的局限，這種唯物主義不可避免地存在著自身的缺點和片面性，
主要是它的機械性，形而上學性和在歷史觀上的唯心主義。費爾巴
哈雖然生活在十九世紀，但由於德國的狀況，使他在孤寂的生活中
脫離了當時的科學發展，也脫離了當時的現實生活，所以他沒有能
夠克服這些局限性和片面性。而恩格斯和馬克思共同創立的現代唯
物主義，超出費爾巴哈而進一步發展了費爾巴哈唯物主義觀點，同
時也超出了以往一切形式的唯物主義，突破了並且克服了以往唯物
主義的局限性，實現了唯物主義發展史上的重大飛躍。

----

⑭　同❹，頁二三七。

⑮　馬克思、恩格斯，《德意志意識形態》，《馬克思恩格斯選集》，卷一，
　　頁五〇，人民出版社，一九七二年版。

⑯　同❹，頁二三七。

　　恩格斯的唯物主義與以往的唯物主義不同，有它自身的特點。

　　首先，恩格斯的唯物主義克服了舊唯物主義的機械性和直觀性，具有強烈的實踐性。早在恩格斯和馬克思共同寫作《德意志意識形態》時，他們就把自己的唯物主義稱做「實踐的唯物主義」❶。這種實踐的唯物主義不是把人和自然界的對立看成是抽象的對立，而是在實踐的基礎上把它們統一起來，在馬克思、恩格斯看來，「任何人類歷史的第一個前提，無疑是有生命的個人的存在」，「這些個人使自己和動物區別開來的第一個歷史行動……在於他們開始生產自己所需的生活資料」❶。這也就是恩格斯後來在《自然辯證法》中所說的勞動創造了人本身。他們所理解的人「不是處在某種幻想的與世隔絕、離群索居狀態的人，而是處在一定條件下進行的現實的、可以通過經驗觀察到的發展過程中的人」❶，是處在能動的生活過程中的人，這和他在《終結》中所說的「在歷史中行動的」、「現實的、活生生的人」是完全一致的。他們認為，人周圍的感性世界決不是某種開天闢地以來就已存在的，始終如一的東西，而是工業和社會狀況的產物，是歷史的產物，是世世代代活動的結果。這種實踐唯物主義的觀點是恩格斯達到成熟思想以後始終堅持的觀點。他像一切唯物主義者那樣，承認人是自然界的產物，自然界對人、對人的思維來說具有優先地位。但他認為，自然界是由人不斷加以改造，從而不斷打上人類意志印記的世界。他像一切唯物主義者一樣，承認客觀的「自在之物」、「自在自然」在人之外的存在，但他同時又指出，「自在之物」通過人的實踐活動不斷地轉化為「為我

---

❶　同❶，頁四八。

❶　同❶，頁二四。

❶　同❶，頁三一。

之物」,「自在之物」和「為我之物」之間沒有不可逾越的鴻溝。在他看來,對休謨和康德的不可知論觀點最重要最有力的駁斥是實踐。人們在實踐中按照自然過程產生的條件製造出動植物體內的化學物質和其他物質,也在實踐中證明了自己的認識與客觀過程的一致性,還在實踐中證明了不同現象之間(如陽光和石頭發熱之間,槍的扳機的撞擊和火藥爆炸之間)的因果性聯繫。在恩格斯看來,推動科學向前發展的根本動力是社會實踐的需要,而人的智力也是按照人如何學會改變自然界而發展的。人們可以清楚地看出,在恩格斯的唯物主義中,貫穿著實踐的精神。那種認為恩格斯的唯物主義忽視了能動的實踐因素的看法是沒有根據的。

其次,恩格斯的唯物主義克服了舊唯物主義的形而上學性,因而具有鮮明的辯證性。恩格斯明確地說過:現代唯物主義本質上是辯證的。這種辯證性,來自對自然科學,特別是十九世紀自然科學所提供的極其豐富的、與日俱增的、表明自然界辯證性質的材料的深刻總結,同時也來自對哲學史上的辯證法,特別是黑格爾的辯證法的批判的繼承。恩格斯說:「要精確地描繪宇宙、宇宙的發展和人類的發展以及這種發展在人們頭腦中的反映,就只有用辯證的方法,只有經常注意產生和消失之間,前進和後退之間的普遍相互作用才能做到。」⑳這也就表明恩格斯的唯物主義,是和辯證法緊密結合的唯物主義。唯物主義若不和辯證法結合,就不可能真正成為科學地認識自然、認識歷史和了解人們思維的有力的哲學武器。

最後,也是最重要的一點,恩格斯的唯物主義不是像舊唯物主義那樣的半截唯物主義,而是把辯證法和唯物主義運用於人類歷史

---

⑳　恩格斯,《反杜林論》,《馬克思恩格斯全集》,卷二〇,頁二六,人民出版社,一九七一年版。

的研究，從而創立了歷史唯物主義。歷史唯物主義不僅僅是馬克思、恩格斯哲學唯物主義的組成部分，而且是他們全部哲學中的最重要的內容和最基本的特色。恩格斯把馬克思一生的主要理論貢獻歸結為唯物史觀和剩餘價值學說的創立，可見唯物史觀的重要地位。可以說，沒有唯物史觀，也就沒有馬克思、恩格斯的哲學。當然，這並不是說，馬克思、恩格斯的哲學除了歷史唯物主義沒有別的組成部分。但是，這些其餘部分都不能脫離歷史唯物主義而單獨存在，而且每一個部分的意義都必須在歷史唯物主義的前提之下，才能得到充分的說明。

三 世界的物質統一性

世界統一性問題實際上也就是世界本原或本質問題。恩格斯在批判杜林的「世界模式論」時，提出了世界的統一性在於它的物質性的命題，這是辯證唯物主義的一個基本的觀點。

關於世界的物質統一性問題，從古代到現代，唯物主義哲學家們經歷了一個由淺入深、由表面到深刻的曲折發展過程。古代希臘的樸素唯物主義把世界萬物歸結為一種或數種的具體的物質。如泰勒士認為世界本原為水，水生萬物，萬物復歸於水。赫拉克利特（Herakleitos，約西元前540～前480）認為世界是一團永恆的活火，阿那克薩戈拉（Anaxagoras，約西元前500～前428年）以為宇宙萬物是由一種被他稱之為「種子」的物質微粒構成的。德謨克利特則認為一切事物的本原是「原子」和「虛空」。這些見解在本質上都是用物質的原因說明世界，主張世界統一於物質。但是由於這時的哲學還處在它的童年時期，帶有樸素和直觀的特點，還不能進

行深刻的科學的抽象，它們都把紛紜複雜的世界歸結為某一種具體的物質形態，因而這些觀點還不能深刻地、科學地解釋世界上形形色色的複雜現象（包括人類的精神現象）。

近代歐洲的唯物主義哲學家，主要是英國從培根(Bacon, Francis Baron of Verulam, 1561～1626)、霍布士(Hobbes, Thomas 1588～1679)至洛克(Locke, John 1632～1704)等哲學家和法國十八世紀的唯物主義哲學家，他們繼承和發展了古代唯物主義關於世界物質性的思想，把唯物主義世界統一性學說推向一個新的水平。他們已不再停留於純粹感性直觀的水平上來談論物質，而是達到一定的抽象層次。例如，愛爾維修認為，「物質並不是一種東西」，「物質這個名詞只能了解為那些為一切形體所固有的特性的集合」[21]。這種觀點大體上代表了那個時代唯物主義者的共同見解。他們把物質理解為形體所固有的基本特性的總和，這些基本特性就是廣延、重量、形狀、不可入性等。這種觀點堅持了世界的物質性原則，而且在概括的廣度和深度上比古代唯物論者前進了一步，但是他們仍然把哲學上最普遍的物質概念歸結為某種原始的實體——原子及其所謂不變的特性，實際上還是把世界物質的統一性說成是世界統一於特定物質層次上的具體物質形態和具體的物質屬性，同時又把物質看成負載著各種具體特性的某種不變基質和終極的實體，陷入了形而上學的不變論，也混淆了特殊和普遍的關係，因而不可能有力地抵制唯心主義的責難。例如，英國的貝克萊 (Berkeley, G. 1685～1753) 主教在把事物的一切屬性都歸結為感覺以後，便取消了作為「擔負」或支持這些屬性的物質實體的概念，他說，對物質的這種

---

[21]　北京大學哲學系外國哲學史教研室編譯，《十六─十八世紀西歐各國哲學》，頁四五〇，北京，商務印書館，一九六三年版。

定義，「除了只有一個『負擔』或『支持』的相對概念外，完全是由一些否定詞構成的。……它全然不支持什麼東西」，可是「一種東西如果說不能為感官或反省所感知，又不能在我們心中產生任何觀念，既全然沒有廣袤或任何形式，又不在任何場所存在，那麼它如何出現在我們面前呢？」㉒雖然貝克萊把一切歸結為感覺是錯誤的，但他對唯物主義者物質概念的反駁也觸及當時形而上學的唯物主義者在理論上的困難。他們的物質觀雖然同當時的科學發展沒有形成明顯的矛盾，但在科學發展的新的事實面前（如後來發現的原子核和更深層次的物質粒子，質量和能量的轉化，在高速運動中的尺縮鐘慢效應等）就會失去解釋能力。

恩格斯批評的杜林也是一個形而上學的唯物主義者。但他在世界統一性問題上既不明確肯定世界統一於物質，又不主張世界統一於精神，而是提出所謂「包羅萬象的存在」作為世界統一的基礎。他從「包羅萬象的存在是唯一的」這個所謂「公理」出發，借助思維的綜合作用，從「存在」的唯一性推論出它的統一性，從而得出世界統一於存在的結論。「存在」當然是一個重要的哲學概念，如果我們把它和思維相對待，談論思維和存在的關係時，那麼這時所說的存在就是與思維相區別的物質是同等的概念了。但是當我們僅僅說到存在而別無對待時，那麼它便是最一般、最無內容的概念。說世界統一於存在，等於說世界是存在的，一切對象是存在的，如此而已。恩格斯說：「一般斷言它們都是存在的，這不僅不能賦予它們其他共同的或非共同的特性，而且暫時排除了對所有這些特性的考慮。」㉓因為，如果我們僅僅說世界的事物是存在的，並沒有涉及所

㉒　同㉑，頁三五四。

㉓　同⑳，頁四七～四八。

有這些事物任何共同的或非共同的特性。甚至世界的統一性也是對世界存在的進一步規定。唯心主義者會說，世界是存在的，但它是精神的存在；唯物主義者也會說，世界是存在的，但它是物質的存在。因此，僅僅說到存在，還沒有回答世界統一性以及世界統一於什麼的問題。

　　恩格斯說：「雖然世界的存在是它的統一性的前提，因為世界必須先存在，然後才能夠是統一的，但是世界的統一性並不在於它的存在。世界的真正的統一性是在於它的物質性。」❷在恩格斯看來，從世界的存在，還不能得出世界是統一的結論，世界統一性是比世界的存在更高一個層次的概念，所以世界的統一性並不在於它的存在。作為世界統一性基礎的物質，不是以往唯物主義者所說的宇宙的基質或不變的實體，也不是物質的具體形態或具體屬性，而是一切客觀事物的最普遍的共同本質——物質性即客觀實在性的概括和抽象。他說：「實物、物質無非是各種實物的總和，而這一概念就是從這一總和中抽象出來的。」「像『物質』和『運動』這樣的名詞無非是簡稱，我們就用這種簡稱，把許多不同的、可以從感覺上感知的事物，依照其共同的屬性把握住。」❷恩格斯批評了當時一些自然科學家為了尋找統一的物質本身，而把質的差異歸結為同一的最小粒子的結合所造成的純粹量的差異的做法，指出：「注意。物質本身是純粹思想的創造物和純粹的抽象。當我們把各種有形地存在著的事物概括在物質這一概念下的時候，我們是把它們的質的差異撇開了。因此，物質本身和各種特定的實存的物質不同，它不是感性地

---

❷　同❷，頁四八。

❷　恩格斯，《自然辯證法》，《馬克思恩格斯全集》，卷二〇，頁五七九，人民出版社，一九七一年版。

存在的東西。如果自然科學企圖尋找統一的物質本身，企圖把質的
差異歸結為同一的最小粒子的結合所造成的純粹量的差異，那麼這
樣做就等於不要看櫻桃、梨、蘋果，而要看水果本身，不要看貓、
狗、羊等等，而要看哺乳動物本身……。」㉖按照這種見解，所謂物
質，不僅包括我們已知的一切自然物，也包括我們尚未認識的一切
客觀的實存之物，還包括被人所改造、加工或製作出來的一切事物。
物質是所有這些千差萬別的事物共同屬性即客觀實在性的哲學概
括。無論是我們的視野所及的「我們的宇宙」，還是人類尚未觀測到、
尚未知曉的極其遙遠的宇宙，都是物質的世界，不論是自然事物還
是社會事物，都是客觀實在的物質現象。沒有獨立存在的精神實體，
更沒有為神靈鬼怪之類留下任何地盤。

　　按照恩格斯的思路，研究世界的物質統一性，不能抹煞事物的
質的差異和多樣性而去追求那種只有單純量的差別的「物質本身」，
而是要肯定質的差別，承認物質形態的多樣性。既然是千差萬別的
事物，又不能歸結為共同的微小粒子的量的差異，那末又怎麼會有
統一性呢？在恩格斯看來，世界上千差萬別的事物的統一性，就在
於它們作為客觀實在的事物之間的相互聯繫和相互轉化，沒有這種
聯繫和轉化，也談不上統一性。一切曾經被認為神秘莫測的現象，
包括人類的精神現象都是由一定的物質運動形式轉化、演變而來，
因而都可以用自然的、物質的原因加以說明。所以這種統一性不是
單純的猜測，也不是靠邏輯推論，「不是魔術師三兩句話所能證明的，
而是由哲學和自然科學的長期的持續的發展來證明的」㉗。

　　恩格斯針對杜林等人用強詞奪理的詭辯來「證明」世界統一性

㉖　同㉕，頁五九八。

㉗　同㉔。

的錯誤做法，強調對世界的物質統一性必須由哲學和自然科學的長期的持續發展來證明，這是一個非常重要的論斷。在《反杜林論》準備材料中，恩格斯對這一論斷有進一步具體說明。他指出:「相信在物質世界之外並不單獨地存在著一個精神世界,這是對現實世界,包括對人腦的產物和活動方式，進行長期而又艱苦的研究的結果。」㉘

在自然科學方面的證明，所要解決的問題主要有:(1)宇宙中各種天體和各種自然現象的共同物質基礎，沒有神秘的非物質的超自然現象存在。(2)無機的自然界和有機界事物的共同物質基礎。如果不能解決這一問題，就會把有機界看成一個非物質的神秘世界或具有神秘起源的非物質現象。(3)人類社會和自然界的共同物質基礎和物質的統一性。這涉及到人類的起源和人類社會的進化。(4)人類的精神現象的物質起源和物質基礎，沒有獨立的精神實體和精神世界的存在。這些問題中任何一個得不到科學的證明，就談不上解決了世界物質統一性問題，就有可能滑到承認或變相承認獨立的精神實體存在的結論上去。可是，這些問題的科學證明經過了多少艱苦、曲折探索和研究的歷程! 到今天為止，我們只能說，科學證明了但又在繼續證明著世界的物質統一性問題。

哲學證明與科學證明有聯繫又有區別。哲學證明要反映和概括科學發展的成果，並且要把各門科學的成果正確地聯繫起來，這種哲學證明要駁倒唯心論關於世界統一於精神（客觀的絕對精神或主觀的感覺）的結論，又要駁倒二元論關於精神和物質都是獨立存在的實體的觀點，還要克服形而上學者對這一問題的簡單化和非辯證的理解。在哲學史上，從古希臘到近代唯物主義各家各派，都在不

㉘ 同㉕，頁六六四。

同程度上以自己的方式進行這方面的工作。這種證明本身也是哲學
思維發展程度的一種標誌，僅僅靠形式邏輯的三段論是不能解決問
題的。它必須從科學提供的事實和哲學史提供的材料出發，運用辯
證思維方法，正確解決多樣性和統一性、共性和個性、現象和本質、
偶然和必然、抽象和具體等一系列的辯證關係，在每一步上都要反
對和防止唯心主義和形而上學的思想影響，才能避免像以往哲學家
那樣在這個問題上的失足。這個任務在馬克思主義哲學中得到了比
較完滿的解決。但是由於科學本身在發展，科學所揭示的世界的物
質現象及其聯繫的規律性越來越深入和豐富，哲學的物質觀也要隨
之發展，不能認為恩格斯或此後的那一位馬克思主義者已經證明完
結。對世界物質統一性問題的證明和研究將和唯物主義哲學一起常
盛不衰。

四　運動是物質的存在方式

　　恩格斯在肯定世界的物質統一性的同時，也肯定了物質的運
動。因為恩格斯是辯證論者，他不可能設想有不動的或絕對靜止的
物質狀態。在這一點上，他和杜林以及其他一切形而上學的唯物論
者是根本不同的。恩格斯指出：「在杜林先生之前，唯物主義者已經
談到了物質和運動。」但物質和運動的真實聯繫，「對早先的一切唯
物主義者來說是不清楚的。」㉙杜林提出，世界的最初是處在所謂「宇
宙介質的狀態」，那是一種沒有運動的物質狀態。這種觀點和以往的
形而上學的唯物論者的觀點基本上是一樣的，例如，十七世紀的唯
物主義者霍布士就割裂了物質和運動，認為物質是惰性的，運動並

㉙　同⑳，頁六五。

不是物質的根本屬性，只是某些物體的偶性。牛頓提出了「第一推動說」，否認物質具有自己運動的能力。而斯賓諾莎(Spinoza, Barach 1632～1677)雖然承認自然界是自因，但把運動只是看作實體的樣式之一，而整個自然界則是不動的。十八世紀法國唯物主義者雖然認識到運動是物質固有的屬性，但是他們不能擺脫機械論的局限性，不了解物質運動的源泉在於事物自身的矛盾性，他們中有不少人還是把一切運動形式都歸結為機械運動。恩格斯認為，「運動」和「物質」一樣，是最高程度抽象的哲學概念。它是對世界一切變化過程共同特性的概括，從簡單的位置移動到物理、化學、生物變化過程，直到社會的發展變化和人類的思維活動都是運動的不同的具體形式。從巨大的宇宙天體到細小的物質微粒，都無時無刻不處在一種或幾種運動之中。世界上除了運動著的物質或者物質的運動以外，什麼也沒有，「沒有運動的物質和沒有物質的運動是同樣不可想像的」[30]。

　　恩格斯把他的辯證唯物主義的物質運動觀概括為「運動是物質的存在方式」這樣一個哲學命題。從恩格斯的論述來看，這個命題至少包含這樣兩層意思：一是說物質和運動是不可分的。運動不是從外部施加於物質的，而是物質本身就是運動的。正如馬克思所說：「物質是一切變化的主體。」[31]脫離運動的所謂「不動的物質」和脫離物質的所謂「純粹的運動」都是荒謬的。二是說物質的運動都取一定的形式。運動的具體形式是無限多樣的。恩格斯批評了形而上學的機械論者把宇宙間多種多樣豐富多彩的運動形式歸結為由外力推動的機械運動的片面觀點，認為機械運動只是多種運動形式中的

[30]　同[20]，頁六五。

[31]　同[1]，頁一六四。

一種。他根據當時科學發展水平，從大的方面對基本運動形式作了分類，共分為機械運動、物理運動、化學運動、生物運動和社會運動（包含人的思維運動）五大類。這五種運動形式的次序是從簡單到複雜，從低級運動形式到高級運動形式。恩格斯認為物質運動從一種形式轉變為另一種形式不是單純的漸進的結果，而是質的飛躍。他指出：「不管一切漸進性，從一種運動形式到另一種運動形式，總是一種飛躍，一種決定性的轉折。」 ❸不同運動形式之間有質的區別，又有密切的聯繫。低級運動形式可以轉化為高級運動形式，而高級運動形式又包含了低級運動形式，但不能歸結為低級運動形式。在每一種基本運動形式中，又包括許多具體的運動形式，如物理運動中包括聲、光、熱、電、磁等具體運動形式。

恩格斯對基本運動形式的分類，是以不同層次的物質承擔者為依據的。他認為機械運動是天體和地上的物體的簡單的位置移動，物理運動的基礎是分子運動，化學運動的基礎是原子的運動，生命運動在於蛋白體的化學組成部分的自我更新。這些根據當時的科學材料所作的具體論斷已被現代自然科學的發展證明為不確切或不完善的。但是恩格斯對運動基本形式的分類以及關於各種運動形式之間相互關係的基本思想仍然是有重要意義的。

在恩格斯看來，運動是無時不在，無處不在的。但這並不意味著世界上不存在任何靜止。他認為，運動是絕對的，靜止是相對的。不存在絕對的靜止和無條件的平衡。靜止只有對這種或那種確定的運動形式來說，才是有意義的。例如，某一物體在地球上可以處於機械的平衡，即處於力學意義上的靜止，這絕不妨礙這一物體參加地球的運動和隨著地球而參加整個太陽系的運動，同樣也不妨礙它

❸　同❷，頁七二。

的最小的物理粒子去實現由它的溫度所造成的振動，不妨礙它的物質原子去經歷化學的過程。恩格斯認為，雖然靜止是相對的，但承認相對靜止有很重要的意義。因為運動要從它的反面即從靜止找到它的量度。例如從懸掛著的石頭的重量及其與地面的距離可以確切地計算出石頭垂直落下、從斜面滾下、繞軸旋轉等機械運動的一定的量。沒有相對靜止，運動就成了不可捉摸的東西了。

　　在恩格斯看來，任何相對靜止和相對平衡，都是「有限制運動的結果」。靜止的物體代表一定量的機械功。就機械功是熱的量度這一點而言，固體聚集狀態、液體聚集狀態和氣體聚集狀態的自身等同和靜止狀況，也的確是代表機械功的。堅硬的地殼和海水，在現有的聚集狀態中，代表了確定數量散發於宇宙空間的熱。當一個處於相對靜止的物體受外力推動而產生機械運動時，這個「外力」所作的功又是從其他物質運動形態轉化而來的，就宇宙的總體而言，「運動既不能消滅又不能創造」❸❸。同樣，當液體的聚集狀態因加熱而變成氣體時，所加的熱量正好等於原來從氣體變為液體時所消失的熱量。這就解決了杜林以及其他形而上學者無法解決的所謂「從靜止到運動的橋」的問題。恩格斯認為，杜林正像地道的形而上學者一樣，他先在運動和平衡之間劃一條實際上並不存在的鴻溝，然後就對他為什麼不能在自己製造的鴻溝上找到一座橋感到奇怪。恩格斯根據自然科學的成果而概括出的「運動不能創造，只能轉移」和「運動不能創造也不能消滅」的命題，既有力地批駁了把物質和運動割裂開來、主張脫離物質的運動的唯心主義觀點，又徹底克服了將運動和靜止割裂開來的形而上學觀點造成的矛盾。

---

❸❸　同❷⓪，頁七〇。

五　認識及其矛盾

恩格斯關於世界的物質統一性以及關於物質和運動不可分的原理，奠定了辯證唯物主義世界觀的基石，也為他的辯證唯物主義認識論提供了前提。恩格斯在肯定了世界的本原、本質是物質這個前提的時候，又在唯物主義的基礎上肯定了思維和存在的同一性，認為思維和意識是人腦的產物，歸根到底是自然界的產物，因而兩者服從於同樣的規律，兩者在自己的結果中不能互相矛盾，而必須彼此一致。他在批判杜林關於先於世界的原則和世界模式的先驗主義觀點時指出，模式不是從頭腦中，而僅僅是從現實世界中得來的，存在的基本原則是從實際存在的事物中得來的，「原則不是研究的出發點，而是它的最終結果；這些原則不是被應用於自然界和人類歷史，而是從它們中抽象出來的；不是自然界和人類去適應原則，而是原則只有在適合於自然界和歷史的情況下才是正確的。這是對事物的唯一唯物主義的觀點」❸❹。

恩格斯在批判杜林「原則走在前頭」的先驗主義觀點的同時，還批判了杜林在數學問題上的先驗主義觀點，指出數學並不是與現實世界無關的、悟性的「自由創造物和想像物」，而是事物數量關係的反映，有其現實的根源。他認為，純數學的極度抽象的形式，只是在表面上掩蓋它起源於外部世界的事實。「數和形的概念不是從其他任何地方，而是從現實世界中得來的」，「線、面、角、多角形、立方體、球體等等觀念都是從現實中得來的」❸❺，不僅如此，數學

---

❸❹　同❷⓪，頁三八。

❸❺　同❷⓪，頁四一～四三。

中的無限也是從現實中不自覺借來的，所以它不能從自身、從數學的抽象來說明，而只能從現實來說明。例如，同我們人能使之運動的物體的大小相比，地球的質量顯得是無限大，而它也就被地球上的力學當做無限大來看待。但是當我們考察的是那些用天文望遠鏡才能觀察到的恆星系中的、必須以光年來計算的距離時，那麼，不只是地球，而且整個太陽系以及其中的各種距離，都又成為無限小了。同樣，對於天文學來說，只要它超出最鄰近的恆星的範圍來研究我們這一恆星系的構造，太陽系的諸行星的距離和質量就會趨近於零。只要我們從這方面來確定現實，就可以看到數學的無限關係所從之而來的現實關係，甚至可以看到使這種關係起作用的數學方法在現實作用的類似物。

這些都表明，恩格斯對待人的認識（包括各門科學知識）的來源時，堅時唯物主義反映論的立場，「唯物地把我們頭腦的概念看做現實事物的反映，而不是把現實事物看做絕對概念的某一階段的反映」❸❻。但是恩格斯還認為，人的思想觀念一旦形成以後，又有相對獨立性。他說：「正如同在其他一切思維領域中一樣，從現實世界抽象出來的規律，在一定發展階段上就和現實世界脫離，並且作為某種獨立的東西，作為世界必須適應的外來規律而與現實世界相對立。」❸❼人的思想觀念的相對獨立性還表現在人的活動是有思想觀念作為自覺意圖和預期目的，「外部世界對人的影響表現在人的頭腦中，反映在人的頭腦中，成為感覺、思想、動機、意志，總之，成為『理想的意圖』，並且通過這種形態變成『理想的力量』」❸❽。這是人的

---

❸❻　同❹，頁二三九。

❸❼　同❷❶，頁四二。

❸❽　同❹，頁二二八。

思想的能動性和相對獨立性表現。

　　恩格斯在強調人們的認識是對現實事物的反映時，不是僅僅以個體的認識內容來說明這一點，而且還把認識的主體從個體擴大到類，把認識的結果從認識內容擴展到認識形式。他認為，關於主觀思維和客觀世界的一致性，是我們理論思維不自覺的和無條件的前提。十八世紀的形而上學唯物主義只就這個前提的內容去研究這個前提，只限於證明一切思維和知識的內容都應當起源於感性經驗。只有現代唯心主義的同時又是辯證的哲學，特別是黑格爾哲學，還從形式方面去研究這個前提。但黑格爾顛倒了思維和存在的關係。恩格斯指出，現代自然科學，由於承認了獲得性的遺傳，便把經驗的主體從個體擴大到類，從而使個體的經驗在某種程度上由它的歷代祖先的經驗的結果來代替，個體不再是必須親自經驗每一個具體感性過程了。他說：「如果在我們中間，例如數學公理對每個八歲的小孩都似乎是不言而喻的，都無需用經驗來證明，那末這只是『積累起來的遺傳』的結果。」❸他在談到數學公理的自明性問題時，贊同斯賓塞(Spencer, Herbert 1820～1903)的說法，即「我們所認為的這些公理的自明性是承繼下來的」❹。從恩格斯的這些論述中可以看出，他把數學公理、邏輯規律以及人類的思維形式看成是最終來自現實世界而又通過「積累的遺傳」從歷代祖先承繼下來的。這是突破舊的形而上學唯物主義認識論又同唯心主義和不可知論相對立的重要結論。但恩格斯沒有將這一論點加以展開。

　　恩格斯的唯物主義反映論同機械的形而上學唯物論的反映論的不同，最關鍵的一點，是從實踐的觀點來看待人的認識。以往的

---

❸　同㉕，頁六一一。

❹　同㉕，頁六〇一。

唯物主義，包括費爾巴哈的唯物主義，雖然對唯心論和不可知論進行了種種的駁斥，但都不深刻，難免有隔靴搔癢之感。恩格斯並不否認以往唯物主義者的歷史貢獻，但他認為，對不可知論以及其他一切哲學怪論「最令人信服的駁斥是實踐，即實驗和工業」**❹**。為什麼實踐有如此重大的作用呢？他認為，人在實踐中能把某些本來顯得神秘莫測的自然物或自然過程製造出來，並且為人的目的服務，從而證明了人們對這一事物或這一過程的認識是正確的，這樣，「『自在之物』就變成為我之物了」。恩格斯在他的認識論中發揮了馬克思在《關於費爾巴哈的提綱》中關於「人應該在實踐中證明自己思維的真理性」的論點，他說：「對布丁的檢驗在於吃。當我們按照我們所感知的事物特性來利用這些事物的時候，我們就讓我們的感性知覺的正確性受到確實可靠的檢驗。如果這些知覺是錯誤的，那麼我們關於這種事物可能有什麼用途的判斷，必然也是錯誤的，而我們的嘗試就必然要失敗。可是，如果我們達到了我們的目的，如果我們發現事物符合我們關於它的觀念，並且產生我們所預期的目的，那麼這就肯定地證明，在這一範圍內我們關於事物及其特性的知覺是同存在於我們之外的現實相符合的。」**❹** 他還舉了哥白尼的太陽系學說的例子，說明任何科學假說，在沒有得到實踐證實以前，只能是假說。只有在科學實驗或科學觀測中加以證實，假設才能成為科學理論。

恩格斯認為，實踐是推動人們認識前進的動力。他批評了以往的哲學家（其中包括唯物主義的哲學家）錯誤地以為推動他們前進的是純粹思想的力量，其實，同他們想像的恰恰相反，「真正推動他

---

❹ 同**❹**，頁二二一。

❹ 同**❻**，頁三八六～三八七。

們前進的，主要是自然科學和工業的強大而日益迅速的進步」[43]。也就是說，是實踐推動著他們前進。關於實踐推動科學認識的產生和發展，恩格斯有許多重要論述。他指出，數學和幾何學是從丈量土地和測量容積，從計算時間和製造器皿中產生的。在古代，由於畜牧業、農業的發展，水利工程、造船和航海等實踐需要，使天文學、數學和力學首先發展起來。其他科學也都是如此。他說：「社會一旦有技術上的需要，則這種需要就會比十所大學更能把科學推向前進。整個流體靜力學（托里拆利等）是由於十六和十七世紀調節意大利山洪的需要而產生的。關於電，只是在發現它能應用於技術上以後，我們才知道一些合理的東西。在德國，可惜人們寫科學史時已慣於把科學看做是從天上掉下來的。」[44]

恩格斯認為，人的主觀認識和客觀世界之間是有矛盾的。作為認識主體的人，不是孤立的、抽象的、生物學意義上的人，而是處在一定條件下進行的、現實的、可以通過經驗觀察到的發展過程中的人。在《反杜林論》中，他強調人的認識能力，分析和綜合的能力，抽象和概括的能力等，「是長期的以經驗為依據的歷史發展的結果」[45]。人們的認識「總是在客觀上被歷史狀況所限制，在主觀上被得出該思想映像的人們肉體狀況和精神狀況所限制」[46]。正因為人的認識要受到主客觀條件的限制，所以人對世界的認識就是一個永無止境的過程，一個在實踐中不斷解決又不斷產生的矛盾發展過

[43]・ 同[4]，頁二二二。

[44] 恩格斯，〈致符・博爾吉烏斯〉，《馬克思恩格斯選集》，卷四，頁五〇五，人民出版社，一九七二年版。

[45] 同[20]，頁四一。

[46] 同[20]，頁四〇。

程:「一方面，要毫無遺漏地從所有聯繫中去認識世界體系；另一方面，無論是從人們的本性或世界體系的本性來說，這個任務都是永遠不能完全解決的。」這種矛盾只能「在人類的無限的前進發展中每天地、不斷地得到解決。」 ❼

六　真理是一個發展的過程

恩格斯的認識論首先肯定了思想和觀念是對現實事物的反映，肯定了實踐是檢驗我們的認識的正確性，即認識是否與外部的現實相符合的標準，因而，對他來說，真理就是人的正確認識，即認識與客觀現實的符合，這是不言而喻的，雖然他並沒有直接給出一個真理的定義。在他看來，重要的是弄清這個問題上的基本關係，而不是給出這樣或那樣的定義。

恩格斯在真理問題上的大量論述看來主要是集中在對真理問題的辯證思考上。他著力要反對的是在這個問題上的形而上學觀點，在他看來，甚至連黑格爾這位辯證法大師也最終陷入了這種形而上學。

恩格斯批評了十七世紀法國啟蒙思想家的理性主義的真理觀。在這些理性主義思想家看來，過去的傳統觀念，只是因為其不合理而被扔進垃圾堆裡去，而他們發現了永恆真理和永恆的正義，才使陽光照射出來。他們雖然是一些「非常革命」的偉大人物，但卻沒有用歷史發展的觀點來看待他們所要討論的問題，實際上他們並沒有超出他們的時代和他們的階級所給予他們的限制。他們自以為發現了「永恆真理」，「永恆理性」，其實「不過是正好在那時發展成

❼　同❼，頁四〇。

為資產者的中等市民的理想化的悟性而已」❹。

　　恩格斯批評了十九世紀以聖西門、傅立葉和歐文為代表的法國和英國的空想社會主義者以及包括魏特林 (Weitling, Wilhelm 1808～1871)在內的德國空想社會主義者的真理觀。這些人把社會主義說成是絕對真理、理性和正義的表現，只是把它發現出來，它就能用自己的力量征服世界，因為在他們看來，絕對真理是不依賴於時間、空間和人類歷史發展的，所以它在什麼時候和什麼地方被發現，那純粹是偶然的事情。同時，又因為在每個學派的創始人那裡，絕對真理、理性和正義的獨特形式又是由他的主觀理解、生活條件、知識水平和思維發展程度決定的，因而是各不相同的，所以解決各種絕對真理的這種衝突的辦法就只能是它們互相磨損。由此只能得出一種折衷的不倫不類的社會主義❹。在恩格斯看來，「辯證哲學推翻了一切關於最終的絕對真理和與之相應的人類絕對狀態的想法」❺。這些空想社會主義者的思維方式同十八世紀啟蒙思想家一樣，都帶有形而上學的特徵。把自己的理論宣布為絕對真理，就是這種形而上學的突出表現。

　　恩格斯批評了黑格爾在真理問題上陷入了自相矛盾的境地。因為，一方面，按照黑格爾的辯證法，人的認識，人類的歷史都是一個不斷發展的過程，這個過程按其本性來說是不能通過發現所謂絕對真理來達到其智慧的頂峰的；但另一方面，黑格爾建立了一個包羅萬象的體系，而按照傳統的要求，哲學體系一定要以某種絕對真

---

❹　恩格斯，《社會主義從空想到科學的發展》，《馬克思恩格斯選集》，卷三，頁四〇七，人民出版社，一九七二年版。

❹　同❷，頁二二。

❺　同❹，頁二一三。

理來完成。黑格爾宣稱絕對觀念從起點到終點，通過他的哲學達到了對絕對觀念全部發展歷程的認識。恩格斯認為，「這樣一來，黑格爾體系的全部教條內容就被宣布為絕對真理，這同他那消除一切教條東西的辯證方法是矛盾的」[51]。

恩格斯還嚴厲地批評了杜林的形而上學的真理觀。杜林認為「真正的真理是根本不變的」，它具有「至上的意義」、「無條件的真理權」和「絕對的可靠性」，是所謂「終結的真理」和「永恆真理」。這表明，杜林根本不了解人的認識的辯證過程，不了解人的思維的本性和真理的本性。恩格斯嘲笑杜林，在他那裡，「知識世界的無限性就現實和可能而言都窮盡了，從而實現了已經數出來的無限數這一著名的奇蹟」[52]。

在對上述幾種真理論的批評中，恩格斯闡明了自己在真理問題上的辯證唯物主義的觀點。他肯定並發揮了黑格爾關於真理是一個過程的思想，認為哲學所應當認識的真理，不是一堆現成的、一經發現就只有熟讀死記的教條，不是僵死不變的東西，而是包含在認識過程本身中，包含在科學的長期的歷史發展中，科學的認識是從較低階段上升到較高階段，真理也隨之深化和發展。人的認識和科學的發展永遠沒有終極，因而也沒有所謂終極真理和絕對真理，「永遠不能通過所謂絕對真理的發現而達到這一點，在這一點上它再也不能前進一步，除了袖手一旁驚愕地望著這個已經獲得的絕對真理出神，就再也無事可做了」[53]。在恩格斯看來，任何一個人，任何一代人永遠也不可能達到所謂絕對真理或終極真理，所以正確的態

---

[51]　同[4]，頁二一四。

[52]　同[20]，頁九五。

[53]　同[4]，頁二一二。

度應當是把絕對真理的問題撇在一邊，而去「沿著實證科學和利用辯證思維對這些科學成果進行概括的途徑去追求可以達到的相對真理」.[54]。

對於所謂「永恆真理」或所謂「不變的真理」，恩格斯仍然堅持用人類真實的認識途徑和各門科學的發展狀況來回答這個問題。在恩格斯看來，問題主要不是有沒有「永恆真理」的問題，而是我們在真理問題上是不是採取科學的實事求是的態度問題，是不是用發展的觀點和辯證的思維方式來看待人類認識和科學知識的發展問題。誠然，在每門科學領域中，都存在著一些「確鑿的、以致在我們看來給予任何懷疑都無異於發瘋的那種真理」，但是如果我們不是滿足於一些陳詞濫調和老生常談，那麼就決不能停留在這點上，而是要把科學向前推進，認識向前發展。恩格斯堅決反對杜林隨意把自己的見解說成擁有無條件真理權和至上意義的永恆真理，認為各門科學都在發展和完善之中，在每一個人所達到的認識中所包含的需要改善的因素，無例外地總要比不需要改善的或正確的因素多得多，所以他說，「思維的至上性是在一系列非常不至上思維著的人們中實現的，擁有無條件的真理權的那種認識是在一系列相對的謬誤中實現的，二者只有通過人類生活的無限延續才能完全實現」[55]。思維的至上性和無條件真理權這樣一些說法並非確切的科學用語，也沒有什麼實際意義，恩格斯是借用杜林的說法來加以分析。在他看來，就個人的思維和認識來說，談不上什麼至上性和無條件真理權，「因為就一切可能來看，我們還差不多處在人類歷史的開端，而將來會糾正我們的錯誤的後代，大概比我們有可能經常以極為輕視

[54] 同[4]，頁二一六。

[55] 同[20]，頁九四～九五。

的態度糾正其認識錯誤的前代要多得多」**⑤**。如果一定要講什麼「思維的至上性」和「無條件的真理權」，那麼，就只有從過去、現來、未來的無數億個人思維的無限延續來解決這個問題。可是，恩格斯指出，這樣說「只是說了些相當陳腐而又相當無聊的空話」**⑤**，因為這種說法沒有什麼實際的價值。所以，從整個論述來看，恩格斯並不主張在他自己的真理論中引進「永恆真理」、「思維的至上性」和「無條件真理權」這樣一些概念。

如果說恩格斯對「絕對真理」、「永恆真理」這些概念持批判的和保留的態度，那麼，這會不會導致相對主義和懷疑主義呢？恩格斯顯然注意到了這一點，他說：「真理和謬誤，正如一切在兩極對立中運動的邏輯範疇一樣，只是在非常有限的領域內才具有絕對的意義；……只要我們在上面指出的狹窄的領域之外應用真理和謬誤的對立，這種對立就變成相對的，因而對精確的科學的表達方式來說就是無用的；但是，如果我們企圖在這一領域之外把這種對立當做絕對有效的東西來應用，那我們就會完全遭到失敗；對立的兩極都向自己的對立面轉化，真理變成謬誤，謬誤變成真理。」**⑤** 他舉了波義耳(Boyle, Robert 1627～1691)定律為例。該定律表示，在溫度不變的情況下，氣體的體積和它所受壓力成反比。但是，雷尼奧(Regnault, Henri-Victor 1810～1878)發現，這個結論只是對某些氣體和在一定溫度與壓力範圍內有效，並不是對任何氣體在任何溫度和壓力均有效。而且，這種限制隨著研究的深入會越來越嚴格。這就表明，它在一定範圍內是真理，而不是謬誤，這是不容否定的。

---

⑤　同**⑳**，頁九四。

⑤　同**⑤**，頁九四。

⑤　同**⑳**，頁九九。

但是，如果在這個範圍以外來使用這一定律，那麼它就可能失效。如果因為波義耳定律的有效性有一定的範圍和界限而說它根本不是真理，而是謬誤，那麼這就會「造成一個比波義耳定律所包含的謬誤更大得多的謬誤」❺❾。這就清楚地劃出了辯證法、形而上學和相對主義、懷疑論的界限：辯證法承認一定條件、一定範圍內真理和謬誤對立的絕對性；形而上學者把真理和謬誤的對立看成是無條件、無界限的；相對主義者連一定條件下和一定範圍內的真理性也加以懷疑和否定。

此外，恩格斯還談到，人們對真理的探索和尋求的過程是艱難、曲折，不是一蹴而就的。他認為，所謂思維的無限性，是由無限多的有限的人腦所組成，而人腦是一個挨一個地和一個跟一個地從事這種無限的認識，常做實踐上和理論上的蠢事，從歪曲的、片面的、錯誤的前提出發，循著錯誤的、彎曲的、不可靠的途徑行進，往往當真理碰到鼻尖上的時候還是沒有得到真理❻⓿。因此，這裡存在著雙重的困難：一方面無限的認識要靠一個一個有限的頭腦去認識，另一方面，人們在從事認識時，也不是一帆風順的，而是有矛盾、有困難、有曲折的。儘管對無限性的認識有雙重性的困難圍繞著，但它能夠並且也只能在一個無限漸進的進步過程中實現。

---

❺❾　同❷⓿，頁一○○。

❻⓿　同❷❺，頁五七七。

第三章　唯物辯證法

唯物論和辯證法，在恩格斯那裡，是一個統一的整體：他的唯物論是辯證的，他的辯證法是唯物的。辯證法是恩格斯全部成熟著作的靈魂。恩格斯不僅是在他所研究和處理的各種理論和實際的問題上應用辯證法的能手，而且對辯證法本身的豐富內容，有深刻而系統的論述。他不僅繼承和改造了黑格爾的辯證法，而且在當時已有的各門科學的基礎上把辯證法推向一個嶄新的階段，使辯證法成為具有科學形態和完整體系的世界觀和方法論。

一　對辯證法的歷史考察

辯證法是理論思維的高級形式，又是從事理論思維的最重要的思維方式。恩格斯認為，辯證法對於當時的自然科學，當時的社會運動的理論和實踐來說，都是最重要的思維方式。就自然科學來看，經驗自然科學積累了非常龐大的實證的知識材料，因而完全有必要、有可能在每一個研究領域中有系統地和依據材料的內在聯繫來整理這些材料，同時也有必要、有可能建立各個知識領域相互之間的正確聯繫。也就是說，自然科學要從經驗的領域走進理論的領域。可是許多自然科學家還深深地陷入經驗主義和形而上學的思維方式的

束縛之中而不能解脫出來。「正當自然進程的辯證性質以不可抗拒的力量迫使人們不得不承認它，因而只有辯證法能夠幫助自然科學家戰勝理論困難的時候，人們卻把辯證法和黑格爾派一起拋到大海裡去了，因而又無可奈何地沉溺於舊的形而上學」❶。從社會運動來看，具有嚴重形而上學思想特徵的空想社會主義的見解在馬克思主義產生以後仍然在法國、英國有很大影響。德國的魏特林派同樣具有這種思想特徵。而十九世紀七十年代以「社會主義行家」和「改革家」自居並對德國社會民主黨產生惡劣影響的杜林的思想，更是形而上學思想和假科學的高超胡說相結合的典型代表。恩格斯說：「這種假科學，現在在德國很流行，並把一切淹沒在它的高超的胡說的喧嚷聲中……甚至德國的社會主義，特別是在杜林先生的範例之後，近來也正在熱衷於大量的高超的胡說。」❷有鑒於此，必須使人們重視對辯證法的研究，從而提高理論思維能力，抵制和克服形而上學思維方式的影響。在恩格斯看來，為了發展和鍛鍊理論思維的能力，「除了學習以往的哲學，直到現在還沒有別的手段」❸。恩格斯從總結人類理論思維的經驗的高度，對辯證思維的歷史發展過程進行了概括的描述和批判性的考察。他認為從古代希臘到十九世紀下半葉，辯證法的發展經歷了三種形態。

　　第一種形態是古代樸素的辯證法。在這裡辯證思維還以天然的純樸形式出現，還沒有被形而上學堵塞自己了解整體的、普遍聯繫的道路，自然界是被當作一個整體從總的方面來觀察。赫拉克利特

------

❶　恩格斯，《自然辯證法》，《馬克思恩格斯全集》卷二〇，頁三八四，人民出版社，一九七一年版。

❷　同❶，頁三八一。

❸　同❶，頁三八二。

第一次明白地把這種辯證思想用哲學語言表達出來：一切都存在，同時又不存在，因為一切都在流動，都在不斷地變化，不斷地產生和消滅。他說：「我們不能兩次踏進同一條河。」「我們踏進又踏不進同一條河，我們存在又不存在。」❹他在這裡描繪的一幅「一切皆流，無物常住」的世界圖畫，被恩格斯稱為「原始的、素樸的但實質上正確的世界觀」❺。在古希臘具有辯證思想的哲學家中，恩格斯還特別稱讚亞里士多德（Aristoteles, 西元前384～前322）。他說「古希臘的哲學家都是天生的自發的辯證論者，他們中最博學的人物亞里士多德，已經研究了辯證思維的最主要的形式」❻，還說，「辯證法直到現在還只被亞里士多德和黑格爾這兩個思想家比較精密地研究過」❼。亞里士多德是一位百科全書式的人物，他的辯證法思想雖然同屬古代自發辯證法，但比起其他古代哲學家來，顯然更高一籌。他已不是從一般的現象觀察來概括出辯證的觀點，而且對辯證思維形式進行了深入的探索，例如，對形式與質料、潛能與現實、實體與屬性、個別與一般、原因與結果等範疇之間的關係進行了細致的辯證的分析，他的哲學最顯著的特徵就是處處都顯露出辯證法的活的萌芽和探索。恩格斯把亞里士多德和黑格爾一起列入「帶有流動範疇的辯證法派」❽。

　　古代樸素辯證法是哲學發展的童年時期的辯證法，不可避免地

---

❹　北京大學哲學系編，《西方哲學原著選讀》，卷上，頁二三，商務印書館，一九八一年版。

❺　恩格斯，《反杜林論》，《馬克思恩格斯全集》，卷二〇，頁二三，人民出版社，一九七一年版。

❻　同❺，頁二二。

❼　同❶，頁三八三。

❽　同❶，頁五四五。

帶有童年時期的優點和缺點。它的優點是從世界的總體上正確地把握了現象的總畫面的一般性質，自然界被當作一個整體來觀察。然而，這種優點本身也包含著它的缺點，因為「自然現象的總體系還沒有在細節方面得到證明，這種聯繫對希臘人來說是直接的直觀的結果」❾。它雖然在總體上說出了對世界的正確看法，但它失之於籠統，不足以說明構成世界總畫面的各個細節，而不知道這些細節，就看不清總的畫面。它也失之於幼稚，缺乏科學的論證。雖然希臘哲學家具有無所不包的才能、豐富的想像力和創造力，在他們的哲學的多種多樣的形式中，差不多可以找到以後各種觀點的胚胎和萌芽，然而，他們的哲學還遠不是成熟的和完善的。由於古代樸素的辯證法存在著這些嚴重缺陷，所以它不可能成為深入具體地研究和探索世界的認識工具。為了深入地了解世界的各種具體聯繫和各個方面的細節，就需要把它們從總的自然的或歷史的聯繫中抽出來，分門別類地搜集和整理材料，從其特殊的屬性和特徵，特殊的原因和結果，形式和內容等方面進行過細的研究。這首先是自然科學和歷史研究的任務。而這些科學部門在古希臘人那裡尚處在襁褓之中。真正建立在實驗和具體觀察基礎上的自然科學只是從十五世紀下半葉才開始的。從這時起，人們把自然界分解為各個部分，把自然界的各種過程和事物分成一定的門類，對有機體的內部按其多種多樣的解剖形態進行研究，這正是此後幾百年來在認識自然界方面取得巨大進展的基本條件。沒有這種條分縷析、分門別類的細緻研究，就沒有真正意義上的各門科學。但是，這種分門別類的細節性研究，也給人們留下了一種習慣：只見樹木，不見森林，如同我國莊子寓言中所說的庖丁解牛，目無全牛一樣。恩格斯對這種習慣的特徵作

---

❾ 同❶，頁三八五。

了這樣的概括：「把自然界的事物和過程孤立起來，撇開廣泛的總的聯繫去進行考察，因此就不是把它們看成運動的東西，而是看做靜止的東西；不是看做本質上變化著的東西，而是看做永恆不變的東西；不是看做活的東西，而是看做死的東西。」❿恩格斯認為，這種考察事物的方法被培根和洛克從自然科學中移到哲學中加以系統化和理論化以後，就成了一種形而上學的思維方式。這種形而上學思維方式的特點就是，用孤立的、僵硬的、一成不變的觀點和方法來看待事物及其在思想上的反映；在絕對不相容的對立中思維，認為事物不可能同時是自己又是別的東西。「它看到一個一個的事物，忘了它們相互間的聯繫；看到它們的存在，忘了它們的產生和消失；看到它們的靜止，忘了它們的運動」⓫。

　　恩格斯把古希臘的樸素辯證法同這種形而上學作了比較，認為：「如果說，在細節上形而上學比希臘人要正確些，那末，總的說來希臘人就比形而上學要正確些。這就是我們在哲學中以及在其他許多領域中常常不得不回到這個小民族的成就方面來的原因之一。」⓬

　　應當指出，恩格斯並沒有把從十七世紀到十八世紀歐洲的哲學理論思維的發展完全歸結為形而上學。他指出在近代歐洲哲學中，也有辯證法的卓越代表。他在批評培根的形而上學思想時，也肯定培根關於物質和運動不可分離的辯證思想，指出培根主張在物質固有的特性中，「運動是第一個特性而且是最重要的特性，──這裡所說的運動不僅是機械的和數學的運動，而且更是趨向、生命力、

---

❿　同❺，頁二四。

⓫　同❺，頁二四。

⓬　同❶，頁三八五～三八六。

緊張」，在培根那裡，唯物主義「還在樸素形式下包含著全面發展萌芽。物質帶著詩意的感性光輝對人的全身心發出微笑」⓭。笛卡爾和斯賓諾莎，被恩格斯譽為近代哲學中辯證法的卓越代表⓮，十八世紀法國哲學家狄德羅(Diderot, Denis 1713〜1784)的《拉摩的侄子》和盧梭(Rousseau, Jean-Jacques 1712〜1778)的《論人間不平等的起源》被他稱之為「辯證法的傑作」⓯。笛卡爾、萊布尼茲(Leibniz, Gottfried Wilhelm 1646〜1716)和牛頓由於將變數引入數學從而使「辯證法進入了數學」⓰。然而，作為一種總的傾向，形而上學思維方式在這一時期的哲學和自然科學中取得了某種支配地位。

辯證法發展的第二個形態就是從康德到黑格爾的德國古典哲學。康德的辯證法，在恩格斯看來，主要不是表現在他的哲學巨著三大《批判》上，而是表現在他關於太陽起源和關於潮汐摩擦的兩個重要假說中。恩格斯說：「康德已經以自己的星雲論，宣布了太陽系的起源，同時又以自己關於潮汐延緩地球自轉作用的發現，宣布了太陽系的毀滅。」⓱尤其是對第一個假說，恩格斯評價更高，認為康德關於論述太陽系起源的著作《自然通史和天體論》是「劃時代的著作」，它「在僵化的自然觀上打開第一個缺口」，「因為在康德的發現中包含著一切繼續進步的起點」⓲。可是，恩格斯所肯定的康德對辯證法的貢獻，似乎並不包含在真正意義上的康德哲學之

⓭ 馬克思和恩格斯，《神聖家族》，單行本，頁一六三，人民出版社，一九五八年版。

⓮ 同⓯，頁二三。

⓯ 同⓯，頁二三。

⓰ 同❶，頁六〇二。

⓱ 同⓯，頁一五。

⓲ 同❶，頁三六七。

中。恩格斯對康德哲學似乎評價偏低，他說：「要從康德那裡學習辯證法，這是一個白費力氣和不值得做的工作。」⓳

　　恩格斯認為，近代德國哲學在黑格爾那裡達到頂峰。黑格爾在哲學上的巨大功績是他恢復了辯證法這一最高的思維形式，第一個全面地有意識地敘述了辯證法的一般運動形式；他把整個自然的、歷史的和精神的世界描寫為一個過程,即把它描寫為處在不斷運動、變化、轉變和發展中，並企圖揭示這種運動和發展的內在聯繫，他的劃時代的功績在於提出了這個任務，雖然他沒有解決這個任務。他第一次把自然界、社會和思維發展的一般規律以普遍適用的形式表述出來，並且要從自然界和歷史中，舉出最恰當的例子來確證這些規律；他也是第一個想證明歷史中有一種內在發展，有一種內在聯繫的人，在他的《精神現象學》、《美學》、《哲學史》中，到處貫穿著這種宏偉的歷史觀，「這個劃時代的歷史觀是新的唯物主義觀點的直接的理論前提」⓴。雖然黑格爾是當時最博學的人，但是他畢竟受到了限制。首先是自己的必然有限的知識的限制，其次是他那個時代在廣度和深度方面都同樣有限的知識的限制。第三種限制是他是唯心主義者，因而世界的現實聯繫完全被顛倒了，一切都被弄得頭足倒置了。而且由於上述原因，就是在細節上也有許多東西是牽強的、造作的、虛構的和歪曲的㉑。在恩格斯看來，黑格爾的消除一切教條東西的辯證方法和他自己所建立的封閉性的自以為達到絕對真理的體系，是處於內在矛盾之中的。因此，「黑格爾的體系，

⓳　同❶，頁三八六。

⓴　恩格斯，《卡爾・馬克思的「政治經濟學批判」》，《馬克思恩格斯選集》，卷二，頁一二一，人民出版社，一九七二年版。

㉑　同❺，頁二七。

作為體系來說，是一次巨大的流產，但也是這類流產中的最後一次」❷。總之，黑格爾辯證法是頭足倒置的唯心辯證法，在黑格爾的體系中，除了唯心的思辨和詭辯言詞之外，除了不正確的形式和牽強附會的人為聯繫之外，還包含著更為重要的、天才的、合理的東西。對於黑格爾哲學這樣對民族精神發展有過巨大影響的偉大創作，是不能用乾脆置之不理的辦法加以消除的。像費爾巴哈那樣對黑格爾哲學僅僅宣布它是錯誤的而加以簡單拋棄的做法是制服不了這種哲學的。正確的做法必須從它本來的意義上「揚棄」它，就是說，要批判地消滅它的形式，但是又要救出通過這個形式獲得的合理內容，或者說，從黑格爾的神秘外衣下剝出其合理內核。這就是馬克思和恩格斯對待黑格爾哲學的科學態度和創造性工作。

辯證法發展的第三種形式就是馬克思和恩格斯在批判地繼承人類辯證思維的歷史遺產，特別是黑格爾哲學遺產，綜合近代科學特別是十九世紀自然科學的偉大成果基礎上創立的唯物辯證法。它是前兩種形態辯證法合乎邏輯的承續，又是對前兩種形態的不可避免的超越。這種辯證法，是由馬克思、恩格斯所開創又隨著時代的發展而發展的嶄新形態的辯證法。

二　唯物辯證法的一般性質和基本特徵

恩格斯和馬克思共同創立的辯證法作為嶄新形態的辯證法，應當有什麼樣的專屬於自身而不同於其他哲學主張和哲學思維方式的規定性，也就是說，它有什麼樣的一般性質和基本特徵？恩格斯對此是有明確論述的。

---

❷ 同❺，頁二七。

關於唯物辯證法的一般性質，恩格斯在不同場合提出了三個鮮明的規定。第一，他和馬克思一樣，把唯物辯證法稱之為「自覺的辯證法」，說他和馬克思是從黑格爾唯心主義哲學中拯救了自覺辯證法的唯一的人。自覺的辯證法是和自發的辯證法相對立的。它是在總結了人類認識史的基礎上形成對辯證法的自覺意識以後作為一種系統學說而有意識地敍述出來的理論，因而它能夠成為一種指導人們認識和研究事物的世界觀和思維方法。自發的辯證法是人們憑藉日常觀察和生活經驗的積累而自發形成的對事物的辯證見解。恩格斯說古希臘哲學家是「天生的辯證論者」，表明他們不是在把人類的辯證思維和世界的辯證規律作為認識對象進行自覺研究形成的思想觀念，而是「直接直觀的結果」。人們在日常生活中也有一些辯證的說法，它不是對辯證法的自覺意識的產物。第二，恩格斯和馬克思一樣，把他們的辯證法稱之為「合理形態上」的辯證法與在神秘形式上的辯證法相對立。「神秘形式上」的辯證法是唯心的思辨的辯證法，是頭足倒置的辯證法，而「合理形態上」的辯證法不是從猜測和想像來建立事物之間的相互聯繫，而是從最頑強的事實出發，從各門科學本身提示的材料中發現事物的辯證聯繫，它不是將頭腦中設想出來的原則和規律從外部強加於現實世界，而是從對現實世界的研究中抽引出事物自身的原則和規律，並在科學事實中得到驗證，在科學中得到進一步應用。第三，恩格斯和馬克思一樣，認為唯物辯證法就其本質來說是批判的、革命的。這裡所說的「革命的」，並非政治意義上的，而是說辯證法是一種徹底的發展觀，它不崇拜任何東西，它「推翻了一切關於最終的絕對真理和與之相應的人類絕對狀態的想法。在它面前，不存在任何最終的、絕對的、神聖的東西；它指出所有一切事物的暫時性；在它面前，除了發生和消滅，

無止境地由低級上升到高級的不斷的過程，什麼都不存在」，「這種看法的保守性是相對的，它的革命性質是絕對的」❷。

簡單地說，恩格斯的唯物辯證法是自覺的、合理的、批判的和革命的辯證法，從而與古代辯證法的自發性和德國古典哲學的辯證法的神秘性、保守性相對。

關於唯物辯證法的定義，恩格斯指出：辯證法是「和形而上學相對立的、關於聯繫的科學」❷，是「關於普遍聯繫的科學」❷。在《反杜林論》中，他對辯證法的界說是：「辯證法不過是關於自然，社會和思維運動和發展的普遍規律的科學。」❷在《終結》中，他說辯證法是「關於外部世界和人類思維的一般規律的科學」❷。這幾種定義看起來有些差別，是從不同側面對唯物辯證法作出界說，但其基本精神是一致的，它們揭示了唯物辯證法區別於形而上學的基本特徵是普遍聯繫和運動、發展，唯物辯證法就是研究世界聯繫和發展的普遍規律的學說。

恩格斯指出，當人們深思熟慮地考察自然界和人類歷史時，首先形成的是一幅由種種聯繫和相互作用無窮無盡地交織起來的畫面。不僅每個領域的事物內部相互聯繫著，而且各種不同領域之間也是緊密地相互聯繫著。沒有孤立存在的事物。整個世界就是相互聯繫的統一整體。人們首先必須承認事物的普遍聯繫，才能從中發

❷　恩格斯，《終結》，《馬克思恩格斯選集》，卷四，頁二一三，人民出版社，一九七二年版。

❷　同❶，頁四〇一。

❷　同❶，頁三五七。

❷　同❺，頁一五四。

❷　同❷，頁二三九。

現事物的運動和發展。事物運動發展的終極原因在於事物的普遍聯繫和相互作用。恩格斯認為：世界是「各種物體相互聯繫的總體」，「這些物體是互相聯繫的，這就是說，它們是相互作用著的，並且正是這種相互作用構成了運動」❷，這就表明，任何運動和發展都表現於事物的相互聯繫和相互作用之中，相互聯繫和相互作用就意味著運動。另一方面，事物的運動和發展，也造成了事物的新的相互聯繫。如果說，普遍聯繫，是從世界的共時性角度來看世界，那麼，運動和發展則是從世界的歷時性角度來看世界，實際上二者是不可分割的。

　　按照恩格斯的唯物辯證法觀點，事物的運動和發展是有規律的。各種具體運動形式的具體規律是由各門具體科學來研究的，而唯物辯證法則研究事物運動發展的普遍規律或一般規律。這種普遍規律既貫穿在自然界和人類歷史的發展之中，又貫穿於思維的運動之中。自然界和歷史中的規律和思維運動的規律在表現形式上是不同的，「因為人的頭腦可以自覺地應用這些規律，而在自然界中這些規律是不自覺地、以外部必然性的形式、在無窮無盡的表面的偶然性中為自己開闢道路的，而且到現在為止在人類歷史上多半也是如此」❷。但是，這兩個系列的規律「在本質上是同一的」❸，因為概念的辯證法本身「只是現實世界的辯證運動的自覺反映」❸。正是基於這種分析，恩格斯把辯證法概括為「關於自然、人類社會和思維的運動和發展的普遍規律的科學」。如果僅僅說世界是運動發展

---

❷　同❶，頁四〇九。

❷　同❷，頁二三九。

❸　同❷，頁二三九。

❸　同❷，頁二三九。

的，而沒有弄清運動發展的普遍規律，那末這樣的辯證法還不能成為具有科學形態的辯證法。但是，如果把辯證法的規律混同於各門具體科學的規律，那末，就會使辯證法失去作為一般世界觀和思維方法的意義。同時，又會抹煞辯證法和具體科學的界限，使它成為包羅萬象凌駕於各門科學之上又代替各門科學的哲學，這是不符合唯物辯證法的本性的。此外，恩格斯還認為，辯證法的規律不同於形式邏輯規律。形式邏輯的規律只是思維規律，而不是自然、社會歷史的規律，因而形式邏輯不是、也不可能是世界觀，而辯證法「突破了形式邏輯的狹隘界限，所以它包含著更廣的世界觀的萌芽」❷。在恩格斯看來，形式邏輯和辯證邏輯的關係，如同初等數學和高等數學的關係。初等數學是常數的數學，是在形式邏輯的範圍內活動的，而高等數學是變數數學，「本質上是辯證法在數學方面的應用」❸。形式邏輯是帶有固定範疇的邏輯，而辯證法則是帶有流動範疇、從事物的運動發展上考察事物的世界觀和方法論，在這個意義上，它是高級形態的。

三　唯物辯證法的基本規律

　　恩格斯在一八七六年寫《反杜林論》時，已經吸取了黑格爾關於辯證法的三條規律的思想，並且在唯物主義的基礎上用大量的科學實例對「矛盾辯證法」、「量變和質變」、「否定之否定」進行了具體論證。但這時他還沒有明確地說辯證法有三條規律，只是在該書十二、十三兩章中把「單純的量的變化到一定點時就會轉化為質的

---

❷　同❺，頁一四七。

❸　同❺，頁一四七。

差別」和「否定之否定」稱為「辯證的規律」。可以說，這時他已具備了三條規律的思想，但還沒有作出明確的表述。在一八七八年六月寫的《「自然辯證法」總計畫草案》中，他進一步提出關於辯證法的主要規律的思想，他對主要規律的表述是：「量和質的轉化——兩極對立的相互滲透和它們達到極端時的相互轉化——由矛盾引起的發展或否定的否定——發展的螺旋形式。」❸ 這時他已經概括出辯證法的「主要規律」，但對規律的表述還不夠簡潔和清晰。一八七九年，恩格斯在為《自然辯證法》所寫的一篇短文〈辯證法〉中，在對辯證法下了一個明確的定義以後，指出辯證法所研究的最一般的規律，「實質上，它們歸結為下面三個規律：量轉化為質和質轉化為量的規律；對立的相互滲透的規律；否定的否定規律」❸ 。這時，明確地指出了最一般的規律是三條，並且對它們作出了簡潔明瞭的表述，使它們從內容到形式都具備作為普遍規律的條件。

　　由於這三條規律最初是由黑格爾以唯心主義方式當作思維規律來闡述的，所以恩格斯當時所做的工作首先是把黑格爾顛倒了的關係顛倒過來，把它們放在唯物主義的基礎上，並且剔除其牽強的並且常常是可怕的虛構。他說：「如果我們把事情順過來，那末一切都會變得很簡單，在唯心主義哲學中顯得極端神秘的辯證法規律立刻就會變成簡單而明白的了。」❸ 其次，由於杜林等人極力歪曲和否認這些規律，並且把馬克思對這些規律的論述與黑格爾的唯心主義混為一談，所以恩格斯在說明他們與黑格爾辯證法的關係的同時，還從各門科學中舉出大量實例來證明這些規律的客觀性與普遍性。

---

❸　同❶，頁三五七。

❸　同❶，頁四〇一。

❸　同❶，頁四〇一。

　　（一）關於量轉化為質和質轉化為量的規律。恩格斯對這條規律的具體內容作了這樣的說明：在自然界中一切質的差別，或是基於不同的化學成分，或是基於運動（能）的不同的量或不同的形式，或是——差不多總是這樣——同時基於這兩者。所以，沒有物質或運動的增加或減少，即沒有有關的物體的量的變化，是不可能改變這個物體的質的❸。這個說明限於自然界中量變（化學成分、運動（能）的不同量或運動的不同形式）和質變，而沒有涉及社會領域，看來還不足以作為對一個最普遍規律的確切說明。在《反杜林論》中，恩格斯對這一規律的內容有兩處概括性的論述。一處是引用馬克思在《資本論》中的說法，即「單純的量的變化到一定點時就會轉化為質的差別」❸。這個概括普適性最大，不僅適用於自然界，也適用於社會歷史和思維領域。但只強調了量變到質變，沒有同時肯定質變轉化為量的內容，作為對這條規律的內容的完整概括，似乎仍有不足。恩格斯第一處概括是：「量變改變事物的質且質變同樣也改變事物的量。」❸看來這個概括比較完整，普適性也大，意思也明確。恩格斯在《反杜林論》和《自然辯證法》等著作中，從自然科學、經濟學、軍事學等領域舉了大量實例來說明這一規律。他說，最明顯不過表現這一規律的例子就是水的聚集狀態的變化，在標準壓力下，在攝氏零度時水從液態轉變為固態，在攝氏一百度時從液態轉化為氣態。這裡，純粹量（溫度）的增加或減少，在兩個關節點（零度和一百度）上引起了質的飛躍。在化學領域中體現這一規律的例子更是比比皆是，恩格斯甚至說「化學可以稱為研究物體由

---

❸　同❶，頁四○二。

❸　同❺，頁一三七。

❸　同❺，頁一三九。

於量的構成的變化而發生的質變的科學」❹，拿氧來說，如果結合在一個分子中有三個原子，我們就得到臭氧，一種在氣味和作用上（質上）同只有兩個氧原子結合起來的普通氧氣很不相同的氣體。如果把氧氣同氮或硫按不同比例化合起來，那麼其中每一種化合都會產生出一種在質的方面和其他一切物體不同的物體。在同系列的碳化物，特別是較簡單的碳氫化合物如 CH_4，每增加一個 CH_2，便形成一個和以前物體在質上不同的物體。這一規律還以另外的形式表現出來，例如化學中的同分異構體。當結合成一個分子的原子數達到對每個系列來說是一定大小時，分子中的原子排列就能夠有多種方式；於是就出現兩種或者更多的同分異構體，例如在分子中有相等數目的C、H、O原子，但由於排列方式不同而產生性質不同的物體。所以，這裡又是分子中原子以數量制約著這種在質上不同的同分異構體產生的可能性。在社會的經濟領域中，他利用了馬克思在《資本論》中的有關論述。馬克思在《資本論》第一卷第四篇〈相對剩餘價值的生產〉中，談到許多人的協作，許多力量溶合為一個總的力量，這是一種「新的力量」，它和一個個力量的總和有本質的差別。這種情況，類似於化學上的同分異構體。一定數量的人，採取不同的組織方式，會形成在性質上不同的力量。在《反杜林論》中，恩格斯為了反駁杜林對馬克思的歪曲和攻擊，特別引用了馬克思《資本論》中關於貨幣轉化為資本的必要條件問題的論述。馬克思在《資本論》中說明了資本不是從來就有的，也不是任何一個貨幣額或價值額都可以轉化為資本的，而是要單個貨幣所有者或商品所有者手中的貨幣數量增加到足以僱傭足夠數量的工人進行擴大再生產並使自己過上資本家生活所必須的一個最低限額時，貨幣才轉

---

❹ 同❶，頁四〇四。

化為資本。在作了具體的說明並舉出大量的實例進行論證以後，馬克思才指出：在這裡，也像在自然科學上一樣，證明了量變質變規律的正確性。恩格斯還引了馬克思《資本論》中論述量變質變規律的一個注釋：「現代化學上應用的、最早由羅朗和熱拉爾科學地闡明的分子論，正是以這個規律（即量變質變規律──引者注）作基礎的。」並且用化學領域中的豐富材料具體說明和發揮了馬克思的這一見解。在軍事領域中，恩格斯舉出了拿破崙(Napolé on I Bonaparte 1769～1821)在其回憶錄中所用的實例。拿破崙在談到紀律性較強但騎術不精的法國騎兵和騎術精、善於單個格鬥的馬木留克騎兵的比較時說，「兩個馬木留克兵絕對能打贏三個法國兵，一百個法國兵與一百個馬木留克兵勢均力敵，三百個法國兵大都能戰勝三百個馬木留克兵，而一千個法國兵總能打敗一千五百個馬木留克兵」❹ 。這個事例表明，存在於密集隊形和有計畫行動中軍隊紀律的力量要能夠顯示出來，而且要使它超過馬匹較好，騎術和劍法較精、勇敢程度至少相等的非正規騎兵，必須有一定的最低限度的數量。這也是量變達到一定程度後引起質變的一種具體形式。

在對待量變質變規律的問題上，恩格斯既反對忽視和抹煞事物量變過程的突變論或災變論，又反對把質變歸結為單純量變的庸俗進化論和單純漸進論的觀點。前一種傾向以法國的居維葉 (Guvier, Georges 1769～1832)為代表。恩格斯指出：「居維葉關於地球經歷多次革命的理論在詞句上是革命的，而在實質上是反動的。它以一系列重複的創造行動代替了單一的上帝的創造行動，使神跡成為自然界的根本槓桿。」❹ 關於後一種傾向，恩格斯說：「不管一切漸進

---

❹ 轉引自《反杜林論》，同❺，頁一四一。

❹ 同❶，頁三六七。

性，從一種運動形式轉變到另一種運動形式，總是一種飛躍，一種決定性的轉折。」❸從發展觀上看，恩格斯似乎更重視質變的意義和作用。因為沒有質變和飛躍，就沒有新的事物的產生和舊的事物的滅亡。

（二）關於矛盾規律或對立的相互滲透規律。恩格斯在《反杜林論》中著力批判了杜林否認客觀世界中矛盾的觀點。在杜林看來，「存在的基本邏輯特徵的第一個命題，而且是最重要的命題，就是矛盾的排除」，「在事物中沒有任何矛盾」❹。顯然，杜林所理解的矛盾，是形式邏輯中所講的那種邏輯矛盾，他實際上把形式邏輯的矛盾律（即他所說的「矛盾排除」）作為否定客觀世界存在矛盾的立論依據。辯證法所講的矛盾，是客觀事物自身所包含的互相對立而又互相依存和滲透的方面，是客觀地存在於事物和過程本身中推動事物前進和發展的實際的力量，不能用形式邏輯的矛盾律作為否認客觀事物自身矛盾的理由。恩格斯說，當我們把事物看作靜止的、各自獨立、互相並列或前後相繼時，似乎看不到矛盾。但是一旦我們從事物的運動、變化、生命和相互作用方面去考察事物時，就會立刻陷入矛盾。「運動本身就是矛盾；甚至簡單的機械的位移之所以能夠實現，也只是因為物體在同一瞬間既在一個地方又在另一個地方，既在同一個地方又不在同一個地方。這種矛盾的連續產生和同時解決正好就是運動」❺。如果說物體在瞬間 A 在一個地方，而在瞬間 B 又在另一個地方，這當然沒有矛盾，但這種說法根本沒有表達出運動，只是把運動歸結為一系列靜止的點的總和，結果就會

---

❸　同❺，頁七二。

❹　轉引自《反杜林論》，同❺，頁一三一。

❺　同❺，頁一三二。

重複芝諾（Zeno of Elea，西元前336～前264）的命題：「飛矢不動。」只有承認物體在一瞬間既在又不在同一地方，才能準確地刻畫運動。恩格斯還說，生命首先在於生物在每瞬間是它自身，同時又是別的東西，所以生命也是存在於物體和過程中的不斷地自行產生並且自行解決的矛盾。這都是「在事物和過程本身中客觀地存在著」的矛盾。恩格斯認為，矛盾是普遍存在著的。自然界中，吸引與排斥，在力學中，作用與反作用，物理學中，正電與負電，化學中化合與分解，有機界中的同化和異化，遺傳和適應等等都是矛盾。「我們可以把遺傳看作正的保存遺傳特徵的方面，把適應看作負的不斷破壞遺傳特徵的方面，但是我們同樣也可以認為，適應是從事創造的、主動的、正的活動，遺傳是進行抗拒的、被動的、負的活動」。總之，整個自然界，到處盛行著對立中的運動，「這些對立，以其不斷的鬥爭和最後的互相轉變或向更高形式的轉變，來決定自然界的生活」❹❻。

關於事物的矛盾規律，馬克思早在一八四七年寫的《哲學的貧困》中就有明確的論述，他說：「兩個互相矛盾的方面共存、鬥爭以及融合成一個新的範疇，就是辯證運動的實質。」❹❼恩格斯對矛盾規律的表述「兩極對立的相互滲透和它們達到極端時的相互轉化」和馬克思的看法是完全一致的。在《共產黨宣言》中，兩位作者對階級鬥爭的論述也是對社會領域內矛盾的具體而生動的敘述。

除了談到自然界和社會領域中的矛盾外，恩格斯還指出：「在思維領域中我們也不能避免矛盾，例如，人的內部無限的認識能力和

---

❹❻ 同❶，頁五三四。

❹❼ 馬克思，《哲學的貧困》，《馬克思恩格斯選集》，卷一，頁一一一，人民出版社，一九七二年版。

這種認識能力僅在外部被局限的而且認識上也被局限的個別人身上的實際存在二者之間的矛盾，是在至少對我們來說實際上是無窮無盡的、連綿不斷的世代中解決的，是在無窮無盡的前進中解決的。」[48] 此外，恩格斯還談到歸納與演繹，分析與綜合等矛盾關係，也是對思維領域中矛盾的論述。

（三）關於否定之否定規律。「否定之否定」原是黑格爾概念發展的辯證法的核心，黑格爾的唯心辯證法的宏大體系就是「絕對精神」通過正題、反題、合題（即否定之否定）的形式不斷發展的過程，是一系列大大小小的否定之否定的過程。在黑格爾那裡，概念的辯證運動的第一階段，是肯定的階段（「正」）。但黑格爾認為，任何概念在自身中都包含有對自己的否定方面，因而每一概念都既是自身又是他者。由於自身包含著否定（「反」）而引起的內在矛盾，促使肯定轉化為自身的對方（否定），於是概念自身的辯證運動由肯定的概念發展為否定的概念，即從「正」到「反」。到了第三階段，思維認識到否定是原先潛在於肯定的概念自身中的對立方面的實現，即認識到肯定中有否定，否定中有肯定，從而把肯定和否定兩個概念結合起來，發展出第三個概念，即否定之否定。所以，黑格爾強調否定之否定是辯證的否定，是指概念的整個辯證運動的過程。恩格斯說，否定之否定是黑格爾「整個體系構成的基本規律」[49]，也就是說黑格爾構造他的體系的規律。黑格爾對否定之否定的論述，既包含著深刻的辯證法內容（如他認為事物自身中包含著它的否定的方面，否定是既克服又保留即「揚棄」過程，事物通過兩次否定完成一個發展的週期即否定之否定），但又包含著「牽強的並且常常

---

[48] 同[5]，頁一三三。

[49] 同[1]，頁四〇一。

是可怕的虛構」 ❺⓪。所以必須清除這些「神秘的垃圾」 ❺①，還它客觀的、普遍的辯證法規律的本來面目。

在《反杜林論》中，恩格斯對否定之否定規律的論述是從駁斥杜林對馬克思的攻擊開始的。杜林攻擊馬克思在《資本論》中，借助黑格爾的否定之否定這個「助產婆」和「拐杖」，「未來是從過去的懷中產生出來」。這就是說，在杜林看來，「馬克思不依靠黑格爾的否定的否定，就無法證明社會革命的必然性」 ❺②。恩格斯引證了馬克思《資本論》中論及否定之否定的原文，詳細地駁斥了杜林的這一歪曲和攻擊。他指出，事實上，「馬克思只是在作了自己的歷史的經濟的證明之後才繼續說：『資本主義的生產方式和占有方式，從而資本主義的私有制，是對個人的，以自己勞動為基礎的私有制的第一個否定。對資本主義生產的否定，是它自己由於自然過程的必然性而造成的。這是否定的否定。』等等」 ❺③。馬克思「在把這一過程稱之為否定之否定時，並沒有想到要以此來證明這一過程是歷史地必然的。相反地，在他歷史地證明了這一過程部分確已實現，部分還一定會實現以後，他才指出，這還是一個按一定的辯證規律完成的過程」 ❺④。

恩格斯指出，否定之否定規律，並不是什麼神秘的東西，而是「一個極其普遍的因而極其廣泛地起作用的重要的自然、歷史和思

---

❺⓪　同❶，頁四〇一。

❺①　同❺，頁一四八。

❺②　同❺，頁一四二。

❺③　同❺，頁一四六～一四七。

❺④　同❺，頁一四七。

維發展的規律」❺。為了說明這一規律的客觀性和普遍性，恩格斯從自然、社會和人類思維諸領域中選用了大量事例來加以證明。在自然界，植物方面，他舉了大麥從麥粒（肯定）到麥子的植株（否定）到最後產生的更多的麥粒（否定之否定）的過程。他認為，生長起來的植株否定了原有的麥粒。而植株經過生長、開花、結實，最後又產生了大麥粒，「大麥粒一成熟，植株就漸漸死去，它本身被否定了。這是否定之否定，作為這否定之否定的結果，我們又有了原來的大麥粒，但不是一粒，而是加了十倍、二十倍或三十倍」❻。在動物界，恩格斯以蝴蝶為例。蝴蝶（肯定）經過各種變化達到性的成熟，通過交尾，雌蝶產生了許多卵，它們就死亡了。卵是蝶的否定。而新的蝴蝶又從卵中產生，這樣蝶又否定了卵，這便是否定之否定。其他動物和植物，否定之否定的方式和過程比上述情況也許更加複雜、多樣。但並不能因此而否定上述規律真實地發生於有機界的兩大界之中。至於地質學中，恩格斯認為，這裡不是經過兩次否定便完成了週期，而是一個「被否定了的否定的系列，是舊岩層不斷毀壞和新岩層不斷形成的系列」❼。舊地殼的破壞，是對原有的地殼的否定。而新的地殼的形成對於這種破壞來說，是否定之否定。只不過這裡的過程相當漫長曲折，而且又不斷發生罷了。

　　在社會歷史領域，恩格斯除了引用馬克思在《資本論》中所說的資本主義的否定過程以外，還從整個人類歷史發展過程來說明否定之否定規律。他認為，原始公有制經歷了一個漫長的階段以後，逐步變成生產進一步發展的桎梏，便經過或短或長的中間階段而轉

---

❺　同❺，頁一五四。

❻　同❺，頁一四八。

❼　同❺，頁一四九。

變為私有制。私有制是對原始公有制的否定。私有制發展到一定階段以後，又反過來成為生產的桎梏，因此就必然地產生出把私有制同樣加以否定並把它重新變為公有制的要求。這是否定之否定。但這並不是要求恢復原始公有制，「而是要建立高級得多，發達得多的公共占有形式」❸。恩格斯還引用了法國啟蒙思想家盧梭關於人類從原始的平等到不平等然後又發展到新的平等的過程的論述。在盧梭看來，人在自然和野蠻狀態中是平等的。他把不平等的產生看做一種進步，但這種進步是對抗性的，因而同時又是一種退步。當不平等發展到登峰造極的地步時，人民起來推翻了暴君，「這樣，不平等又重新轉變為平等，但不是轉變為沒有語言的原始人所擁有的舊的自發的平等，而是轉變為更高級的社會契約的平等。壓迫者被壓迫。這是否定之否定」❸。恩格斯認為，盧梭的平等說在黑格爾誕生之前十六年已經體現了否定之否定的過程。

在人類思維領域，恩格斯認為也同樣有否定之否定過程存在。他以哲學發展為例，認為從古希臘羅馬的原始的自發的唯物主義和舊唯物主義被唯心主義否定到後來「在哲學的進一步發展中，唯心主義也站不住腳了，它被現代唯物主義所否定」的曲折過程，也是否定之否定的過程。但是，「現代唯物主義，否定的否定，不是單純地恢復舊唯物主義，而是把兩千年來哲學和自然科學發展的全部思想內容以及這兩千年的歷史本身的全部思想內容加到舊唯物主義的永久性基礎上」❸。

對於否定之否定規律，恩格斯除了舉了大量實例進行論證以

---

❸　同❺，頁一五一。

❸　同❺，頁一五三。

❸　同❺，頁一五一。

外，還對這一規律的內容作了深刻的揭示和概括。按照他的有關論述，否定之否定規律的內容包含以下三層意思：事物的發展由於自身包含的矛盾而向它的反面轉化，即走向對自身的否定；否定不是簡單地說不，或宣布某一事物不存在，或用任何一種方法把它消滅，而是「揚棄」，即「既被克服，又被保留」，是發展的一個環節，「每一種事物都有它的特殊的否定方式，經過這樣的否定，它同時就獲得發展」**⑥**；事物的發展經過否定之否定而呈螺旋形式。但我們應當承認，恩格斯對這一規律內容的概括還不夠簡潔，明確，有些例子舉得不夠確切或缺乏詳細說明（如他認為數學上從 a 到 –a 到 a² 是否定之否定的過程，就是這樣），因而對這一規律的內容的理解，留下了很大爭論的餘地。

　對於否定之否定規律的應用，恩格斯反覆強調兩點：第一，辯證法不是單純證明的工具，因而不能用否定之否定規律（辯證法的其他規律也是如此）去證明任何具體結論的正確與否，也不能由它推論出具體事物的發展過程和演變方式。它只能對事物發展的一般趨勢提供類比，提供說明方法。第二，任何事物發展的否定之否定過程，都是各有特點的特殊過程。當我們說所有這些過程都是否定之否定時，只是概括了貫穿於所有這些過程中最一般的共同規律而捨棄了它們各自的特殊性。因此，要認識和解決各門具體科學和實際生活中的具體問題，必須進行專門的學習和研究。恩格斯說，僅僅知道大麥的生長過程和微積分的演算過程是否定之否定，「既不能把大麥種好，也不能進行微分和積分。正如僅僅知道靠弦的長短粗細來定音的規律還不能演奏提琴一樣」**⑥**。總之，決不能用辯證法

---

⑥　同**⑤**，頁一五五。

⑥　同**⑤**，頁一五五。

的普遍規律去代替對各門具體科學中具體問題的研究。否則，就等於把辯證法及其規律當成兒戲。

四　唯物辯證法的範疇

　　恩格斯在闡明辯證法的基本規律同時，還揭示了辯證法的一系列重要範疇 (Categories)，作為對辯證法普遍規律的補充。恩格斯說：「對思維形式、邏輯範疇的研究，是有益的和必要的，而且從亞里士多德以來，只有黑格爾才系統地做到這一點。」❸黑格爾那裡的確有一個巨大的範疇體系，這是在馬克思恩格斯以前唯一的具有流動範疇的辯證體系。但是在黑格爾看來，「範疇是先存的東西，而現實世界的辯證法是它的單純的反光」❹。恩格斯在唯物主義基礎上改造了黑格爾的範疇體系，對一系列辯證範疇作了精彩的論述。他指出，作為頭腦的辯證法，範疇「只是現實世界（自然界和歷史）的運動形式的反映」❺。這些範疇在人的活動中形成，並且成為人認識世界的工具。作為最普遍的哲學概念，前面所說的物質和意識、運動與靜止以及矛盾、量和質，肯定與否定實際上也都是哲學範疇。由於前面已經作為唯物論和辯證法的基本原理，基本規律作了介紹，這裡著重談一談恩格斯在他主要哲學著作中論述較多的幾對哲學範疇。

Ⅰ. 同一和差異

---

❸　同❶，頁五八五。

❹　同❶，頁五四五。

❺　同❶，頁五四五。

　　恩格斯對形而上學的抽象的同一論作過許多批判。他認為，舊形而上學意義上的同一律是舊世界觀的基本原則：a＝a。每個事物和它自身同一。它要麼存在，要麼就不存在。a不能同時等於a又不等於a。這是一種抽象的同一性。恩格斯說：「自然，對於日常應用，對於科學的小買賣，形而上學的範疇仍然是有效的。」❻❻例如生物種的變化要以幾千年為尺度，行星系統中採用橢圓為基本形式來作平常的天文學計算而不致於造成實踐上的錯誤。人們在日常的活動中，在一個或長或短的時間內，把他們認識和研究的對象看作是不變的，同一的。這樣做不僅是完全可能的，甚至也是完全必要的。但是一旦跨入廣闊的研究領域或為了更加精確的目的，從運動和發展的角度考察有關對象，那末，這種抽象的絕對同一性就站不住腳了。由於生物體內新陳代謝和各種無休止的分子變化的總結果出現於從生命胚胎到老年直到死亡各個生命階段，植物、動物，每一個細胞，在其生存的每瞬間，都既和自己同一又和自己相區別。就是在無機界，這種抽象的同一性實際上也是不存在的。地質學就是這種不斷變化的歷史。每一個物體都不斷地受到機械的、物理的、化學的作用，這些作用經常在修改它的同一性。因此，辯證法所主張的同一性是包含著差異和變化的同一性，是真實的具體的同一性。抽象的同一性，a＝a，只是在數學和邏輯等研究思想事物的抽象的科學中才存在。對於綜合的自然科學來說，即使在任何一個部門中，抽象的同一性也是根本不夠的。

　　與同一相對的範疇是差異。對待差異，形而上學者和辯證論者也有完全不同的理解。在形而上學者看來，不同事物之間存在著非此即彼絕對分明和固定不變的界限。恩格斯認為，隨著科學的發展，

---

❻❻　同❶，頁五五五。

這種把差異絕對化的觀點也是站不住腳的。進化論揭示了各種物種之間的界限不是絕對的。甚至脊椎動物和無脊椎動物之間的界限也不再是固定不變的，如文昌魚就是這兩大類動物之間的中間形態。「魚類和兩棲類之間的界限也是一樣；而鳥和爬蟲類之間的界限正日益消失。……『非此即彼』是愈來愈不夠了。在低等動物中，個體的概念簡直不能嚴格地確立」⑥⑦。在這裡不僅僅對於一個動物是個體還是群體難於嚴格確立，而且在發展過程中在什麼地方一個個體終止而另一個個體開始也難於截然分清。所以恩格斯得出結論說：「一切差異都在中間階段融合，一切對立都經過中間環節而互相過渡……辯證法不知道什麼絕對分明的和固定不變的界限，不知道什麼無條件的普遍有效的『非此即彼!』它使固定的形而上學的差異互相過渡，除了『非此即彼!』又在適當的地方承認『亦此亦彼!』並且使對立互為中介。」⑥⑧他在這裡並不是否認事物之間的界限，但他特別強調事物的中間階段和中間環節，因為它是事物相互過渡、相互連續的橋梁。恩格斯並不否認在一定條件下的「非此即彼」。在人們認識具體事物時，首先要看到一事物與他事物之間的區別。另外，還有一種情況，就是事物在對立和鬥爭中表現出來的「極性」，在矛盾發展到一定階段時，對立以十分尖銳的形式表現出來。例如,「在歷史上，對立中的運動，在先進民族的一切存亡危急的時代中表現得特別顯著。在這種時候，一個民族只能在二者之中選擇其一:『非此即彼!』」⑥⑨。這種「非此即彼!」是矛盾激化的表現，最後矛盾要發生轉化或向更高形式轉變。在恩格斯看來，無論是「非此即彼!」

---

⑥⑦　同❶，頁五五四。

⑥⑧　同❶，頁五五四～五五五。

⑥⑨　同❶，頁五五三～五五四。

還是「亦此亦彼!」 都要在一定條件下才能成立，不是「無條件的
普遍有效」。他認為，同一和差異，不是不可調和的對立，而是「同
一個東西的兩極，這兩極只是由於它們相互作用，由於差異性包含
在同一性中，才具有真理性」❼。因此，辯證法在講同一時，是講
具體的包含差異的同一；在講差異時，是講包含著同一、統一的差
異。他反對的是把同和異看成絕對排斥的形而上學觀點。

II. 原因和結果

　　因果性是近代哲人和科學家非常重視而又爭論不休的一對範
疇。恩格斯對這些爭論的癥結所在是很有見地的。他是從辯證法的
普遍聯繫和相互作用這個總體的根基上來進入因果性問題的研究
的。以往的哲學家在因果性問題上面臨的困難之一就是既然原因產
生結果，而原因又必有其原因，那麼終極原因是什麼？如果有終極
原因，那麼終極原因本身的原因又是什麼？如果沒有終極原因，那
麼這種因果之鏈便可以無窮地追溯其原因而永無了結之時。恩格斯
從整個世界的總體的高度，把事物相互作用的普遍聯繫作為事物真
正的終極原因。除普遍聯繫和交互作用外，沒有更高的原因了。實
際上也就是把普遍聯繫和交互作用的世界作為自身的原因。他認為，
「我們不能追溯到比這個相互作用的認識更遠的地方，因為正是在
它背後沒有什麼要認識的了」❼。在他看來，現實的因果關係是從
總體的相互聯繫和相互作用中抽取出來的。「為了了解單個現象，我
們就必須把它們從普遍聯繫中抽出來，孤立地考察它們，而且在這

---

❼　同❶，頁五五九。

❼　同❶，頁五七四。

裡不斷更替的運動就顯現出來，一個為原因，另一個為結果」**⑫**。這就是說，原因和結果這兩個觀念只有在特定的單獨場合下才有本來的意義。在這種場合下，原因產生結果，結果來自原因，這種作用和被作用、決定和被決定、產生和被產生的關係，是明確的不可顛倒的。但是，「只要我們把這種個別場合放在它和世界整體的總聯繫中來考察，這兩個觀念就匯合在一起，融化在普遍相互作用的觀念中，在這種相互作用中，原因和結果經常交換位置；在此時或此地是結果，在彼時或彼地就成了原因，反之亦然」**⑬**。

　　恩格斯還對一些哲學家和自然科學家濫用「力」的概念，以事物包含著「力」來解釋因果現象的觀點進行了批判。他認為，力的觀念是從人的機體在周圍環境中活動借來的。我們常說肌肉的力、手臂的舉重力、腿的彈跳力、腸胃的消化力、神經的感覺力、腺的分泌力等等。這些都是為了避免找出我們的機體的某種機能所引起的變化的真實原因而造出的某種虛構的原因，某種和這個變化相當的所謂力。「以後我們就把這種簡便的方法搬到外在世界去，這樣，有多少不同的現象，便造出多少種力」**⑭**，「因為我們還弄不清這些現象的『相當複雜的條件』，所以我們在這裡有時找「力」這個字做避難所」**⑮**。這種對「力」的用法在日常的應用中還過得去，「如果有人把運動的原因叫做力，這一點也不會損害力學本身；但是人們習慣於把這個名稱也搬到物理學、化學和生物學裡面去，這樣一來，

---

⑫　同**①**，頁五七五。
⑬　同**⑤**，頁二五。
⑭　同**①**，頁四一九。
⑮　同**①**，頁四二一。

混亂就不可避免了」⓻。

　　關於因果性證明問題，恩格斯贊成休謨的部分看法，認為單憑觀察所得的經驗，觀察到前後相繼的現象的有規則的重複出現不足以證明和確立因果必然性。在此之後，不是因此之故。恩格斯說，這種看法「是如此正確，以致不能從太陽總是在早晨升起來推斷它明天會升起來，而且事實上我們今天已經知道，總會有太陽在早晨不升起的一天」⓼。但是，恩格斯同時又指出，休謨和其他懷疑論者不了解實踐的意義和作用，他們只停留在經驗的觀察上。在恩格斯看來，「必然性的證明是在人類的活動中，在實驗中，在勞動中：如果我能夠造成 post hoc（在此之後），那末它便和 propter hoc（因此之故）等同了」⓽。也就是說，如果我能在實踐中造成現象之間一定的順序，那末這就等於證明了它們的必然的因果聯繫。這樣，我們不僅僅發現某個運動之後跟著另一個運動，而且發現：只要我們造成某個運動在自然界中發生的條件，我們就能引起這個運動；甚至我們還能引起在自然界中根本不發生的運動，如通過工業生產來製造適合人的需要的物品。「因此，由於人的活動，就建立了因果觀念的基礎，這個觀念是：一個運動是另一個運動的原因」⓾。恩格斯舉了許多關於人在自己的活動中證明因果性的實例。他說，如果我們用一面凹鏡把太陽光正好集中在焦點上，造成像普通的火一樣的效果，那末我們因此就證明了熱是從太陽來的。他還舉了槍彈的發射的例子說，在這裡，懷疑論者也不能說，從已往的經驗不

⓻　同❶，頁四二五。

⓼　同❶，頁五七二。

⓽　同❶，頁五七二。

⓾　同❶，頁五七三。

能推論出下一次將恰恰是同樣的情形。因此我們能夠詳詳細細地研究全部過程：發火、燃燒，由於突然變為氣體而產生的爆炸。由此，我們便對因果性作了驗證。如果發射時，沒有發生通常可以期待的效果，我們對這種不合常規的事情加以適當研究之後，都可以找出發生故障的原因。因此，這不是推翻了因果性，而是正好證明了因果性，而且可以說是對因果性作了雙重的驗證。

III. 偶然和必然性

這是各門科學在研究事物發展時經常碰到的一對範疇，也是存在著形而上學和辯證法尖銳對立的一對範疇。一種形而上學的觀點認為，必然性和偶然性是永遠互相排斥、互相獨立的。一種事物、一種關係或過程，或者是必然的，或者是偶然的，但不能說既是偶然又是必然的。在這種觀點支配下，許多科學家認為自然界的各種對象和過程有些是必然的，有些是偶然的，整個問題是在於不要把這兩類互相混淆起來。恩格斯說，在這些科學家那裡，必然的東西被說成是可以納入規律、唯一在科學上值得注意的東西，也是人們知道或應當知道的，而偶然的被說成是對科學無足輕重的東西，不能納入規律，是人們可以不予理睬的。於是便把解釋不了的統統叫做偶然性而排斥在科學研究之外，「這樣一來，一切科學都完結了，因為科學正是要研究我們所不知道的東西」[80]。另一種形而上學觀點是機械決定論。這種觀點根本否認偶然性，認為在自然界中占統治地位的，只是簡單的直接的必然性。恩格斯對這種機械決定論的觀點作了生動的刻畫：「這一個豌豆莢中有五粒豌豆，而不是四粒或六粒；這條狗的尾巴是五英寸長，不長一絲一毫，也不短一絲一毫；

---

[80]　同**❶**，頁五六〇。

這一朵苜蓿花今年已由蜜蜂授粉，而那一朵卻沒有，而且這一朵還是由這隻特定的蜜蜂在這一特定的時間內授粉的；這一粒特定的被風吹來的蒲公英種子發了芽，而那一粒卻沒有；今早四點鐘一隻跳蚤咬了我一口，而不是三點鐘或五點鐘，而且是咬在右肩上，而不是咬在左腿上——這一切都是一種不可更動的因果連鎖、由一種堅定不移的必然性所引起的事實，而且產生太陽系的氣團早就構造得使這些事情只能這樣發生，而不能接受另外的方式發生。」❽恩格斯在這裡的生動描述，並不是單純的諷刺，而是確有根據的說法。例如在十八世紀法國的唯物主義者霍爾巴赫 (Paul Heinrich Dietrich d'Holbach 1723～1789)就說過：「一切現象都是必然的；自然界的每一件事物，都是處在某些境況之中，並且依照一定的特性活動的，決不能以任何別的方式來活動。」❽霍爾巴赫甚至認為，在一陣狂風和一場暴風雨中，沒有一粒灰塵或水滴的分子是偶然放在那裡的。在社會大變動時期，沒有一個行動、一句話、一個思想、一個意志、一個欲望不是必然的。這樣一來，一切偶然性都被說成是必然的，偶然性並沒有從必然性得到說明，反而把必然性降低為純粹偶然性的產物了。在恩格斯看來，承認這種必然性，我們也還是沒有從神學的自然觀中走出來。因為，從這種機械決定論勢必會走到純粹的宿命論，認為世界上一切都是命定的，或者叫做上帝的永恆的意旨，或者叫天數，或者叫做必然性，實質上都是一樣。

恩格斯總結了哲學史和科學史的積極成果，特別是從唯物主義的立場上吸取了黑格爾辯證法思想，對必然性和偶然性的辯證關係

---

❽　同❶，頁五六一。

❽　北京大學哲學系編譯，《十八世紀法國哲學》，頁六〇八，商務印書館，一九六三年版。

作了深刻的論述。首先，恩格斯是承認偶然性的廣泛存在的。但他認為偶然性和必然性不是互相排斥而是辯證統一的。沒有偶然性，無所謂必然性，沒有必然性也無所謂偶然性，二者不能片面割裂開來。而且，在自然界和實際生活中，沒有任何實際存在的事物、關係和過程是純粹必然的或純粹偶然的。他說：「被斷定為必然的東西，是由純粹的偶然性構成的，而所謂偶然的東西，是一種有必然性隱藏在裡面的形式。」⑧ 其次，他認為必然性並不是一目了然的，而是隱藏在偶然性現象背後，科學的任務就在於通過這些偶然性認識必然性。他說：「在似乎也是受偶然性支配的自然界中，我們早就證實，在每一個領域內，都有在這種偶然性中為自己開闢道路的內在的必然性和規律性。然而適用於自然界的，也適用於社會。一種社會活動，一系列社會過程，愈是越出人們的自覺的控制，愈是越出他們支配的範圍，愈是顯得受純粹的偶然性的擺布，它所固有的內在規律就愈是以自然的必然性在這種偶然性中為自己開闢道路。」⑧ 最後，恩格斯還認為，必然性和偶然性是可以相互轉化的。他以達爾文的進化論中的材料說明這種轉化。達爾文在他的重要著作《根據自然選擇的物種起源》中，正是從廣泛地存在著的偶然性基礎出發的。各個種內部的各個個體間有無數偶然的差異或變異，如果這種差異或變異能夠更好地適應某種較穩定的環境，那麼它通過遺傳和自然選擇的作用就會強化起來，發展到一定程度便會形成新的物種。這樣，偶然性便轉化為必然性。物種進化的必然性和規律性，正是通過這種偶然的變異表現出來的。

---

⑧　同㉓，頁二四〇。

⑧　恩格斯，《起源》，《馬克思恩格斯選集》，卷四，頁一七一，人民出版社，一九七二年版。

IV.　自由和必然

　　自由和必然性，也是哲學家的長期探索的一對重要範疇。恩格斯在批判杜林和其他形而上學者的過程中，深刻地全面地闡述了這一對範疇的辯證關係。

　　恩格斯高度評價了黑格爾關於自由和必然性的辯證思想。他指出：「黑格爾第一個正確地敘述了自由和必然性的關係。在他看來，自由是對必然性的認識。『必然只是在它沒有被了解的時候才是盲目的』。」⑧⑤黑格爾在唯心主義的基礎上闡述了自由和必然的辯證關係，批判了他以前的二元論者和形而上學者在這個問題上的觀點。黑格爾認為，康德以前的形而上學家總是以為自然現象受必然規律的支配，只有精神是自由的。這種不包含必然性的自由，或者一種沒有自由的單純的必然性，只是一種抽象而不真實的觀點。他指出，必然作為必然還不是自由；但是「自由以必然為前提，包含必然在自身內，作為被揚棄了的東西」⑧⑥。黑格爾明確提出了「必然性的真理就是自由」⑧⑦。顯然，在黑格爾那裡，自由和必然不是抽象的、僵硬的對立，而是對立的統一，二者互相包含，互相依賴，又可以互相轉化。但是在黑格爾那裡，自由的真正主體不是現實的人，而是他的絕對觀念，人類實際上不過是絕對理念的消極材料。

　　恩格斯吸取了黑格爾在自由和必然的關係上的合理思想，對這對範疇的豐富內容作了科學的、全面的論述。首先，他強調必須承認客觀必然性的獨立存在，自由必須以客觀必然性存在為前提。他

⑧⑤　同❺，頁一二五。

⑧⑥　黑格爾，《小邏輯》中譯本，頁一〇五，商務印書館，一九八一年版。

⑧⑦　同⑧⑥，頁三二三。

指出：「自由不在於幻想中擺脫自然規律而獨立，而在於認識這些規律，從而能夠有計畫地使自然規律為一定的目的服務。這無論對外部自然界的規律，或對支配人本身的肉體存在和精神存在的規律，都是一樣的。這兩類規律，我們最多只能在觀念中而不能在現實中把它們互相分開。」⑱在這裡，恩格斯並不是給自由和必然下什麼定義，而是從哲學基本問題的角度，一方面考察人的認識和意志，另一方面考察客觀的必然性和規律性，認為前者必然適應後者。通常人們都以為自由就是不受任何規律的制約，事實上企圖擺脫規律、擺脫必然性而獨立只是一種幻想。其次，恩格斯在唯物主義基礎上發揮了黑格爾關於自由是對必然性的認識的見解，認為自由的大小取決於對客觀必然性的認識程度。他說：「意志自由只是借助於對事物的認識來作出決定的能力。因此，人對一定問題的判斷愈是自由，這個判斷的內容所具有的必然性就愈大；而猶豫不決是以不知為基礎的，它看來好像是在許多不同和相互矛盾的可能的決定中任意進行選擇，但恰好因此證明了它的不自由，證明它被正好應該由它支配的對象所支配。」⑲在恩格斯看來，客觀的必然性獨立於人的意志之外，但它在被人們認識和掌握以後，又可以轉化為自由。必然性在沒有被人認識和理解的時候，它盲目地起作用，這時人在它面前成了「盲目必然性」的奴隸。當人們認識和理解了客觀必然性以後，他就有了正確判斷事物的自由，這時，「盲目的必然性」轉化為「為我的必然性」，變為判斷內容所具有的必然性。人對客觀的規律性認識得愈深愈透，他的判斷就愈有預見性和必然性，以這種判斷作指導的行動就愈主動。人們在猶豫不決時作出的判斷或選擇，常有極

---

⑱　同❺，頁一二五。

⑲　同❺，頁一二五。

大的隨意性和盲目性；所以談不上什麼自由。再次，在恩格斯看來，自由不僅僅是一個認識問題，而且更重要的還在於「根據對自然界的必然性的認識來支配我們自己和外部自然界」 ⑩，也就是通過社會實踐對客觀世界的改造，使客觀規律「為一定目的服務」。在恩格斯看來，僅僅認識了客觀必然性還是不夠的，還要把這種認識從判斷的自由轉化為行動中的自由，即依據對必然性的認識，去改造世界，使之適合於人的目的。

　　恩格斯認為，人們對必然性的認識以及對外部世界的改造，是受歷史條件制約的，因此人們的自由也是隨著歷史的發展而發展的。沒有超越歷史條件的「絕對自由」。自由是一個歷史的範疇，「它必然是歷史發展的產物」。他指出：「文化上的每一個進步，都是邁向自由的一步。」 ⑪當人類剛剛從動物界分離出來的時候，對外部世界的必然性還沒有什麼認識，這時，他們處處受盲目的必然性的擺布而處於不自由的狀態。恩格斯認為，人類學會用火，起初是利用保存起來的天然火種，後來學會通過摩擦生火，這是人類爭取自由的歷史上的一次巨大飛躍，這是「第一次使人支配了一種自然力，從而最終把人同動物界分開」 ⑫。到了近代，蒸汽機的發明和使用，則是人類在社會領域中實現的一次「巨大的解放性變革」 ⑬，也是邁向自由的新的一步。恩格斯對人類爭取自由的漫長道路作了許多深刻的分析，指出，動物僅僅利用自然界，而人通過作出的改變來使自然界為自己的目的服務，這是人和動物的根本區別。但人要獲

---

⑩　同❺，頁一二五～一二六。

⑪　同❺，頁一二六。

⑫　同❺，頁一二六。

⑬　同❺，頁一二六。

得真正自由，不僅要學會支配自己生產行為所引起的直接的影響，取得直接的有益效果，而且要逐步學會估計自己生產行為的較遠的影響，包括較遠的自然影響和社會影響，從而使以前作為異己的、統治著人的自然規律和社會規律逐漸為人們所認識和熟練地加以運用。只是從這時起，人才「終於成為自己的社會結合的主人，從而也成為自然界的主人，成為自己本身的主人——自由的人」❾，只是從這時起，由人們使之起作用的社會原因才在主要的方面和日益增長的程度上達到他們所預期的結果。「這是人類從必然王國進入自由王國的飛躍」❾。恩格斯沒有說，到了「自由王國」，人們時時事事都能達到預期的結果，只是說「在主要方面的和日益增長的程度上達到他們所預期的結果」，這也表現了一個辯證法家的思想特色。

五　客觀辯證法和主觀辯證法

恩格斯在辯證法的研究中，依據唯物主義反映論的原則，提出客觀辯證法和主觀辯證法的概念，並對二者的關係作了具體闡述。他說:「所謂客觀辯證法是支配著整個自然界的，而所謂主觀辯證法，即辯證的思維，不過是自然界中到處盛行的對立中的運動的反映而已。」❾在這裡，恩格斯把客觀辯證法作為主觀辯證法的基礎和前提，這就同唯心主義的辯證法鮮明地劃清了界限，同時也正確地表達了辯證思維或思維的辯證法的恰當地位。他認為，這二者本質上是同

---

❾　恩格斯；《「反杜林論」材料》，《馬克思恩格斯全集》，卷二〇，頁七一〇，人民出版社，一九七一年版。

❾　同❺，頁三〇八。

❾　同❶，頁五五三。

一的，但在表現形式上是不同的。客觀辯證法是現實世界本身的辯證運動及其規律，而主觀辯證法則表現為概念和邏輯範疇的運動及其規律性。客觀辯證法以外部必然性的形式在無窮無盡的表面的偶然性中為自己開闢道路，而主觀辯證法則是一種自覺的思維運動形式。正因為二者有一定的區別，所以對主觀辯證法有單獨提出並加以論述的必要。

　　恩格斯在論述主觀辯證法和客觀辯證法的關係時，提出了邏輯和歷史的統一的原則。主觀辯證法表現為思維邏輯的展開和概念、範疇的運動。而客觀世界的辯證運動則是一種歷史的過程。所以邏輯和歷史的統一就是概念辯證法和客觀辯證法的統一。恩格斯在為馬克思的《政治經濟學批判》所寫的評論中，認為馬克思對於政治經濟學所採用的方法就是邏輯和歷史相統一的方法。在恩格斯看來，邏輯的研究方法實際上「無非是歷史的研究方式，不過擺脫了歷史的形式以及起擾亂作用的偶然性而已。歷史從哪裡開始，思想進程也應當從哪裡開始，而思想進程的進一步發展不過是歷史過程在抽象的理論上前後一貫的形式上的反映；這種反映是經過修正的，然而是按照現實的歷史過程本身的規律修正的，這時，每一要素可以在它完全成熟而具有典型形式的發展點上加以考察」[97]。恩格斯在這裡是把邏輯和歷史統一的方法，作為進行科學研究和理論概括的一般的方法論，按照這種方法，研究一門學問，必須使概念、範疇的運動同客觀對象的歷史發展的過程相一致。但這種一致是本質上的一致，而不是表面形式的完全相同，是概念範疇之間的邏輯聯繫反映事物之間的本質聯繫。但是歷史現象錯綜複雜，本質的和必然的聯繫總是與非本質的、偶然的現象交織在一起。而邏輯的東西則

---

[97]　同[20]，頁一二二。

必須捨棄那些枝節的、偶然的、非本質的因素，通過抽象的、相互聯繫的概念系統來再現歷史的本質。

恩格斯關於邏輯和歷史的一致的思想還包含另一層重要的意思，那就是人們頭腦中的邏輯範疇和思維形式的發展同整個人類認識史相一致。也就是說思維的辯證法是人類思想史的總結和概括。這一思想在黑格爾那裡已經有了很明確的表示。黑格爾的《邏輯學》各個邏輯範疇由抽象到具體、由淺到深的發展轉化的順序是和哲學史和認識史的發展過程基本上是一致的。但是黑格爾不是把邏輯的東西看成是對歷史的東西的反映，而是相反，把邏輯的東西看成是歷史的東西的「建築師」❾❽。恩格斯在唯物主義基礎上改造了並發揮了黑格爾邏輯和歷史統一思想，把人的頭腦中的辯證思維的邏輯關係看成是和人類的思維發展的歷史既統一又有區別的兩個方面，他把這二者的關係比喻為類似有機體個體的胚胎發育和生物系統發展過程那樣一種關係。他說：「在思維的歷史中，某種概念或概念關係……的發展和它在個別辯證論者頭腦中的發展的關係，正如某一有機體在古生物學中和它在胚胎學中（或者不如說在歷史中和個別胚胎中）的發展的關係一樣。在歷史的發展中，偶然性起著自己的作用，而它在辯證的思維中，就像在胚胎的發展中一樣包括在必然性中。」❾❾

恩格斯把邏輯和歷史統一的原則貫徹到對辯證邏輯的思維形式的研究中去，提出了突破已往形式邏輯的新見解。例如在判斷的分類問題上，恩格斯認為舊的形式邏輯滿足於把不同的判斷和推理

---

❾❽　張世英，《論黑格爾的邏輯學》，頁二二二，上海，人民出版社，一九五九年版。

❾❾　同❶，頁五六五。

的形式列舉出來和毫無關聯地排列起來，看不到它們之間有什麼聯繫和發展。在他看來，辯證邏輯則與此相反，不是把它們互相平列起來，而是「使它們互相隸屬，從低級形式發展出高級形式」⑩。他肯定了黑格爾在判斷分類問題上的合理思想，指出，黑格爾把判斷分為：(1)實在的判斷（肯定判斷、否定判斷、無限判斷）；(2)反省的判斷（單稱判斷；特稱判斷；全稱判斷）；(3)必然性判斷（直言判斷；假言判斷；選言判斷）；(4)概念的判斷（實然判斷；或然判斷；必然判斷）。恩格斯認為，第(1)類是個別的判斷，第(2)和第(3)兩類是特殊的判斷，第(4)類是普遍的判斷。他以人類實踐和認識發展過程中的實例來說明這種分類的內在聯繫。拿人們對摩擦生熱的認識來說，自古以來人們就知道摩擦可以取暖，甚至可以取火。經過了不知多少年，便在人們腦子裡形成一個最初的判斷：摩擦是熱的一個源泉。恩格斯認為，這是一個個別判斷，它是一個實在判斷，並且是一個肯定判斷。它只是記錄了摩擦生熱這個個別的事實。過了幾千年，到一八四二年，焦爾、邁爾、柯爾丁(Colding, Ludwig August 1815～1888)等人根據這個特殊過程和同時發現的其他類似過程的關係，得出了「一切機械運動都能借助摩擦轉化為熱」的結論。這是一個全稱的反省判斷，它可以看作特殊性的判斷：一個特殊的運動形式（機械運動形式）展示出在特殊情況下（經過摩擦）轉變為另一個特殊的運動形式（熱）的性質。此後，又過了三年，邁爾把上述判斷提高到一個新的階段，進一步得出了下面這個判斷：在每一情況的特定條件下，任何一種運動形式都能夠而且不得不直接或間接轉變為其他任何運動形式。這是概念的判斷並且是必然判斷——判斷的最高形式。它屬於普遍性判斷，它表明：任何運動形

---

⑩　同❶，頁五六六。

式都證明自己能夠並且不得不轉變為其他任何運動形式。恩格斯認為，這種形式的判斷，是對規律的最後的表達。他對整個發展過程作了這樣的總結：「表現在黑格爾那裡的是判斷這一思維形式本身的發展，而在我們這裡就成了對運動性質的立足於經驗基礎的理論認識的發展。由此可見，思維規律和自然規律，只要它們被正確地認識，必然是互相一致的。」⓵從恩格斯的有關論述來看，他著重要強調的是，辯證邏輯對判斷的分類應該從認識的運動發展和深化過程來研究，而不是像形式邏輯那樣撇開思維的運動發展，撇開思維的內容，把不同的判斷形式毫無關聯地平列起來研究。至於黑格爾對判斷的具體分類，他並不認為是非常完善或不可更改的。他強調的是這種分類的「內在真理性和內在必然性」。

關於推理，恩格斯似乎並沒有對黑格爾關於推理形式的分類作出評論，他自己也沒有提出對推理的分類方法。在這個問題上，他的論述主要集中在對歸納和演繹的分析上，批判了歸納萬能論和把歸納與演繹對立起來的觀點。指出不能把全部豐富的推理形式都硬塞進這兩種形式的框子中。恩格斯認為，推理形式是在人們長期實踐中形成和發展起來的，這些形式是多種多樣的，它們相互之間存在著複雜的辯證關係。歸納和演繹是兩種重要的推理形式，也是兩種重要的認識方法。他認為，歸納推理和以分類為基礎的演繹推理同樣都是可錯的，所以不應當把二者對立起來和割裂開來。他說：「歸納和演繹，正如分析和綜合一樣，是必然相互聯繫著的。不應當犧牲一個而把另一個捧到天上去，應當把每一個都用到該用的地方，而要做到這一點，就只有注意它們的相互聯繫，它們的相互補充。」⓶

⓵　同❶，頁五六八。

⓶　同❶，頁五七一。

在對辯證思維形式的研究中，恩格斯還論述了科學假說在認識中的重要地位以及假說的形成、發展和轉化等問題。他說：「只要自然科學在思維著，它的發展形式就是假說。」⑩在科學研究中，當一個新的事實被觀察到並且發現它與過去用來說明和它同類的事實的方式不一致時，就需要用新的說明方式來代替原有的方式。於是就提出了假說，它最初僅僅以有限數量的事實為基礎，進一步的觀察材料會使這些假說純化，取消一些，修正一些，直到最後純粹地構成定律。恩格斯說，如果不用假設而等待構成定律的材料純粹化起來，那麼就是要在此之前把運用思維的研究停下來，那樣一來，「定律也就永遠不會出現」⑩。但是，對於同一類現象可能產生互相排擠的許許多多的假設，成為圍繞某些事實的「茂密的假說之林」，而且很快又有新的假說代替舊的假說。這種互相排擠的假說數目之多和替換之快，使那些缺乏邏輯和辯證法修養的科學家很容易產生一種觀念：我們不可能認識事物及其本質。這種觀念如同瑞士科學家哈勒(Haller, Albrecht 1708～1777)在一首詩中說的那樣：「沒有一個生靈能夠洞悉自然界內部本質。」這是由於他們不了解人的認識是沿著一條錯綜複雜的曲線發展的，認識客觀規律的道路是崎嶇曲折的。假說正是在這條崎嶇的認識道路上建立起來的駐足之點，它一方面以一定的事實為依據，並且在以後發展的每一步上，都要經受實踐的檢驗，因此具有科學性。但是它又是建立在部分觀察事實基礎上的，綜合地運用歸納、演繹、類比、分析、綜合等邏輯手段建立起來的，帶有一定的假想和推測的性質，它可能在新的事實面前被完全否定或部分否定，需要加以發展和修正。人們的認識就是這

---

⑩　同❶，頁五八三。

⑩　同❶，頁五八四。

樣從不完善走向完善。因此，不同假說的相互競爭和迅速更替，正是推動科學發展的重要手段，而不應當成為導致不可知論和懷疑論的理由。恩格斯認為，從歷史的觀點來看，這種情況說明了「我們只能在我們時代的條件下進行認識，而且這些條件達到什麼程度，我們便認識到什麼程度」⑩。

---

⑩　同❶，頁五八五。

第四章　辯證唯物主義的自然觀

　　辯證唯物主義的自然觀是恩格斯哲學思想的重要組成部分。他在和馬克思於十九世紀四十年代初期創立唯物主義歷史觀（即歷史唯物主義）時，也提出了在自然觀方面的重要見解。但是那時他還沒有對自然科學進行系統深入的研究，因而，還沒有對自然觀作出系統全面的論述。他說：「要確立辯證的同時又是唯物主義的自然觀，需要具備數學和自然科學知識。馬克思是精通數學的，可是對於自然科學，我們只能作零星的、時停時續的、片斷的研究。」❶只是在他退出商界並移居倫敦以後，才有了較系統深入地研究自然科學的條件，從而得以「在數學和自然科學方面來一個徹底的脫毛」。

　　恩格斯的自然觀同當時和在此之前的許多科學家和哲學家的自然哲學是根本不同的。因為這種自然哲學往往不是從對自然科學的研究中引出關於自然界本身發展規律和內在聯繫的觀點，而是凌駕於各門科學之上，用哲學的思辨構想出的自然體系強加於自然界。這種自然哲學，特別是黑格爾的自然哲學，儘管也包含著一些「真正好的東西和多少可以結實的萌芽」❷，但都不能構成對自然事實

---

❶　恩格斯，《反杜林論》，《馬克思恩格斯全集》，卷二〇，頁一三，人民
　　出版社，一九七一年版。

❷　同❶。

的真正科學的闡明和辯證綜合。而當時各門自然科學提供的極為豐富的材料，迫切地要求實現這種系統化的綜合。對於恩格斯來說，「事情不在於把辯證法的規律從外部注入自然界，而在於從自然界中找出這些規律並從自然界裡加以闡發」❸。他在《反杜林論》、《自然辯證法》等著作中，對這種辯證唯物主義的自然觀作了系統和詳盡的闡述。

一 形而上學自然觀和辯證的自然觀

形而上學自然觀是伴隨著近代自然科學的發展而發展起來的。恩格斯把近代自然科學的發展過程劃分為兩個時期：第一個時期是從一五四三年哥白尼的《天體運行論》的發表到十八世紀上 半葉，以牛頓和林奈為代表的科學成果的誕生。哥白尼在這一時期的開端給神學下了挑戰書，牛頓的《自然哲學的數學原理》、《光學》等著作為經典物理學奠定了基礎，林奈的分類學系統為後來植物和動物的分類提供了科學依據。總的說來，這一時期的自然科學的主要工作在於廣泛地搜集實驗事實和觀察材料，並且在此基礎上進行了初步的理論說明。發展得較快、成就較突出的科學門類是天文學、力學和數學。如果把光學當作例外，那末本來意義上的物理學在當時還沒有超出最初的階段，而化學則剛剛借助燃素說從煉金術中解放出來，地質學還沒有超出礦物學的胚胎階段，因此，古生物學還完全不能存在。分門別類地進行觀察、解剖、歸納和分析，是這一時期的主要研究方法。就思想認識來說，這個時期的基本特徵是一個特殊的總的觀點的形成，這個總觀點的中心就是自然界絕對不變這

---

❸ 同❶，頁一五。

一見解。按照這一見解，自然界從它存在的時候起始終就是這樣，今天的一切和一開始的時候一樣，而且直到世界末日或萬古永世，都是如此。行星及其衛星，一旦由於神秘的「第一推動」而運動起來，它們便依照預定的橢圓軌道繼續不斷地旋轉下去。恆星永遠固定不動地停留在自己的位置上，憑著萬有引力而相互保持這種位置。現在的五大洲始終存在著，它們始終有同樣的山嶺、河谷和河流，同樣的氣候，同樣的植物區系和動物區系。植物和動物的種，一產生便永遠確定下來，相同的東西總產生相同的東西。和這種形而上學不變論的看法相聯繫的是機械論觀點，認為宇宙是一座龐大的鐘表或機器，它在外力作用下進行機械的運動。動物和人也是按照機械運動的規律運動的機器。血液循環則被描繪成靠唧筒作用推動的充滿血液的脈管系統。在這種自然觀的支配下，自然科學在知識和累積的材料整理上雖然取得了很大進步，在反對中世紀的迷信和宗教神學方面，也作出了重大貢獻，但在總體上，還是一種僵化的、片面的和狹隘的自然觀。對於科學的進一步發展會起束縛和阻礙作用。

恩格斯認為，近代科學發展的第二個階段是從一七五五年康德發表《自然通史和天體論》開始到十九世紀末。康德的星雲假說在這種僵化的形而上學的自然觀上打開了第一個缺口，它承認地球和整個太陽系也有自己形成和演化的歷史，「第一次推動」的問題從而被取消。在地質學方面，賴爾在他的研究中指出了地層是通過緩慢變化相繼形成並逐一重疊起來的，在這些地層中，保存著已經死去的動物的甲殼和骨骼以及已不再出現的植物的莖、葉和果實，從而證明了整個地球、地球今天的表面以及生活於其上的植物和動物，都有時間上的歷史。在物理學方面，邁爾、焦爾和格羅夫幾乎同時

總結出了能量守恆和轉化定律，證明了世界上存在著的運動的量是不變的，「一切所謂物理力，即機械力、熱、光、電、磁，甚至所謂化學力，在一定條件下都可以互相轉化，而不發生任何力的損耗」❹。化學自從拉瓦錫以後，特別是道爾頓以後，有了驚人的發展。由於用無機的方法製造出過去一直在活的機體中產生的化學物質，無機界和有機界之間被人們認為不可逾越的鴻溝被逐步填平。在生物學方面，由於有了十八世紀以來系統進行的科學旅行和科學探險，有了對世界各大洲的更精確的考察，此外，還有了古生物學、解剖學和生理學的進步，特別是從系統地應用顯微鏡和發現細胞以來的進步，這一切積聚了大量的材料，使得應用比較的方法成為可能也成為必要。正是通過多方面深入而周密的比較，生物物種變異、生物進化的觀點不斷得到證實，那種固定不變的有機體的僵硬系統被打破，到一八五九年，達爾文勝利地完成了進化論學說。在此之前不久，德國人施萊登和施旺，提出了細胞學說，證明了一切有機體都有共同的發展的基本形式——細胞，整個植物體和動物體都是從細胞繁殖和分化而發展起來的。生物進化的整個進程顯示出：「從一個簡單的細胞開始，怎樣由於遺傳和適應的不斷鬥爭而一步一步地前進，一方面進化到最複雜的植物，另一方面進化到人。」❺

正是十八世紀下半葉以來的一系列的科學成就，特別是十九世紀自然科學的三大發現，充分地表明了自然界的辯證性質：「新的自然觀的基本點是完備了，一切僵硬的東西溶化了，一切固定的東西消散了，一切被當作永久存在的特殊東西變成了轉瞬即逝的東西，

---

❹ 恩格斯，《自然辯證法》，《馬克思恩格斯全集》，卷二〇，頁三六八，人民出版社，一九七一年版。

❺ 同❹，頁五五三。

整個自然界被證明是在永恆的流動和循環中運動著。」❻這些科學材料猛烈地衝擊著舊的形而上學的自然觀，呼喚著辯證唯物主義自然觀的誕生。但是當時「大批自然科學家還是束縛在舊的形而上學的範疇之內，而且在必須合理地解釋這些最新的事實（這些事實可以說是證實了自然界中的辯證法）並把它們彼此聯繫起來的時候，便束手無策」❼。

恩格斯把唯物辯證法的自然觀和形而上學自然觀的對立簡要地作了如下概括：「無論在十八世紀的法國人那裡，還是在黑格爾那裡，占統治地位的自然觀都是：自然界是一個在狹小的循環中運動的、永遠不變的整體，其中有牛頓所說的永恆的天體和林奈所說的不變的有機物種。和這個自然觀相反，現代唯物主義概括了自然科學的最新成就，從這些成就看來，自然界也有自己時間上的歷史，天體和適宜條件下存在於天體上的有機物種一樣是有生有滅的；至於循環，即使它能夠存在也具有無限加大的規模。在這兩種情況下（指在歷史觀和自然觀上——引者），現代唯物主義都是本質上辯證的，而且不再需要任何凌駕於其他科學之上的哲學了。」❽

二　自然界是各種物體聯繫而成的體系

在恩格斯看來，自然界是一個統一的物質世界。但是，這個物質的自然界中的各種事物不是雜亂無章的堆積，而是一個有機的相互聯繫的整體。他說：我們所面對的「整個自然界形成一個體系，

---

❻　同❹，頁三七〇。

❼　同❹，頁五四六。

❽　同❶，頁二八。

即各種物體聯繫的總體」❾。在這裡，「體系(System)」一詞，亦可譯為「系統」。實際上，恩格斯把整個自然界看成一個巨大的系統。他認為，在這個巨大的體系（系統）中，從各種天體到最小的物質微粒，可以分為不同的物質層次。他說：「關於物質構造不論採取什麼觀點，下面這一點是非常肯定的：物質是按質量的相對的大小分成一系列較大的、容易分清的組，使每一組的各個組成部分互相間在質量方面都具有確定的、有限的比值，但對於鄰近的各個組成部分則具有在數學意義下的無限大或無限小的比值。」恩格斯把我們面對的自然界的物質按照質量的不同和空間尺度的大小分為六個層次：「可見的恆星系，太陽系，地球上的物體，分子和原子，最後是以太粒子，都各自形成這樣的一組。情形並不會因我們在各個組之間找到中間環節而有所改變。」❿這裡，恩格斯關於物質層次結構的觀點是非常清楚的。他說的是按質量和空間尺度大小劃分的不同的「組」，也就是不同的層次結構。當然，在不同條件下可以有不同的劃分層次的標準。恩格斯的這個標準對於生命世界的層次結構劃分來說，是不適用的，但對於非生命世界來說，這個標準是重要的。

首先，第一個層次是恩格斯所說的「我們面對的自然界」或「我們的宇宙」，「我們的宇宙島」，也就是所謂總星系。恩格斯說：「我們這個宇宙島和最近的宇宙島的距離，至少應該是8000光年的50倍＝40萬光年。」⓫

組成「我們的宇宙」（總星系）的是恆星系，這是第二個層次。每個恆星系都是一個龐大的由恆星組成的系統。銀河系就是這些眾

---

❾　同❹，頁四〇九。

❿　同❹，頁六一四。

⓫　同❹，頁六二〇～六二一。

多恆星系中的一個。恩格斯根據當時的天文學材料，對銀河的描述
是：「銀河——一系列的環，它們都有一個共同的重心」，「在銀河
區域中，然而是在它的深遠的內部，有一個由7 到11 等星組成的稠
密的環，在這個環外邊很遠很遠是一些集中的銀河環，其中我們能
看見兩個。」「梅特勒假定最外面的銀河環的距離為幾萬光年，也許
為幾十萬光年。」❷ 現在天文學告訴我們，銀河的最大直徑為10萬光
年，質量約為太陽的1.8×10^{11}倍。恆星系和總星系之間，無論就質
量或尺度而言，都「具有數學意義下的無限大或無限小的比值」。「對
於天文學來說，只要超出最鄰近的恆星的範圍來確定我們這個恆星
系的構造，太陽系諸行星的距離和質量就會趨近於零」❸。

　　恆星是比恆星系又低一些的一個層次。太陽是和我們關係最密
切的一顆恆星。因此，恩格斯把太陽系劃為恆星系之下的一個層次。
而我們居住的地球只是太陽系九大行星之一員。無論從質量還是從
尺度上看都比太陽系低一個層次。恩格斯說：「天文學中的地球中心
的觀點是褊狹的，並且已經很合理地被推翻了。但是當我們在研究
工作中愈益深入時，它又愈來愈出頭了。……我們只可能有以地球
為中心的物理學、化學、生物學、氣象學等等，而這些科學並不因
為說它們只對於地球才適用並因而只是相對的，而損失了什麼。」❹
這就是說，人類的實踐活動和科學研究工作到目前為止，只能以地
球作為中心。所以這一層次和它以下的層次對於人來說是更為重要
的。

　　地球上的物體，是指肉眼可見的宏觀物體，從高山大川到沙粒

---

❷　同❹，頁六一八～六一九。

❸　同❹，頁六一五。

❹　同❹，頁五八二。

塵埃，大體上都可歸入同一層次。地球上最高的山峰——珠穆朗瑪峰高度不到十公里，與地球半徑六三七八公里相比，可說是微不足道。所以恩格斯說：「對地球上的力學說來，地球質量已被看作無限大；在天文學中，地球上的物體及與之相當的隕石就被看作無限小。」❺

地球上的物體下一個層次是分子。分子是物體在保持其物理的和化學的同一性不變的條件下分割的極限。分子的質量大約在 10^{-22}～10^{-15}克之間。分子的直徑約為10^{-3}～10^{-7}厘米。恩格斯說：「分子和相應的質量具有完全同樣的特性，正如數學上的微分和它的變數一樣。」❻

分子的下一層次是原子。原子和分子在質量和大小方面的差別雖然不像分子與相對的物體那樣大，但由於它們之間在物理化學性質方面有很大差異，因而在物質結構上把它們分為兩個層次。恩格斯說：「化學把分子分解為原子，即具有更小的質量和體積的量，然而是同次的量，所以二者相互間具有確定的、有限的關係。」❼

恩格斯並不認為原子是物質的最小微粒和最終層次。他說：「原子絕不能被看作簡單的東西或已知的最小的實物粒子。」❽這一論點在當時帶有預斷性質，因為事實上人們的研究還沒有突破原子的水平。當時，恩格斯提出的理由有兩點，其一是化學本身愈來愈傾向於原子具有複雜成分，其二是大多數物理學家都斷言，宇宙以太，

---

❺　同❹，頁六一五。

❻　同❹，頁六一二。

❼　同❹，頁六一四。

❽　同❼。

「同樣地是由非連續的粒子所組成」⑲。雖然現代物理學的發展，推翻了以太存在的觀點，但恩格斯關於原子不是最小的實物微粒而是具有複雜成分的論點，仍然是卓越的。現代自然科學證明，原子由原子核和電子構成。原子核又是由質子、中子等不同粒子構成。而這些所謂「基本粒子」也不是最後的物質層次。

對於物質層次結構的劃分，恩格斯就它們之間的間斷性和連續性的關係問題作了重要論述。在他看來，片面強調連續性而否定間斷性或者片面強調間斷性而否認連續性的觀點都是不對的，他認為應當全面地分析「連續的物質和非連續的物質之間的矛盾」⑳。首先，恩格斯論述了物質結構層次是一個無窮系列，反對把原子看成不可分的最後的「宇宙之磚」的觀點。他指出：「作為物質的獨立存在的最小部分的分子……是在分割的無窮系列中的一個『關節點』，它並不結束這個系列，而是規定質的差別。從前被描寫成可分性的極限的原子，現在只不過是一種關係。」㉑這就是說，物質的層次是一個無窮系列，不同層次有質的差別，分子和原子可以看做從量變到質變的「關節點」，而不能像舊原子論那樣把原子看成最小實物粒子。他還說：「新的原子論和所有已往的原子論的區別，在於它不主張……物質只是非連續的，而主張各個不同階段各個非連續的部分（以太原子、化學原子、物體、天體）是各種不同的關節點，這些關節點決定一般物質的各種不同的質的存在形式。」㉒因此，不能

---

⑲ 同⑰。

⑳ 同④，頁六一六。

㉑ 恩格斯，〈致馬克思〉，《馬克思恩格斯全集》，卷三一，頁三〇九，人民出版社，一九七五年版。

㉒ 同④，頁六三七。

因為承認不同層次之間的非連續性而把統一的物質世界看成是斷裂的；另一方面也不能因為看到物質世界的統一性和連續性而否認不同層次之間存在著質的差別。其次恩格斯也反對抽象的機械的可分性，認為在一定條件下，可分性有一定限度。即使是純粹的量的分割也是有一個極限的，到了這個極限它就轉化為質的差別。如果我們設想，任何一個無生命的物體被分割成愈來愈小的部分，但如果分割到分子，那樣它同所屬的物體在質上已經不相同了。如果對分子進行分割，那麼「只有在質完全變化時才行」❷。例如，在化學中，在一定的範圍內，每個物體都是可分的。但是如果超出了一定的界限，物體就會發生質變了❷，在生物有機體的範圍內，可分性的問題面臨極為複雜的情況。某些低等動物有一定程度的可分性，如把一條蚯蚓切斷，可以變成兩條。縧蟲可以按體節分成許多小縧蟲，在縧蟲那裡，體節在某種意義上也是個體。但是，「哺乳動物是不可分的」❷。只有屍體才能分成一個一個部分。

這裡需要特別強調指出的是，恩格斯在把自然界看作一個由不同物質層次構成的體系（系統）時，他絕不是把這個系統看作一個靜態的系統，而是看作一個永恆運動生生不息的系統。同一層次的物質固然處在不斷的運動變化之中，不同層次的物質之間也處在相互作用、相互轉化之中。整個宇宙「是一幅由種種聯繫和相互作用無窮無盡地交織起來的畫面，其中沒有任何東西是不動的和不變的，而是一切都在運動、變化、產生和消失」❷。就地球來說，「在地面

---

❷　同❹，頁四○三。
❷　同❹，頁五八八。
❷　同❹，頁五八八。
❷　同❶，頁二三。

上是機械的變化（沖蝕，嚴寒），化學的變化（水、酸、膠合物），以及大規模的變動——地面凸起、地震等等」❷。恩格斯認為，今天的片岩根本不同於構成它的黏土；白堊土根本不同於構成它的鬆散的極微小的甲殼；沙石根本不同於海中的鬆散的沙；海中的沙又產生於被磨碎的花崗石等等。在恩格斯看來，地球上的一切運動都是來自太陽在每一瞬間都放出的太陽熱。地球本身只是由於有太陽熱才得以生存下去，而且它自己也把所獲得的太陽熱（在它把這種太陽熱的一部分轉化為其他運動形式以後）放射到宇宙空間去。總之，不同的物質層次都是統一的物質世界的不同的具體存在形式，它們處在不斷的變化運動之中，因而是暫時的，只有物質及其運動是永恆的。恩格斯說：「物質的任何有限的存在方式，不論是太陽或星雲，個別的動物或動物種屬，化學的化合或分解，都同樣是暫時的而且除了永恆變化著、永恆運動著的物質以及這一物質運動和變化所依據的規律外，再也沒有什麼永恆的東西。」❷

三　自然界的物質運動形式

在恩格斯看來，整個宇宙的一切現象，歸根到底都是物質的運動。但是物質運動必取一定的形式，認識物質及其運動，也就是認識物質的運動形式。一八七三年五月三十日，恩格斯在給馬克思的信中明確提出了「運動形式」的概念。他說：「物體只有在運動中才顯示出它是什麼。因此自然科學只有在物體的相互關係中，在物體的運動中觀察物體，才能認識物體。對運動的各種形式的認識，就

---

❷　同❹，頁五五七。

❷　同❹，頁三七九。

是對物體的認識。所以對這些不同的運動形式的探討，就是自然科學的主要對象。」❷在這封信裡，他把自然界的運動形式分為四大類，即機械運動、物理運動（物理學研究的運動形式）、化學運動（化學研究的運動形式）和有機體的運動（生物運動）。後來，在《反杜林論》和《自然辯證法》等著作中，他進一步發展了運動形式的思想，並且通過這一概念，展開了他的自然觀的豐富內容。

恩格斯認為，運動形式經歷著由簡單到複雜、由低級到高級的發展過程，而自然科學的發展，大體上也和這種發展相一致。按照恩格斯的意見，研究運動的性質，應當從運動的最低級、最簡單的形式開始，然後才能對更高級和更複雜的運動形式有所闡明。在自然科學的歷史發展中，情況大體如此：最先發展起來的是關於簡單的位置移動的理論，即天體的和地上的物體的力學，隨後是關於分子運動的理論，即物理學，緊接著或幾乎與之同時而且有些地方還先於它發展起來的，是關於原子運動的科學，即化學。只有隨著力學、物理學和化學的進步，才能有效地闡明各種顯示生命過程的運動進程。

恩格斯認為不同運動形式之間是相互聯繫、相互包含、相互過渡、相互轉化的，「物體的機械運動可以轉化為熱，轉化為電，轉化為磁；熱和電都可以轉化為化學分解；化學化合又可以反過來產生熱和電，而由電作媒介再產生磁；最後，熱和電又可以產生物體的機械運動」❸。低級運動形式是高級運動形式發展的基礎，高級運動形式是由低級運動形式發展而來並把低級運動形式包含於自身作

---

❷　恩格斯，〈致馬克思〉，《馬克思恩格斯選集》，卷四，頁四〇七，人民出版社，一九七二年版。

❸　同❹，頁四一七。

為一種從屬的因素。另一方面，宏觀的物體作機械運動時，它本身的分子、原子以及更低層次的粒子又隨之作各自不同形式的運動。然而，一種運動形式轉變到另一種運動形式總是一種質的飛躍，決不是單純的量變。因而，不同運動形式之間的差別是質的差別，不能歸結為單純量的差別。恩格斯說，一切運動都包含著物質的較大或較小部分的機械運動，即位置移動，所以認識這些機械運動是科學的第一個任務，然而也僅僅是它的第一個任務。這些機械運動並沒有把所有的運動都包括無遺。儘管一切運動形式都是和某種位置移動相聯繫的，但運動形式愈高級，這種位置移動就愈微小。例如，化學家決不會認為，單憑位置移動就能說明，碳藉以成為有機生命的主要承擔者的那些特殊屬性或磷在腦髓中的必要性。然而機械論正是這樣做的，「它用位置移動來說明一切變化，用量的差異來說明一切質的差異，同時忽視了質和量的關係是相互的」❸。

　　恩格斯從物質和運動統一不可分割的思想出發，堅持認為每一種運動形式都有一定的物質形態作為該運動形式的負荷者或承擔者。因此，機械運動形式的負荷者是天體和地上的物體，物理運動形式的負荷者是分子，化學運動形式的負荷者是原子，生物運動形式的負荷者是蛋白體。從一種運動形式向另一種運動形式的過渡，同時也就是從運動形式的一種特定的物質負荷者向另一種特定的物質負荷者過渡。恩格斯說：「當我把物理學叫做分子的力學，把化學叫做原子的物理學，並進而把生物學叫做蛋白質的化學的時候，我是想藉此表示這些科學中一門向另一門的過渡，從而既表示出兩者的聯繫和連續性，也表示出它們的差異和非連續性。」❹這種連續性

---

❸　同❹，頁五九六。

❹　同❹，頁五九五。

表現在一種運動形式發展到它的極限達到最高點時，同時也就是下一個更高運動形式的起點。機械運動遲早會由於運動著的物體之間的接觸而停止。而物體之間的這種接觸或者表現為激烈的碰撞，或者表現為摩擦。在這兩種情況下，外部的機械運動本身消逝了，它轉化為熱運動。在物理運動發展到最高點時便進入了化學運動。恩格斯分析了在伽伐尼電池中化學能轉化為電能的過程，以及在電解槽裡電能轉化為化學能的過程。當電運動達到自己的最高點時，就越出了自己原有的範圍進入了化學運動的領域。但是，恩格斯在把電運動看做物理運動時，並沒有簡單地說分子運動是電的負荷者。而是把電運動的負荷者問題留給科學家去進一步研究。恩格斯說在化學領域，由於道爾頓發現了原子量，已達到了各種結果都具有秩序和可靠性。而電學領域裡，電這種運動形式的性質卻仍然是一個最大的謎，「一個像道爾頓的發現那樣能給整個科學創造一個中心並給研究工作打下鞏固基礎的發現，現在還有待於人們去探求」❸。

當化學領域中運動過程的複雜化達到最高點時，從無機界進入了有機界，進入生物運動形式的領域。恩格斯說：「當化學產生了蛋白質的時候，化學過程就像上述的機械過程一樣，要超出它本身的範圍，就是說，它要進入一個內容更豐富的領域，即有機生命的領域。生理學……不再專門是化學，因為一方面它的活動範圍被限制了，另方面它在這裡又升到了更高的階段。」❹

恩格斯在分析各種不同的物質運動形式及其複雜多樣的相互關係時，指出貫穿於整個無機自然界各種運動形式之中的物質運動的基本形式，就是吸引與排斥的相互作用。他說：「一切運動的基本

❸　同❹，頁四五四。

❹　同❹，頁六〇〇。

形式都是接近和分離、收縮和膨脹，──一句話，是吸引和排斥這一古老的兩極對立。」❸這是恩格斯對各種運動形式的矛盾進行分析得出的一個普遍性哲學結論。恩格斯指出，他在這裡說的吸引和排斥，不是被看做所謂「力」，而是被看做運動的簡單形式，一切運動都存在於吸引和排斥的相互作用中。宇宙中一切吸引運動和一切排斥運動，一定是互相平衡的。也就是說，宇宙中一切吸引的總和等於一切排斥的總和。凡是有吸引的地方，它都必定被排斥所補充。恩格斯批判了那種把重量看作物質性的最一般的規定的觀點。因為物體的重量是引力的結果。這就是說，吸引是物質的必然屬性，而排斥卻不是。但是吸引和排斥像正和負一樣是不可分離的。真正的物質理論必須給予排斥和吸引同樣重要的地位。「只以吸引為基礎的物質理論是錯誤的，不充分的，片面的」❸。

天體的運動都是吸引和排斥的統一。天體的發展史，也是吸引和排斥相互作用，相互轉化的歷史。太陽系是由於吸引漸漸超過原來占統治地位的排斥（由熱產生的膨脹）而形成的。太陽系的生存過程，表現為吸引和排斥的相互作用。其中由於排斥以熱的形式放射到宇宙空間而對這一體系來說逐漸消失，所以吸引愈來愈占優勢。就整個宇宙來說，吸引和排斥的總量是相等的，但在地球上的物體，只有靠外來的推動才能運動起來。推動一停止，運動也就迅速終止。重量是地心引力的結果。因此在地球上吸引占有決定性優勢。排斥或上升運動一定是人工造成的。

在分子運動中，熱是排斥的一種形式，它使固體的分子發生振動，從而減弱各個分子之間的吸引。物體的不同的聚集狀態和熱現

---

❸　同❹，頁四一〇。

❸　同❹，頁五八七。

象，是物體內部分子的吸引與排斥相互作用的宏觀表現。

在靜電和磁的現象中，也有吸引和排斥的兩極之分❸。在這裡，只要吸引和排斥是由靜電或磁所產生，而且能夠毫無阻礙地出現，它們就完全互相補償。在化學運動中，在大多數場合下，化合時產生運動，分解時必須供給運動。在這裡，排斥通常是過程的主動一面，是較多地被供給運動或要求供給運動的一面，吸引是過程的被動一面，是形成剩餘的運動並產生運動的一面❸。

總之，在恩格斯看來，吸引和排斥，不僅是貫穿於一切無機物運動之中，而且是造成無機界物質運動和宇宙演化的根本動力。

四　自然界發展演化的辯證圖景（上）

恩格斯指出：「自然界不僅是存在著，而且是生成著並消逝著。」❸恩格斯對自然科學成果進行辯證綜合所要解決的問題不僅僅是闡明自然界中的不同運動形式，也不僅僅是揭示各個領域中的事物之間的辯證聯繫，更重要的是要在科學提供的豐富材料基礎上，描繪出自然界從低級到高級、從簡單到複雜，從原始的無機物質到有生命物質直到人類的發展的辯證圖景，具體地說就是對太陽系的起源和演化，地球的起源和演化，生命起源和演化以及人類起源和發展這幾個互相銜接的重大問題，給出原則上的辯證唯物主義的回答。儘管當時科學界對這些問題的回答還處在假說階段（直至今天，許多方面基本上也還是一些假說）但畢竟是科學形態的假說。恩格

---

❸　同❹，頁四一五。

❸　同❹，頁四一六。

❸　同❹，頁三六七。這段譯文參照《自然辯證法》德文本作了改動。

斯的論述旨在確定自然觀的基本點，而不是代替自然科學的研究。

Ⅰ. 太陽系的起源與演化

在恩格斯生活的時代，所謂天體起源和演化的問題，實際上並沒有超出太陽系的起源和演化問題的範圍，至於太陽系以外銀河系的起源以及「我們的宇宙」的起源問題還不可能有什麼具體的說法。

恩格斯依據康德─拉普拉斯的星雲假說，論述了太陽系的起源。

一七五五年，康德提出了第一個科學的關於太陽系起源的星雲假說。康德認為太陽系是由同一個星雲物質在萬有引力與斥力的作用下凝聚而成的。當時這個假設沒有引起科學界的應有重視。又過了四十年，法國數學家和力學家拉普拉斯於一七九六年獨立地提出了另一個關於太陽系起源的星雲假說。在這個假說中，他不僅考慮到萬有引力的作用，而且強調了角動量守恆定理在行星形成中的作用。拉普拉斯的假說發表後，得到科學界的充分重視，從而也使人們聯繫到四十多年前康德的類似的假說，並把它們合稱為康德─拉普拉斯星雲假說。

恩格斯認為，在銀河系中，類似我們現在所見到的太陽和太陽系有無數個，它們是「從旋轉的、熾熱的氣團中……由於收縮和冷卻」發展出來的❹。它們處在不同的發展階段。同樣，在銀河系以外的河外星雲，也是很遠的獨立的宇宙島，它們也有自己的發展階段和過程。我們的太陽系中的太陽及其行星與衛星，都是由最初熾熱的雲霧狀的原始星雲通過冷卻和收縮、吸引和排斥，逐步演化而來的。在這樣形成的太陽以及行星和衛星上，最初是熱運動形式占

---

❹　同❹，頁三七一。

優勢。在今天太陽還具有的那樣一種極高的溫度下，是談不上元素的化學化合的；在太陽上發生的機械運動不過是從熱和重量的衝突中產生出來的。在太陽系中，單個天體愈小，便冷卻得愈快。首先冷卻的是衛星，小行星和流星，正如我們的月球早已死滅了一樣。行星冷得較慢，最慢的是作為中心天體的太陽。他說：「拉普拉斯以一種至今還沒有人超過的方式詳細地證明了，一個太陽系如何從一個單獨的氣團中發展起來，以後的科學愈來愈證實了他的觀點。」❹

康德—拉普拉斯的星雲說也遇到許多困難，特別是它無法說明太陽系角動量的特殊分布問題。在此之後，為了克服這種困難，科學家們提出了各種各樣關於太陽系起源的「災變說」來取代星雲假說。但是「災變說」遇到更多困難。經過比較以後，人們發現星雲說仍是很有生命力的假說。眾多的現代星雲論繼承了康德—拉普拉斯星雲假說的優點，力圖克服其中的缺點和錯誤，在新的觀察事實和研究成果的基礎上，把太陽系起源的學說向前推進。

II．地球的起源與演化

地球是太陽系中的一個行星，按照星雲假說，地球和太陽系其他星球有共同的形成史。

恩格斯說，當熾熱的氣狀的原始星雲的溫度下降到一定程度以後，化學親和力開始起作用，以前在化學上沒有分別的元素現在在化學上互相分開來，獲得了化學的性質，相互化合並形成了化合物。這些化合物隨著溫度的下降，隨著物質聚集狀態的分化而出現的汽態、液態和水的時候，行星固有的熱就比中心天體發送給它的熱愈來愈減少。它的大氣層變成我們現在所理解的意義下的氣象現象的

---

❹ 同❹，頁三七一。

活動場所，它的表面成為地質變化的活動場所，在這些地質變化中，
大氣層的雨雪所起的淤積作用，比起從熾熱流動的地心出來的慢慢
減弱的作用就愈來愈占優勢❷。由於液態物質冷卻而產生的原始地
殼，經過海洋、氣象和大氣化學的作用而碎裂，這些碎塊一層層地
沉積到海底。海底的高部隆出海面，又使這樣最初的地層的一部分
再次經受雨水、四季變化的溫度、大氣中的氧和碳酸等因素的作用；
從地心衝破地層爆發出來的，然後再冷卻的熔岩也經受同樣的作用。
這樣，在幾億年間，新的地層不斷地形成，而大部分又重新毀壞，
也變為構成新地層的材料。結果便造成了由各種各樣的化學元素混
合而成的、機研粉末狀的土壤，從而為植物的生長提供了可能。

　　恩格斯關於地球起源的觀點是一種「熱」起源說，即認為早期
地球是從太陽中分逸出來的熾熱的熔融狀態的物質，經過逐步冷卻
和演化才形成現在的地球。但是後來又出現了地球的「冷」起源說，
即認為早期地球是冷的彌漫星雲物質，而後由於放射性元素蛻變等
原因使熱能不斷積聚才使它逐步「熱」起來。關於地殼的形成也出
現了許多新的研究成果和新的假說（如板塊構造和大陸漂移說）。關
於地球上的水圈、大氣圈的形成、演化，關於地核和地幔的形成變
化的歷史過程都有不同的假說。恩格斯並沒有詳細涉及有關地球起
源、演化的各種問題，只是按照康德－拉普拉斯學說粗線條地勾勒
了一個基本輪廓，說明地球和太陽系一樣也有自己生成演化的歷史。

III. 地球上生命的起源和進化

　　恩格斯在描述了太陽系和地球的形成變化的一般過程以後，緊
接著順理成章地論述了地球上生命起源和進化問題。他認為，「生命

───────────

❷　同❹，頁三七二。

的起源必然是通過化學的途徑實現的」**❸**。他對生命本質的規定是：
「生命是蛋白體的存在方式。這種存在方式本質上就在於這些蛋白
體的化學組成部分的不斷的自我更新。」**❹**他說：「如果化學有一天
能夠用人工方法製造蛋白質，那末這樣的蛋白質就一定會顯示出生
命現象，即使這種生命現象還很微弱。」**❺**恩格斯在一百多年前所作
的科學預言，現在已經得到基本證實**❻**。現代生物化學實驗結果已
經證明，構成生命物質的主要成分是蛋白質和核酸，而不單是蛋白
質。當時對核酸及其在生命物質中的地位與作用，人們還是一無所
知的。

關於地球上生命起源的問題，當時的研究還很不夠。所以恩格
斯說得非常簡略，他說：「如果溫度降低到至少在相當大的一部分地
面上不高過能使蛋白質生存的限度，那末在其他適當的化學的先決
條件下，有生命的原生質便形成了。」**❼**雖然當時還根本不能確定蛋
白質的化學式，也根本不知道化學上不同的蛋白質究竟有多少，蛋
白質需要什麼樣的先決條件才能形成「有生命的原生質」，這都沒有
什麼奇怪。但是，恩格斯肯定了生命物質是從無生命物質通過複雜
的化學途徑產生的。他既反對生命永恆的假說，又反對所謂自然發

---

❸ 同❶，頁七九。

❹ 同❶，頁八八。

❺ 同❶，頁九〇。

❻ 中國化學家於一九六五年在世界上第一次人工合成了具有生物活性
的蛋白結晶體牛胰島素。一九七一年，中國化學家又成功地用X 光衍
射法完成了分辨率為2.5Å的豬胰島素晶體和分子結構的測定工作。與
此同時，一九七〇年國外又人工合成了生命物質的另一重要成分——
核酸。

❼ 同❹，頁三七二。

生論的庸俗見解。按照生命永恆說，地球上的生命和物質一樣古老和永存，因為它的胚種是從其他天體上輸入進來的。而自然發生論則認為生命可以直接從無生命物質中產生，如古人所說的腐草化為螢，爛肉自生蛆。恩格斯認為，生命永恆的假說是以蛋白質的永恆性和一切有機物都能由之發展出來的原始形態的永恆性作為前提的，而這兩者都是不能成立的。因為蛋白質是已知的最不穩定的碳化物，蛋白質的存在條件比其他已知的一切碳化物的存在條件都更加無比地複雜，因為這裡不僅增加了物理機能和化學機能，而且還增加了營養機能和呼吸機能。在天體的大氣，特別是星雲的大氣開始時都是熾熱的情況下，在宇宙空間沒有空氣、沒有養料的情況下，蛋白質根本沒有存在的可能。因此，生命永恆的論點是站不住腳的。至於所謂自然發生即認為活的微生物從無機物中直接發生的觀點，也是荒謬的。恩格斯說：在我們知道無構造的原蟲以後，如果還想說明哪怕一個細胞是直接從無生命的物質產生出來而不是從無結構的活的蛋白質產生出來，如果還相信用少許臭水強迫自然界在二十四小時內做完它費了多少萬年才做出的事情，那是愚蠢的。這種假定是同科學的現狀直接衝突的。法國微生物學家巴斯德 (Pasteur, Louis 1822～1895)在他的一系列實驗中證明了，在裝有有機營養液的容器中，微生物（細菌、小菌、纖毛蟲）根本不是從營養液中直接發生的，而是從早已包含於容器中或從外部空氣中落到容器中的胚胎發展起來的，不僅活的微生物不可能自生，而且根本不可能有自生現象。恩格斯認為，巴斯德的「這些實驗是很重要的，因為這些實驗把這些機體，它們的生命，它們的胚胎等等都弄得相當清楚了」❹。但是，對於那些相信自然發生的可能性的人來說，單靠這

---

❹　同❹，頁六四一。

些實驗似乎還不足以駁倒他們的觀點。在恩格斯看來，有機體是經過多少萬年的進化才分化出來的，這中間包含著極為複雜的化學的先決條件。這些先決條件是什麼，在當時還不知道，只有通過長期艱苦的研究，在充分弄清這些條件以後，才有可能通過人工方法從無機物合成生命物質，決不能求助於所謂自然發生。

恩格斯認為，地球上生命的出現是一個巨大的飛躍。最初的生命是比細胞更簡單的蛋白質小塊，它具備了從氧、二氧化碳、阿姆尼亞以及溶解在周圍的水裡的一些鹽中吸取養料的能力，當時還沒有有機的營養料，而它們又不可能互相吞食。它甚至比今天的那些靠吞食硅藻等為生的無核的原蟲還要簡單得多。也許經過多少萬年，才造成了可以進一步發展的條件，這種沒有定型的蛋白質能夠由於核和膜的形成而產生第一個細胞。但隨著這第一個細胞的產生，整個有機界的形態形成的基礎也產生了。恩格斯當時對於從無機物如何經過化學途徑變成有生命的物質還不清楚。現代科學對生命起源的研究更加深入具體，認為生命起源所經歷的化學途徑是：先從無機的小分子發展出有機的小分子，再從有機的小分子發展出生物大分子；然後從生物大分子發展出生物大分子的多分子體系；最後由多分子體系產生原始的生命。以後的發展，根據古生物學和生物進化論的描述，在最初發展出來的原生生物中，有些漸次分化為最初的植物，另一些漸次分化為最初的動物。植物和動物又各自在其生存環境中不斷進化和發展。在動物中，從最初的動物由於進一步分化發展出無數的綱、目、科、屬、種的動物，最後發展出充分發展的脊椎動物，「而最後在這些脊椎動物中，又發展出這樣一種脊椎動物，在它身上自然界達到了自我意識，這就是人」❹。

---

❹ 同❹，頁三七三。

　　對生物的進化和發展，恩格斯主要是依據達爾文的進化論。但他並不是停留在簡單覆述達爾文的論點和材料上，而是既有所遵循，又有所超越。例如對生存鬥爭的概念，他指出，僅僅看到生物界的和諧和合作或者僅僅看到生物界的衝突和鬥爭都是片面的。他說：「自然界中死的物體的相互作用包含著和諧和衝突；活的物體的相互作用則既包含有意識的和無意識的合作，也包含有意識和無意識的鬥爭。因此，在自然界中決不允許單單標榜片面的『鬥爭』。」⑩對於有機體的發展，他並不認為是一種單純的進步，而是認為每一進化同時也是退化，因為它鞏固一個方面的發展，排除其他許多方面發展的可能性。

五　自然界發展演化的辯證圖景（下）

　　人類起源問題，是一個長期爭論不休的古老問題。在恩格斯以前和同時，有許多生物學家曾對這個問題作過認真的探索和研究，他們從胚胎學、解剖學、生理學和生物化學、古生物學等許多方面搜集了大量材料，證明人類與高等動物之間存在著親緣關係。十九世紀初，法國生物學家拉馬克就提出了人類是由猿類演變而來的思想。到十九世紀中葉，達爾文曾依據生物進化和解剖學的事實，證明人類是按照與其他哺乳動物相同的一般型式構成的。在達爾文進化論思想的啟發下，英國科學家赫胥黎 (Huxley, Thomas Henry 1825～1895)論證了人與動物特別是人與猿類的關係，明確提出了猿類是人類的祖先的見解。德國生物學家海克爾 (Haeckel, Ernst Heinrich 1834～1919)等人從胚胎學方面證明在母腹內人的胚胎發

---

⑩　同❹，頁六五二。

展過程,僅僅是我們的動物祖先幾百萬年系統發育過程的一個縮影。這些生物學家和自然科學家雖然提出了人是從猿進化而來的觀點,並且找到了大量證據,但是,到底猿是怎樣進化為人,怎樣由生物學意義上的高級動物變成社會的人,這個問題是他們沒有解決的。恩格斯從辯證唯物主義的高度總結了當時關於人類起源方面的科學成就,系統地論述了從猿到人和勞動創造了人本身的思想,使人類起源問題的研究突破了生物學的界限而進入社會科學領域。

恩格斯在《自然辯證法》中,關於人類起源問題有多處論述,特別集中、完整的論述是他於一八七六年六、七月間所寫的《勞動在從猿到人轉變過程中的作用》這篇專題論文。他指出,從起源來說,人是自然界漫長發展的產物,人類起源於動物。但人在本質上不同於一般動物,也不同於與人類最近似的古猿。從古猿轉變到人經歷了一個漫長的發展過程。起初是由於生存環境的變化,迫使古猿脫離森林到地面上生活。在新的生活條件下,由於自然選擇的作用,古猿從原有一定程度分化的四肢和由開始下地時的半直立姿勢逐步過渡到能夠直立行走,從而完成了「從猿轉變到人具有決定意義的一步」❺。直立行走同時也意味著手和腳進一步分化。我們的祖先在從猿轉變到人的幾十萬年中逐漸學會了使自己的手適應於一些動作,從使用天然工具逐步過渡到能夠製造和使用工具,這種被製造出來的工具也從簡單到愈益複雜。這樣,手通過製造和使用工具而變得更加自由並不斷獲得新的技巧。所以,「手的發展不是孤立的器官,它還是勞動的產物」❺。手的發展不是孤立的事件,而是與整個身體的相應的發展相聯繫的。隨著直立行走的加強和勞動活

---

❺　同❹,頁五〇九。

❺　同❹,頁五一一。

動的增多，必然導致整個身體其餘部位包括咽喉和聲帶的相關發展。這就創造了能夠利用各種清晰的音節說話的可能性。而直立行走還擴大了視界，從而可以獲得更多的信息，也有利於腦的發展。另一方面，勞動的發展，必然促進最初人類的社會化程度的提高，社會成員更緊密地互相結合。在互相幫助和共同協作中，人與人之間的聯繫和交往不斷發展，終於到了「彼此間有些什麼非說不可的地步了」㊼。這樣便產生了最初的語言。

恩格斯認為，語言是從勞動中並和勞動一起產生和發展起來的。「首先是勞動，然後是語言和勞動一起，成為兩個最主要的推動力，在它的影響下，猿的腦髓就逐漸地變成人的腦髓」㊿。在腦髓進一步發展的同時，與之密切聯繫的感覺器官也進一步發展起來了。腦髓和為它服務的器官，愈來愈清楚的意識以及抽象能力和推理能力的發展，又反過來為勞動和語言的發展提供愈來愈新的推動力。這樣，「人猿相楫別」，二者的差別越來越大了，在恩格斯看來，勞動、語言和思維，都是人區別於猿的重要特徵。當然最基本的區別，還是勞動。勞動是從創造工具開始的。我們所發現的最古老的工具是打獵工具和捕魚的工具，而前者同時又是武器。打獵和捕魚的前提是從只吃植物轉變到同時也吃動物的肉。這種既吃植物也吃動物的習慣，大大促進了正在形成中的人的體力和腦髓的成長、發展。肉類食物引起了兩種新的有決定意義的進步，即火的使用和動物的馴養。前者縮短人的消化過程，後者則和打獵一起開闢了新的更經常的肉食食物的來源。「這兩種進步就直接成為人的新的解放手段」㊾。

㊼　同❹，頁五一二。

㊿　同❹，頁五一三。

㊾　同❹，頁五一六。

由於手、發音器官和腦髓不僅在每個人身上，而且在社會中共同作用，人才有能力進行愈來愈複雜化的活動，提出愈來愈高的目標。人不僅學會吃一切可吃的東西，而且也學會獨立自主地在各種不同的氣候下生活。為了適應在不同氣候條件下的生活，人類發明了製衣和蓋房，從而開闢了新的勞動領域以及由此而來的新的活動。勞動本身一代一代地變得更加不同、更加完善和更加多方面，人類的社會生活領域也愈來愈廣闊複雜。這些就使人類離開動物愈來愈遠了。

六　人與自然界的辯證關係

自從在世界上出現了人，就產生了人與自然界的相互關係。恩格斯對這個問題作了多方面的思考和論述。

首先，他認為，人是自然界的產物，自然界是人類存在和發展的物質前提，是人類一切活動的客觀基礎。他說：「我們連同我們的肉、血和頭腦都是屬於自然界，存在於自然界的。」❺他在談到人的思維和意識的物質的起源時說：思維和意識都是人腦的產物，而人本身是自然界的產物，是在他們的環境中並且和這個環境一起發展起來的，因此，人腦的產物，歸根到底是自然界的產物。

其次，恩格斯在肯定人是自然界的產物的同時，特別強調人不是消極被動地適應自然界而是積極能動地改造自然界。他說：「自然科學和哲學一樣，直到今天還完全忽視了人的活動對他的思維的影響；它們一個只知道自然界，另一個只知道思想。但是人的思維的最本質的和最切近的基礎，正是人所引起的自然界的變化，而不單

---

❺　同❹，頁五一九。

獨是自然界本身，人的智力是按照人如何學會改變自然界而發展的。
因此，自然主義的歷史觀是片面的，它認為只是自然界作用於人，
只是自然條件到處在決定人的歷史發展，它忘記了人也反作用於自
然界，改變自然界，為自己創造新的生存條件。……地球的表面、
氣候、植物界、動物界以及人類本身都不斷地變化，而且這一切都
是由於人的活動。」❺在恩格斯看來，人和動物的本質區別就在於人
能通過他所作出的改變為自己的目的服務，因而人能在自然界打上
自己意志的印記。人的活動所改造和影響的自然界即馬克思稱之為
「人化自然」，也就是恩格斯所說的打上人類意志印記的那一部分自
然界。雖然這一部分自然界在無限的宇宙中只占極其微小的一部分，
但卻是對人類來說關係最密切、最重要的一部分。

　　再次，恩格斯在談到人對自然界的改造時，特別強調人們不能
急功近利，為了取得近期的利益而破壞自然界的生態平衡。他警告
說：「我們不要過分陶醉於我們對自然界的勝利。對於每一次這樣的
勝利，自然界都報復了我們。每一次勝利，在第一步都確實取得了
我們預期的結果，但是在第二步和第三步卻有了完全不同的、出乎
預料的影響，常常把第一個結果取消了。」❺

　　為了證明他的這一結論，他舉了許多關於人類因濫用自然資源
而遭到自然界無情報復的實例：美索不達米亞、希臘、小亞細亞以
及其他各地的居民，為了想得到耕地，把森林都砍光了，但是他們
連做夢也沒有想到，這些地方今天竟因此變成了荒蕪不毛之地。阿
爾卑斯山的意大利人，在山南砍光了在北坡被十分細心地保護的松
林，他們沒有預料到，這樣一來，他們區域裡進行高山畜牧的基礎，

----

❺　同❹，頁五七三～五七四。

❺　同❹，頁五一九。

因此而被摧毀；他們更沒有想到，他們這樣做，竟使山泉在一年中的大部分時間內枯竭了，而在雨季又使更加凶猛的洪水傾瀉到平原上。歐洲傳播、栽種馬鈴薯的人，並不知道他們同時也把瘰癧病和這種多粉的塊根一起傳播過來了。因此，恩格斯告誡人們，決不能像征服者統治異民族一樣去統治和征服自然界，而是要認識和正確運用自然規律，要學會估計我們生產行動比較遠的自然影響，還要學會預見這些行動間接的、比較遠的社會影響，從而有可能支配和調節這種影響。一百多年前，恩格斯所說的生態環境問題，對今天的人類來說愈來愈顯得突出起來了。人們從工業生產中謀取直接有用的產品，然而工業生產和許多工業產品中產生的大量二氧化硫、氮氧化合物造成的酸雨則成了嚴重威脅人類和各種生物生存條件的「空中死神」。各種金屬元素排放進大氣、水中和土壤內，破壞了原有的人體微量元素豐度和地球環境元素的豐度的統一性，威脅著人類的健康。超音速飛機、化肥、農藥、氟里昂等的使用，破壞著保護地球上生命的臭氧層，大量含碳的化石燃料的使用，森林的過量採伐和破壞，增加了大氣中二氧化碳的含量，帶來了「溫室效應」。此外，由於人類的活動根本改變了許多野生生物生活的環境，加之由於人類的濫捕濫殺，使野生生物消失的過程大大加快，許多物種瀕於滅絕。這種情況又反過來使人類生存的自然環境惡化。面對這些嚴峻的情況，再來看一百年前恩格斯關於人類要注意自己行動的較遠影響，防止大自然對我們的無情報復的呼籲，不是會更感到發人深省嗎？

總的說來，地球上的生物和整個人類還處在如日中天的旺盛發展時期。但是，恩格斯是徹底的辯證論者，他堅信「一切產生出來的東西，都一定會滅亡」。太陽系也好，地球也好，地球上的生命也

好，也許經歷過多少億年，也許會有多少萬代生生死死，但終究有一天地球上的有機生命的最後痕跡將無情地逐漸消失，地球「將在深深的黑暗裡沿著愈來愈狹小的軌道圍繞著同樣死寂的太陽旋轉，最後落到它上面。其他行星也將遭到同樣的命運」，「代替安排得和諧的、光明的、溫暖的太陽系的，只是一個冷的、死了的球體在宇宙空間裡循著自己的孤寂的道路行走著」❺❾。這種關於地球、太陽系的毀滅，關於其他宇宙天體的必然毀滅的推斷，對今天和未來若干萬年的地球上的生物來說，並沒有什麼具體現實的意義。然而，這個無情的結論又是必然會得出來的。

應當指出，恩格斯不是一個悲觀主義者，更不是像宗教家那樣來宣告什麼世界的末日，而是作為一個徹底的辯證論者，從冷靜的哲學思考中得出必然的推論。但他的推論並沒有到此為止。因為他所論及的宇宙不僅僅是太陽系或銀河系，也不僅僅是我們的宇宙，而是包含無數個宇宙島的無限宇宙。對這個無限宇宙來說，不可能出現所謂「宇宙的熱寂」或「宇宙的死滅」。因為按照運動不滅和能量不滅的原理，放射到太空中去的熱一定會通過某種途徑轉變為另一種運動形式，在這種運動形式中，它能夠重新集結和活動起來，從而有可能使已經死寂的太陽重新轉化為熾熱的星雲，重新開始它包含著無數偶然性的曲折的演化歷程。

恩格斯認為，在無限時間內物質運動的循環和重複的連續更替，是無限空間內無數宇宙同時並存的邏輯補充。但是這種循環，具有無限加大的規模，我們的地球年代是不足以作為其量度單位的。不論這個循環在時間和空間中如何經常地和如何無情地完成著，不論有多少百萬個太陽和地球的產生和滅亡，不論要經歷多長時間才

❺❾　同❹，頁三七五。

能在一個太陽系而且只在一個行星上造成有機生命存在的條件，不論有無數的有機物一定產生和滅亡，然後具有能思維的腦子的動物才從它們中間發展出來，在一個短時間內找到適於生活的條件，然後又殘酷地被消滅，恩格斯仍然確信：「物質在它們一切變化中永遠是同一的，它的任何一個屬性都永遠不會喪失，因此，它雖然在某個時候一定以鐵的必然性毀滅自己在地球上的最美的花朵——思維著的精神，而在另外的某個地方和某個時候一定又以同樣的鐵的必然性把它重新產生出來。」⑩這當然是一種推測：一種大膽的推測。它不僅推測了太陽系和行星、地球上的生命（包括人類自身）的毀滅，而且也推測了「死去的星球」以鐵的必然性而重新復活。對於這些推測，當然無法加以直接的證實或證偽，但它可以滿足人們在理論徹底性上的需要。

七　從現代自然科學看恩格斯的自然觀

在恩格斯逝世後到現在的一百年的時間裡，自然科學發生了巨大變化和突飛猛進的發展。在恩格斯時代形成的各門科學中許多科學觀念也發生了激烈的改變或受到猛烈衝擊。那麼，怎樣從現代自然科學的角度來看待恩格斯主要在十九世紀自然科學成就，特別是能量守恆和轉化、細胞學說和進化論三大發現基礎上建立的自然觀，這是一個我們研究恩格斯哲學思想時不能不加以回答的重要問題。

在這個問題上，有兩種對立的觀點，我們認為都是片面的。一種是前蘇聯哲學界的觀點，認為現代自然科學的發展是對恩格斯自然辯證法觀點的光輝的證實，今天自然科學的發展只是「給恩格斯

⑩　同❹，頁三七九。

的哲學結論和哲學總結充實了生動的材料」❻。他們強調恩格斯自然辯證法觀點對未來自然科學的指導性和預見性，但是看不到或不願看到恩格斯認識上的不可避免的局限性和理論概括上存在的一些不完善、不正確之處。這種觀點同恩格斯自己的看法也是不一致的。恩格斯本人一貫反對所謂「終結真理」和「永恆真理」的觀點，認為在天體演化學、地質學和人類歷史等領域中，由於歷史材料不足，認識甚至永遠是有缺陷的、不完善的，所以將來的後代「糾正我們的錯誤」，大概要比我們糾正前代人的錯誤要多得多。他甚至說，「也許理論自然科學的進步，會使我們工作的絕大部分或全部成為多餘的」❼。

　　另一種觀點認為恩格斯的自然觀隨著現代自然科學的發展，已經變得毫無價值可言。這種看法的不妥之處在於，第一，恩格斯的自然觀，作為一種哲學思想，不僅僅是當時自然科學的產物，而且是人類理論思維發展的產物。在哲學史上，甚至古代哲學家的自然觀，在今天仍然具有它的一定理論價值，恩格斯的自然觀批判地吸取了以往自然觀的材料並且綜合了當時自然科學的成果，怎麼會變成毫無價值的東西呢？第二，就自然科學的發展來說，並不是後代的科學理論完全否定前代的理論，中間沒有任何連續性和繼承性。恩格斯依據十九世紀自然科學成果作出的理論概括，並不會因為後來出現了新的科學理論而完全失效。科學的發展總是有所繼承，又有所突破，有所積累，又有所超越。在科學基礎上概括出來的哲學思想當然也是如此。

---

❻　烏克蘭科學院哲學研究所編，《恩格斯與現代自然科學》中譯本，頁三九，中國社會科學出版社，一九八四年版。

❼　同❶，頁一五。

應當承認，隨著現代自然科學的發展，恩格斯的自然觀或自然辯證法中有許多論斷已經失效或者被證明為不確切和不完善的，需要依據新的科學發現加以糾正和補充。恩格斯在當時，就曾經多次由於情況的變化和形勢的發展而修改原來過時了的或不確切的觀點。例如，他說，在一八四三年在曼徹斯特他自己曾「傲慢無知地嘲笑過哺乳動物會下蛋」的看法，後來事實證明鴨嘴獸就是這樣的哺乳動物時，在給一位朋友的信中說自己「事後不得不請求鴨嘴獸原諒」❸。他自己深知由於當時自然科學本身發展不充分而不可避免使已經確立的自然觀存在著細節上的缺陷。他說：「如果我們想到科學的最主要部門——超出行星範圍的天文學、化學、地質學——作為科學而存在還不足一百年，生理學的比較方法還不足五十年，而差不多一切生物發展的基本形式即細胞被發現還不到四十年，那麼這種證明在細節上怎麼能夠沒有缺陷呢？」❹

現在，我們可以毫不費力地舉出許多說明這種細節上缺陷的例子。恩格斯在依據不同運動形式及其物質承擔者來界定自然科學的各門學科時，把物理學看成是研究分子運動的科學，化學是研究原子運動的科學。現在看來，這種說法是過時了。事實上，在古典物理學研究的物理現象中，只有熱、聲是分子運動的結果，而電、磁、光則都不是。現代物理學主要研究分子、原子、原子核和基本粒子的運動形式。物理運動的物質承擔者包括分子聚集態和離子聚集態（等離子體）、分子、原子、原子核、基本粒子以及各種場。原子以下的層次，主要屬於物理運動形式。而原子、分子、聚集狀態則是

❸ 恩格斯，〈致康・施米特〉，《馬克思恩格斯選集》，卷四，頁五一八，人民出版社，一九七二年版。

❹ 同❹，頁三七一。

與化學運動形式共有的物質承擔者，此外，原子、分子的波粒二象性運動，大量原子、分子的熱運動，各種聚集態的一般運動，與聚集態的物理性有關的各種微觀粒子在聚集態中的運動都包括在物理運動形式之中。物理學包括力學。因此位置移動也應包括在物理運動中。但恩格斯那時真正得到研究的力學只是天體和地球上物體的力學。現在，人們知道，那時研究的位置移動只是最簡單的一種，而相對論、量子力學則研究了比較複雜的位置移動。至於化學運動，則涉及到三個物質層次而不是一個，最主要的是分子層次。化學反應主要是指分子原子兩個層次之間的轉化、質變。分子這一層次是無機界結構層次中最具多樣性的一個層次。現代化學可以有廣義、狹義兩種定義。狹義的化學是「研究物質分子及其聚集態的組成、結構、性質和變化規律的科學」，廣義的化學是「研究從基本粒子到生物大分子的各層次的粒子的質變的科學」⑥。

　　關於生物運動形式，當時恩格斯說，生物學是蛋白質的化學。「生命是蛋白體的存在方式，這種存在方式本質上就在於這些蛋白體的化學組成部分的不斷自我更新」⑥。恩格斯當時也意識到這個定義的不充分性。現在生物科學進入了分子生物學時代。現代分子生物學研究表明，核酸和蛋白質都是生命的重要物質基礎，但核酸的功能比蛋白質更為重要，它是遺傳信息的攜帶者，生物體的遺傳特徵主要是由核酸來決定的，它指導蛋白質的合成。至於生命的本質特徵到底是什麼？目前沒有一致的意見。但恩格斯所說的「不斷的自我更新」即代謝，看來不準確。因為已知病毒就沒有代謝系統，

---

⑥　徐光憲，《辯證自然觀與化學進化》，《方法》試刊第一期，一九八三年。

⑥　同❶，頁八八。

或代謝系統很不完善，當它獨立存在時，缺乏獨立進行新陳代謝的能力，但它仍是一個活的生物。當它進入宿主細胞後，運用自己體內的 DNA，在宿主細胞內指導蛋白質的合成，從而完成自我複製，表現了生命特徵。自我複製是所有生物有機體的一個基本屬性。這些都表明，恩格斯的定義已經陳舊。但它在科學探索生命本質的歷程中，無疑曾經是一個重要的出發點。

關於數學的應用，恩格斯曾經說過：「數學的應用，在固體力學中是絕對的，在氣體力學中是近似的，在液體力學中已經比較困難了；在物理學中多半是嘗試性的和相對的，在化學中是最簡單的一次方程式；在生物學中＝０。」⑰ 現在不僅生物學需要運用數學，而且出現了生物數學。化學中對數學的應用也遠遠超出一次方程式的範圍。甚至在社會科學領域中，數學也得到了較廣泛的應用，如經濟學方面出現了數量經濟學。

關於時空無限性的觀念，恩格斯批判了牛頓絕對時空觀的形而上學性，揭示了時空與物質運動的不可分離的聯繫。但是，恩格斯所說的時間和空間的無限性，就是「沒有一個方向是有終點的，不論是向前或向後，向上或向下，向左或向右」⑱。實際上，恩格斯仍然把時空看作均勻的物質存在形式，時空本身的特性是不變的。這種看法仍然沒有擺脫牛頓時空觀的影響。當時沒有把時空與物質運動的不同速度以及不同的參考系相聯繫來加以考察。愛因斯坦的狹義相對論告訴我們，從不同的慣性系測量物體的長度和時間，會產生尺縮鐘慢效應，同時性是相對的不是絕對的，發生在同一慣性系不同地點的兩件事，從該慣性系去測量如果是同時的，從另一個

---

⑰ 同❹，頁六一六。

⑱ 同❶，頁五四。

慣性系上看就是不同時的。廣義相對論進一步指出，時間和空間的性質與物質的存在狀態有關。在引力場中，時間將延長，相對於場外的某物，鐘（或原子過程）的運行會變慢，空間將彎曲，光線因引力的作用不再走一條直線。廣義相對論認為引力場相當於時空具有一定的曲率。引力場的強弱因物質分布的密度不同而有所不同。凡是物質分布密緊，引力強度大的地方時空的彎曲就大，反之，物質分布稀疏，引力場強度小的地方，時空就較平直。不同曲率的空間，可以用不同的幾何來描述。均勻的平直的空間可以用歐幾里德幾何學來描述。這些關於時空觀和新的科學成果的新的結論，顯然是當時恩格斯所沒有任何預示的。這些新的研究成果同恩格斯所說時間和空間是物質存在的基本形式的觀點應當說是一致的。但不能說恩格斯預見了相對論時空觀。恩格斯當時所論述的空間顯然只能是平直和均勻的空間，當時還沒有非歐幾何出現。所以恩格斯曾把三角形三內角之和等於一百八十度看作「永恆真理」的實例之一。可是如果從適用於曲率不等於零的非歐幾何來看，三角形三內角之和則可以大於一百八十度或小於一百八十度。

　　關於物質形態，在恩格斯時代，人們基本上還是把物質看成是實物或事物。恩格斯在對「物質」概念進行界說時，也總是把「物質」看成是「各種實物的總和」。雖然他有許多說法是對實物層次的突破和深入，但總的來說更多地還是從實物形態上來說明物質。因為當時科學還不知道「場」（如引力場、電磁場等）也是物質的形態。

　　我們還可以舉出更多的事例來說明恩格斯不可避免地受到當時科學發展水平的局限。他根據當時科學研究成果作出的論斷，有的由於自然科學的新發展而失效，有的需要依據新的事實和新的研

究結果而加以補充和修改。甚至對辯證法某些規律、範疇和原理的表述也需要依據現代科學的材料加以改變。但是，恩格斯要比當時許多自然科學家站得高些看得遠些。他堅決地批判了神學的自然觀，黑格爾的唯心主義的自然觀，形而上學機械論的自然觀，堅持用自然界本身的事實說明自然界，對世界的物質性，物質的運動形式，物質運動的普遍規律作了科學的系統的闡述，對當時已有的自然科學材料進行了深刻的辯證的綜合。他對當時在自然科學中流行的錯誤傾向，諸如經驗主義、神秘主義、不可知論、社會達爾文主義、庸俗唯物主義等，都進行了有針對性、有說服力的分析和批判，提出了中肯的和卓越的見解。他沒有受當時的機械的和線性的因果決定論的思想的束縛，而是認為事物的相互作用和普遍聯繫比因果觀念更具根本意義。他在考察當時的原子學說時，堅持認為原子不是最後的不可分的物質粒子。他在確定整個自然界的無休止的運動變化，論述宇宙天體、太陽系、地球、生物物體和人類自身的起源和歷史發展時，全面而又非常謹慎地作出哲學論斷，把握住了科學提供的材料的總體聯繫，而把許多具體的、細節上的空缺留待科學自身發展去解決。應當實事求是地承認，恩格斯的自然觀既來源於當時科學成果，又超越了這些成果。在許多方面確有重要的預見。它的基本思想在今天仍然沒有過時，仍然有其強大的生命力。總之，我們既不能用僵化的觀點看待恩格斯的自然觀，也不能用輕浮的態度對待它。

第五章　唯物主義歷史觀

恩格斯的自然觀和歷史觀雖然是可以相對分開的兩個部分，但作為他的整個哲學思想體系核心的東西是他的唯物主義的歷史觀。在他的自然觀中，也滲透了歷史觀的内容。

恩格斯在馬克思的墓前演說中談到馬克思的理論貢獻時說過：「正像達爾文發現有機界的規律一樣，馬克思發現了人類歷史的發展規律。」❶這就是說，馬克思創立了唯物主義的歷史觀。在其他許多場合，恩格斯也說過同樣意思的話，即把創立唯物主義歷史觀的主要功績歸於馬克思。這當然是事實。但這並不意味著恩格斯在創立和發展唯物主義歷史觀上沒有作出過獨特而重要的貢獻。

恩格斯的唯物主義歷史觀經歷了一個形成和發展過程。大體上說，在他一八四二年到一八四四年在曼徹斯特期間，通過實際接觸和親身調查英國社會狀況和工人階級狀況，認識到基於物質利益的階級鬥爭對社會的政治生活和經濟生活產生重大影響，也認識到人民群眾的偉大力量，特別是工人階級的偉大作用。這些思想體現在他的《政治經濟學批判大綱》、《英國工人階級狀況》和發表在《德法年鑑》上的關於英國狀況的幾篇文章之中。這是他的唯物史觀的萌

---

❶　恩格斯，《在馬克思墓前的講話》，《馬克思恩格斯選集》，卷三，頁五七四，人民出版社，一九七二年版。

芽階段。自從一八四四年秋他和馬克思在巴黎的歷史性會晤以後，他先後和馬克思共同寫作了三部重要著作，即《神聖家族》，《德意志意識形態》和《共產黨宣言》。這是他和馬克思共同制定唯物主義歷史觀的重要成果。這些著作，特別是後兩部著作，標誌著馬克思主義的唯物主義歷史觀的誕生。這是他的唯物主義歷史觀成熟階段。此後的四十多年中，恩格斯不僅是唯物主義歷史觀的熱情宣傳者和忠實的捍衞者，而且把唯物史觀運用於廣闊的社會科學理論領域和實際生活領域，特別是在軍事、宗教、道德和文學藝術等方面，作出了獨特的理論貢獻。在晚年他對歷史唯物主義作了進一步完善和補充，特別是對原始社會的研究，填補了歷史唯物主義理論中的空白，對上層建築的相對獨立性和能動反作用問題，對社會歷史中多種因素的交互作用和多種力量形成合力問題，歷史中偶然性和必然性的關係等問題作了進一步的論述，補充了以往論述中的不足。這是他的唯物主義歷史觀的運用、完善和發展的階段。

我們在以下的敘述，按照思想內容本身的聯繫和敘述的方便，先從恩格斯的原始社會理論開始，然後再論及他對歷史唯物主義關於社會歷史的一般規律和原理的觀點。

一　恩格斯的原始社會理論

馬克思和恩格斯在創立唯物主義歷史觀時，對古代原始社會的了解還停留在一般的抽象的議論上，當時對全部成文史以前的社會組織，對於無階級的原始社會，幾乎還完全沒有人知道。所以他們所分析的人類歷史，實際上是階級社會以來的歷史。這一點在《共產黨宣言》開頭第一句話中便可清楚地看出來。這句話是：「到目

前為止的一切社會的歷史都是階級鬥爭的歷史。」❷只是後來由於研究古代社會的各種文獻資料不斷出現，特別是美國民族學家和人類學家摩爾根的《古代社會》一書，提供了更加豐富、翔實的關於原始社會的材料，才揭示了原始共產主義社會的內部組織的典型形式，開闢了史前歷史研究的新時期。恩格斯像馬克思一樣很早就注意對古代社會的研究。當他們看到摩爾根的著作以後，便給予了高度重視和崇高評價，認為摩爾根的《古代社會》是在論述社會的原始狀況方面，「像達爾文學說對於生物學那樣具有決定意義的書」，「摩爾根在他自己研究領域內獨立地重新發現了馬克思的唯物主義歷史觀」❸。恩格斯利用了馬克思的筆記和摩爾根等人關於古代社會的著作，結合自己以前研究的成果，寫出了《家庭、私有制和國家的起源》這部重要著作。有了對古代原始社會的歷史唯物主義的研究成果，才使馬克思主義關於社會歷史的理論貫穿到人類歷史的開端而沒有留下空白，也才使歷史唯物主義關於階級、階級鬥爭和社會發展的理論有了更加堅實的理論起點。

Ⅰ. 原始社會的兩大階段

　　恩格斯把原始社會分為蒙昧時代和野蠻時代兩大階段，每個時代又分為低級、中級和高級階段。蒙昧時代是以採集現成的天然產

---

❷　馬克思和恩格斯，《共產黨宣言》，《馬克思恩格斯選集》，卷一，頁二五〇，人民出版社，一九七二年版。恩格斯在一八八八年出版的《共產黨宣言》英文版中加了一條重要的註，註中說，到目前為止的一切社會的歷史「確切地說，這是指有文字記載的歷史」。

❸　恩格斯，〈致卡‧考茨基〉，《馬克思恩格斯選集》，卷四，頁四四二，人民出版社，一九七二年版。

物為主的時期。這時的人是從猿到人的過渡時期中「正在形成的人」，這是原始社會的最初階段，是「人類的童年」。蒙昧時代的中級階段開始於完全形成的人的出現和人類學會製造工具。這個階段是原始社會發展的一個重要時期。在這個時期，人類從使用天然工具的前勞動進入製造工具的真正勞動並且學會了用火，「第一次使人支配了一種自然力，從而最終把人同動物界分開」 ❹。蒙昧時代的高級階段從弓箭的發明開始，打獵成了普通勞動部門之一。弓箭的發明和使用需要有發達的智力和長期積累的經驗，還要同時熟悉其他許多發明。恩格斯說：「弓箭對於蒙昧時代，正如鐵劍對於野蠻時代和火器對於文明時代一樣，乃是決定性的武器。」 ❺

野蠻時代是學會經營畜牧業和農業的時期，也就是學會靠人類的活動來增加天然產物的生產方法的時期。在此以前，人們可以把發展過程看作是一般的、適用於一定時期的一切民族，不管其生活的地域如何。但進入野蠻時代以後，由於自然條件的差異，兩個半球上的居民從此以後便各自循著自己獨特的道路發展。「野蠻時代特有的標誌，是動物的馴養、繁殖和植物的種植」 ❻。在野蠻時代的低級階段，人們只是直接為了自身的消費而生產；偶爾發生的交換行為也是個別的。在野蠻時代的中級階段，游牧民族已有牲畜作為財產，這種財產到了相當數量的畜群的時候，就可以經常提供超出自身消費的若干剩餘，從而有了經常進行交換的可能。在這個階段，

❹ 恩格斯，《反杜林論》，《馬克思恩格斯全集》，卷二〇，頁一二六，人民出版社，一九七一年版。

❺ 恩格斯，《起源》，《馬克思恩格斯選集》，卷四，頁一九，人民出版社，一九七二年版。

❻ 同❺。

出現了第一次社會大分工，即原始農業和原始畜牧業的分工。在野
蠻時代的高級階段，出現了第二次社會大分工，即農業和手工業的
分工。新的分工使業已出現的私有制和奴隸制進一步發展。

經歷了野蠻時代之後，人類進入了文明時代。恩格斯把文字的
發明和應用於文獻記錄作為文明時代開始的標誌，這大體上也是人
類進入階級社會的標誌。

現在學術界對早期人類社會的分期，已不再沿用摩爾根的這種
關於分期的說法了，而是按照生產工具發展的不同水平把早期社會
歷史劃分為舊石器時代、新石器時代、青銅時代和鐵器時代等。或
者把生產力和生產關係統一起來，將原始社會分為原始群和原始公
社兩大時期，後者又可劃分為母系氏族公社和父系氏族公社等，或
者按人類自身的體質形態的發展狀況分為正在形成中的人和完全形
成的人兩個階段，後者又分為若干小階段。總之有多種分法。但恩
格斯在這裡敘述的基本思想仍然是有效的。

II. 婚姻、家庭的起源和發展規律

恩格斯肯定了家庭是一個歷史的範疇，有其形成和發展的過
程。他認為，在人類的童年時代，即蒙昧時代，存在過一個沒有婚
姻規範，沒有家庭關係的雜亂性交的時期。「所謂雜亂，是說後來由
習俗所規定的那些限制那時還不存在」 ❼。在這種雜亂狀態下，每
個女子屬於每一個男子，每一個男子也屬於每一個女子，沒有輩分、
血親關係和任何其他婚姻規範、習俗的限制。

隨著正在形成中的人轉變為完全形成的人，隨著生產和習俗的
發展，人類的兩性關係也從最初的雜亂狀態發展到具有一定習俗制

---

❼ 同❺，頁三一。

度和一定限制的婚姻形式。恩格斯按照摩爾根提供的材料，考察了在人類歷史上先後出現的四種婚姻和家庭形式：

第一，血緣家庭(The Consanguine Family, 血婚制家庭)。這是人類婚姻家庭發展史上第一種群婚制家庭。這裡的婚姻集團是按照輩分來劃分的。它排除了上下輩之間（祖輩和子孫之間、雙親和子女之間）的性關係，而同一輩的各類兄弟姊妹，不管他（她）們的血統的遠近，都一概互為夫妻。

第二，普那路亞家庭 (The Punaluan Family)。普那路亞在印第安人語言中是親密的同伴、伙伴的意思。這種婚姻形式不僅排除上下輩男女之間的性關係，而且排除了同輩的兄弟姊妹之間的性關係。這一進步是逐漸實現的，大概先從排除同胞的（即母方的）兄弟和姊妹之間的性關係開始，最後逐步發展到甚至禁止旁系兄弟和姊妹之間的性關係。普那路亞家庭是一種新的群婚制，它標誌著人類的婚姻關係由血親婚配發展到非血親婚配，由族內婚進入到族外婚。這對人類種族的健康繁衍起了重要促進作用。同時，這種群婚制引起了母系氏族的誕生。這種母系氏族「組成一個確定的、彼此不能結婚的女系血緣親屬集團；從這時起，這種集團就由於其他共同的社會制度和宗教制度而日益鞏固起來，並且與同一部落內的其他氏族區別開來了」❽。

第三，對偶家庭(The Pairing Family)。這是一種在或長或短時期內的成對配偶制。它由一個男子和一個女子組成配偶，但雙方可以輕易離異。這種情況在群婚制度下就已經發生。但是，習慣上的成對配偶制，隨著氏族的日趨發達，隨著不許互相通婚的兄弟和姊妹類別的不斷增多而必然日益鞏固起來。群婚越來越不可能。在這

---

❽ 同❺，頁三七。

一階段上，婚姻形式是一個男子和一個女子共同生活，但婚姻關係很容易由任何一方撕破。而子女像以前一樣仍然屬於母親。這種對偶家庭產生於蒙昧時代和野蠻時代交替的時期，大部分是在蒙昧時代的高級階段。這時，由於牧畜、金屬加工、紡織以及田間耕作的開展，社會財富迅速增加。這種情況一方面使男子在家庭中的地位顯得更加重要，另一方面又產生了利用這個增強了的地位來改變傳統的繼承制度使之有利於子女的意圖。這樣一來，原來的母權制，即從母親方面確認世系和由此發展起來的繼承關係，就要隨著男子地位的增強而逐步被廢除而確立按男方計算世系的辦法和父系的繼承權。恩格斯說：「母權制被推翻，乃是女性的具有世界歷史意義的失敗。丈夫在家中也掌握了權柄，而妻子則被貶低，被奴役，變成丈夫淫欲的奴隸，變成生孩子的簡單工具。」❾這樣父權制代替了母權制。其結果表現在這時發生的家長制家庭形式上，這種家庭形式的特點是若干數目的自由人和非自由人在家長的父權之下組成一個家庭。這種家庭形式是從對偶婚向一夫一妻制的過渡。隨著家長制的出現，歷史的發展便進入了成文歷史的領域。

第四，一夫一妻制家庭 (The Monogamian Family)。一夫一妻制家庭和對偶婚不同之處就在於它的婚姻關係比後者要堅固得多，這種關係已不能由雙方任意解除了。一夫一妻制建立的明顯目的是為了保證確鑿無疑的出自一定父親的子女從而為子女將來能以親生的繼承人資格來繼承他們的父親的財產。這種婚姻制度產生於野蠻時代的中級階段和高級階段交替的時期。它的最後勝利乃是文明時代開始的標誌之一。但是，由於奴隸制和一夫一妻制的並存，由於完全受男子支配的年輕美貌的女奴的存在，這就使得一夫一妻制從

---

❾　同❺，頁五二。

一開始就成了只是對婦女而不是對男子的一夫一妻制。

　　總之，原始時代家庭的發展，就在於不斷縮小最初包括整個部落並盛行兩性共同婚姻的那個範圍。起初，這種被共同的婚姻紐帶所連結的範圍是很廣泛的，後來越來越縮小，直到最後只留下現在占主要地位的成對配偶為止。這就是恩格斯所概括的原始社會婚姻關係發展的一般規律和總的趨勢。對於上述幾種婚姻形式，恩格斯總結說：「群婚制是與蒙昧時代相適應的，對偶婚制是與野蠻時代相適應的，以通姦和賣淫為補充的一夫一妻制是與文明時代相適應的。」❿至於未來的婚姻情況，恩格斯未作具體的描述，他只是作了一種理想性的推測：「這要在新的一代成長起來的時候才能確定，這一代男子一生中將永遠不會用金錢或其他社會權力手段去買得婦女的獻身；而婦女除了真正的愛情以外，也永遠不會再出於其他某種考慮而委身於男子，或者由於擔心經濟後果而拒絕委身於她所愛的男子。」⓫

III．氏族制度

　　氏族(Gens)，是原始社會的細胞。它既是原始社會中人們生產、生活的經濟單位，又是當時的社會管理公共事務的組織形式。恩格斯認為，氏族制度是原始社會發展到一定階段才產生的，在絕大多數場合下，都是從普那路亞家庭中直接發生的。在普那路亞家庭中，排除了兄弟姊妹之間的婚姻關係，血族內的男子必須到另一個血族尋找配偶，他們的子女因跟隨母親而歸屬於另外的血族，女子必須尋找另外血族中的男子為配偶，她們所生的子女隨母親而留在自己

❿　同❺，頁七〇～七一。

⓫　同❺，頁七九。

的血族。這樣的婚姻制度所形成的血族集團只能是出自一個女祖先的一群姊妹以及她們的兄弟、她們的子女、她們女兒們的子女等；至於這一群姊妹的丈夫們、她們的兄弟的妻子們、兄弟的子女、兄弟的孫子女等，均屬於另外的血族集團。由於普那路亞家庭處於群婚階段，子女的世系只能從母親方面確認，加之當時婦女在家庭經濟中處於主導地位，因而這時的社會只能是以母親為中心的社會。母系氏族的出現標誌著人類進入有組織的氏族社會。恩格斯通過對易洛魁人的母系氏族(Iroquois Gens)以及希臘人、羅馬人和德意志人的父系氏族的具體分析，闡明了氏族組織的結構、職能、習俗及其特徵，指出氏族的社會性質：

第一，氏族的成員不得在本氏族內部通婚，這是氏族的根本規則，維繫氏族的紐帶。因此，氏族的本質就是以族外婚為前提、以血族親屬關係為基礎的血族團體。氏族一旦成為社會單位，必然從這種單位中發展出親疏程度不同的血緣關係為基礎的氏族、胞族(phratry)及部落(tribe)全部組織。由於氏族實行族外婚制，一般是互相通婚的幾個氏族合成一個部落。隨著人口的增加，最初的氏族分裂為幾個女兒氏族，這時原來的母親氏族就成為胞族。

第二，氏族是一個原始共產制的經濟單位。氏族成員不僅同族共居，而且在一起共同生產和生活，產品平均分配，死者的遺產由本氏族繼承。

第三，氏族是一個實行原始民主制、「自由處理自己事務」進行社會管理的組織。這裡沒有統治和奴役，沒有壓迫和剝削，一切成年男女都享有平等的表決權和討論公共事務的權利，選舉和罷免氏族酋長和首領等權利。在氏族制度內部，權利和義務之間甚至還沒有任何差別。這種氏族組織是國家產生以前的原始的社會組織形式。

　　但是，凡是在歷史上形成的東西都會在歷史發展中消失。「氏族制度是從那種沒有任何內部對立的社會中生長出來的，而且只適合於這種社會」⓬，一旦這種社會條件改變了，氏族制度就必然會隨之瓦解並走向滅亡。

Ⅳ. 兩種生產及其在原始社會的特殊表現

　　兩種生產即物質生產和人類自身的生產。這兩種生產制約著社會制度和人類歷史的發展，這是馬克思恩格斯在共同寫作《德意志意識形態》時就提出的歷史唯物主義的一個基本觀點。但是恩格斯在對原始社會進行了深入研究之後，對兩種生產的理論作了更完整更系統的論述，特別是對這兩種生產在不同的地區和不同的歷史階段上所起的不同作用以及它們之間相互關係的不同情況，作出了新的論斷。他說：「一定歷史時代和一定地區內的人們生活於其下的社會制度，受著兩種生產的制約：一方面受勞動的發展階段的制約，另一方面受家庭的發展階段的制約。勞動愈不發展，勞動產品的數量、從而社會的財富愈受限制，社會制度就愈在較大程度上受血緣關係的支配。」⓭在這裡，恩格斯既肯定了兩種生產的普遍意義，又揭示了它在勞動不夠發展、物質生產水平低下、社會財富很不豐富的原始社會中的特殊表現。在原始社會中，生產的深度和廣度極為有限，生產規模極為狹小，人們在生產過程中結成經濟關係的作用就顯得比較小，而人口生產及其血緣關係則顯得十分重要。恩格斯說：「親屬關係在一切蒙昧民族和野蠻民族的社會制度中起著決定作

⓬　同❺，頁一六五。

⓭　同❺，頁二。

用。」❶ 原始的氏族組織是一種親屬關係或血緣關係，同時又是生產組織和社會管理組織。在原始社會，雖然物質資料的生產和人自身的生產共同決定社會的存在和發展，但人自身的生產，人們的婚姻關係和婚姻形式，起著主要的決定性作用。但是在以血緣關係為基礎的社會結構中，物質生產仍然會逐步發展起來，勞動生產率會逐步提高。到了原始社會的末期，隨著社會分工的發展和社會財富的增加，私有制和階級關係的出現，這時，物質生產的發展才開始對社會制度的變化和歷史發展起著主要的決定作用，而人口生產和家庭制度雖然對社會發展有著不可忽視的影響，但它也越來越多地受物質生產和所有制的支配。

從恩格斯對兩種生產的論述中可以看出，包括原始社會在內的全部人類社會都有共同的規律，但原始社會又有其不同於階級社會的特殊規律。只有把這兩者統一起來同時又加以必要的區別，才能夠把唯物主義歷史觀的基本原則加以正確的貫徹。

二　私有制、階級和國家的起源

原始的公有制社會的發現，徹底推翻了那種認為私有制是從來就有的錯誤觀念。恩格斯根據摩爾根等人的研究成果，對原始公有制如何轉化為私有制，對階級的產生和國家的起源等問題作了科學的分析和具體的說明。

Ⅰ．氏族的瓦解

氏族從形成到解體經歷了一個漫長的變化過程。最初的氏族是

---

❶　同❺，頁二四。

以普那路亞婚姻形式為基礎形成的母系氏族。後來從母系氏族發展到父系氏族。恩格斯說，從母系氏族發展到父系氏族，是「人類所經歷過的最激進的革命之一」**⑮**。導致這一變革的根本原因，是原始社會後期生產力發展而引起的私有制的出現和男女兩性經濟地位的變化。當母系氏族發展到父系氏族以後，氏族的解體因素也就日益明顯地發展起來了。

關於氏族瓦解的原因，恩格斯指出了以下幾點：

首先，由於社會的分工和商品交換的發展，導致各氏族、各民族之間的相互雜居，異族雜居的產生和發展，破壞了氏族共居的自然前提。在異族雜居逐漸占優勢的情況下，氏族團體已無法處理社會的公共事務。

其次，社會分工和私有制的發展，破壞了原始共產制的經濟基礎。在氏族制度下，氏族的全體成員利益完全一致，大家共同勞動，平均消費。但由於社會分工的發展和社會結構的改變，產生了與舊的氏族制度格格不入的新的需要和利益。私有制的發展，產生了富人和窮人、高利貸者和債務人，他們在利益上是對立的。由於商品交換的發展和社會交往的增大，大批與本氏族無親緣關係的外族人進入，造成了氏族同這些異族平民之間的對立。「隨著有產階級日益獲得勢力，舊的血緣親屬團體也就日益遭到排斥，氏族制度遭到了新的失敗」**⑯**。

最後，由於社會分工和私有制的發展，社會成員分裂為自由民和奴隸，進行剝削的富人和被剝削的窮人，他們之間的對立和矛盾的發展，破壞了氏族制度存在的原始民主制的基礎。

---

⑮　同**⑤**，頁五一。

⑯　同**⑤**，頁一一二。

總之，私有制和階級的產生，是氏族制度解體的根本原因，氏族制度「被分工及其後果即社會之分裂為階級所炸毀」❼。

II. 私有制和階級的產生

私有制和階級的產生是一個自然歷史過程。在野蠻時代中級階段，有些地區的先進部落學會了馴養和繁殖動物，從而創造了前所未有的財富的來源，導致了農業和畜牧業的社會大分工。由於餵養牲畜不像狩獵那樣需要許多人集體工作，而是可以由家庭和個人來做。勞動形態上的這一變化決定著這些新的財富由氏族公有轉變為家庭私有。與此同時，人們學會了冶煉銅和錫以及二者的合金——青銅，從此出現了金屬工具和器皿。在這個階段上，人類從過去只存在於兩性之間的自然分工發展到社會分工，從使用木石工具到使用金屬工具，從而使勞動生產率有了很大提高。勞動生產率的提高使勞動者創造出越來越多的剩餘產品，勞動力獲得了價值。由於有了剩餘產品，就使商品交換成為可能。牲畜逐漸成了貨幣材料。偶然性交換逐步變成經常性的交換，個人之間的交換越來越普遍，以至發展成為唯一的形式。由於牲畜是由各個家庭馴養和生產出來的，那麼這些牲畜以及用它們交換來的產品也就自然地歸於各個家庭所有，成為私有財產。由於剩餘產品的出現，就使得一部分人通過占有他人的勞動從而占有其剩餘產品成為可能。人剝削人的現象就這樣出現了。吸收新的勞動力來從事生產，增加財富，也成為人們所嚮往的事情了。而一些氏族首領，在交換過程中，利用自己的地位和影響，占有剩餘產品，變公共財產為私人財產，一些氏族成員和對偶家庭，也把自己的產品作為私有財產來交換，並逐步把這種做

---

❼　同❺，頁一六五。

法固定下來。戰爭中的戰俘不再被殺掉，而變成奴隸。恩格斯說：
「從第一次社會大分工中，也就產生了第一次社會大分裂，即分裂
為兩個階級：主人和奴隸、剝削者和被剝削者。」❿

在野蠻時代的高級階段，人類學會了冶煉鐵礦石，從而進入了
鐵器時代。鐵器的使用，使更大面積的農田耕作、更加廣闊的森林
地區的開墾成為可能。手工業得到迅速發展，生產技術日益改進。
在新的生產力推動下，「於是發生了第二次大分工：手工業和農業分
離了」⓳。新的生產工具和新的社會分工，促進了私有制和階級的
發展。過去由於生產工具落後只能採取集體方式進行的農田耕作，
現在可以在家庭範圍內通過使用鐵犁、鐵鍬等鐵製工具來進行了。
適應這種情況，氏族的公有耕地開始分配給家庭使用，起初是暫時
分配的土地逐步為家庭永久使用乃至成為私有財產。到這個階段，
不僅牲畜等動產財富，而且耕地等不動產財富也轉化為私有財產。
隨著新的社會分工和私有制的發展，氏族成員間的財產差別進一步
擴大。在氏族內部除了有自由人和奴隸的差別外，又出現了富人和
窮人的差別。由於勞動力有了價值並且這種價值隨著新的生產工具
和生產技能的發展而逐步提高，奴隸的使用更加成為有利可圖的事
情。富人們不僅將戰俘變為自己的奴隸，而且也使同氏族的窮人淪
為自己的奴隸。「在前一階段上剛剛產生並且是零散現象的奴隸制，
現在成為社會制度的一個本質的組成部分，奴隸們不再是簡單的助
手了；他們被成批地趕到田野和工場去勞動」⓴。

進入文明時代以後，以前發生的兩次社會大分工，通過城市和

⓲　同❺，頁一五七。

⓳　同❺，頁一五九。

⓴　同❺，頁一五九。

鄉村的對立出現了第三次社會大分工，即商業和工農業的分離，「它創造了一個不從事生產而只從事產品交換的階級──商人」❹。這表明階級的分裂已從生產領域發展到流通領域。隨著商人階級的出現，金屬貨幣、貨幣借貸、高利貸、土地所有權的出讓和抵押相繼出現，貧富兩極分化加劇，財富迅速地積聚和集中到一個人數很少的階級手中。另一方面貧窮困苦的人們日益增多，他們漸漸淪為奴隸。「奴隸的強制性勞動成為整個社會上層建築所賴以建立的基礎」❹。至此，私有制和奴隸制便完全確立起來了。

從上述過程來看，私有制和階級的產生是互相聯繫、密切相關又有所區別的過程。私有制就其性質可分為兩種，一是以自己勞動為基礎的私人占有。在這種私有制中占有生產資料和產品的人是勞動者。另一類是以剝削他人勞動成果為基礎的私人占有。在這種私有制中，占有生產資料和產品的是剝削者。後者處於統治地位，便形成以階級剝削和階級壓迫為特徵的某種獨立的社會經濟形態。所以，僅僅有前一種私有制出現，還不是階級的形成。只有當後一種私有制處於統治地位時，才意味著階級剝削的存在。

階級產生的物質前提是生產力發展的水平達到了能夠提供剩餘產品的程度。沒有這個物質條件，作為對他人剩餘勞動成果的占有的剝削便不可能產生。但是剩餘產品的出現，還不等於階級的產生。因為剩餘產品如果被集體所占有，就不構成階級剝削。只有在具備了上述物質前提同時又有了私有制和社會分工的情況下，階級才會產生。有了私有制，對剩餘產品便實現了私人的占有，從而使一部分人對另一部分人進行剝削，這才使階級產生從可能性變為現

---

❹ 同❺，頁一六二。

❹ 同❺，頁一六四。

實性。社會大分工把人們分割為從事農業、畜牧業、手工業和商業等不同的社會集團，這些集團隨著私有制的發展，逐漸演化為土地所有者和農民、牧主和牧民、作坊主和工匠、店主和店員等不同階級。同時，在生產和流通領域分工的基礎上，後來又產生了另一種類型的社會分工，即從事公共職能和從事生產勞動的分工，管理者和生產勞動者之間的分工。那些從事社會管理的人與生產勞動相脫離並且與勞動者相對立，或者成為經濟上的剝削者，或者成為剝削者的政治代表。原始公社的社會職能的獨立化，使那些公共管理機構和管理人員，如氏族議事會、部落議事會、氏族、部落的酋長、祭司、司庫等從社會公僕變為社會主人。這些機構和人員擁有一定的權力和職位，又和整個社會處於一種特別的、在一定情況下甚至是對立的地位。隨著氏族、部落對內、對外公共事務的增多，管轄範圍的擴大，社會管理機構層次越來越高，很快就變得更加獨立了。這種情況進一步發展，終於導致社會職能對社會的獨立化並逐漸轉變為對社會的統治，執行這些職能的社會公僕變成了社會主人，即政治上的統治階級。總之，私有制和舊式的社會分工是階級產生和發展的直接原因。

III. 國家的起源

恩格斯認為，國家是以私有制和階級的存在為前提的。在原始社會，沒有階級對立，因而在氏族內部，一切問題，都由當事人自己解決，在大多數情況下，歷來的習俗就把一切調整好了。隨著私有財產和階級對立的出現，氏族制度的血緣紐帶和傳統逐漸被打破了。首先，由於社會分工和公共職能的獨立化，社會的公共事務隨著私有制和階級的產生而在性質和數量上都發生了重大變化，需要

有專門機構和專職人員來處理。適應這種需要，便產生了凌駕於社會之上的特殊的權力機構和完全脫離生產勞動的專門執行公共職能、從事政治、法律活動的人，同時在部落領土融合為民族的共同領土後，軍事首長的權力日益加強並逐漸轉變為世襲制。原始民主制的機關慢慢「從一個自由處理自己事務的部落組織轉變為掠奪和壓迫鄰人的組織，而它的各機關也相應地從人民意志的工具轉變為旨在反對自己人民的一個獨立的統治和壓迫的機關了」❷。其次，私有制從原始氏族公有制中產生以後，它與這種氏族制度是根本對立的。當它發展到一定程度以後，就迫切需要一種強有力的上層建築機關為它提供保護和服務，「不僅可以保障單個人新獲得的財產不受氏族制度的共產制傳統的侵犯，不僅可以使以前被輕視的私有財產神聖化，並宣布這種神聖化是整個人類社會的最高目的，而且還會給相繼發展起來的獲得財產的新形式，因而是給不斷加速的財富積累，蓋上社會普遍承認的印章」，「而這樣的機關也就出現了。國家被發明出來了」❷。

　　恩格斯認為，國家不是從來就有的，不是從外部強加於社會的一種力量，也不是像黑格爾所斷言的「倫理觀念的現實」，「理性的形象和現實」。國家是社會在一定發展階段上的產物；國家是表示，這個社會陷入了不可解決的自我矛盾，分裂為不可調和的對立面而又無力擺脫這些對立面。在私有制和階級產生以後，原來的氏族成員，逐漸分化為自由民和奴隸，窮人和富人，剝削者和被剝削者，統治者和被統治者，他們的利益衝突異常尖銳，不可調和。這種矛盾和衝突再也不能靠輿論的力量和傳統的習俗由當事人自己來解決

---

❷　同❺，頁一六一。

❷　同❺，頁一○四。

了。為了使這些對立面，這些經濟利益互相衝突的階級，不致在無謂的鬥爭中把自己和社會消滅，就需要有一種表面上凌駕於社會之上的力量，使這種利益衝突得以緩和，把衝突保持在「秩序」的範圍以內。「這種從社會中產生但又自居於社會之上並且日益同社會脫離的力量，就是國家」㉕。

恩格斯具體地分析了古代雅典國家、羅馬國家和德意志人的國家的產生過程，認為這些國家是氏族制度廢墟上興起的三種主要形式。雅典國家是直接地和主要地從氏族社會本身內部發展起來的階級對立中產生的，這是國家產生的最純粹、最典型的形式；在羅馬，氏族社會變成了閉關自守的貴族，站在這一社會之外的無權的平民戰勝了貴族，炸毀了氏族制度，並在其廢墟上建立了國家；德意志人的國家是作為征服外國（羅馬帝國）廣大領土的直接結果而產生的。而氏族制度是不能提供任何手段來統治這樣廣闊的領土的。

國家作為從氏族制度廢墟上產生的社會力量，一定有它不同於氏族組織的特點。恩格斯把國家的特點概括為以下幾點：第一，與舊的氏族組織不同，國家是按地區來劃分它的國民，而氏族組織是以血緣（親緣）關係來維繫和結合自己的成員的。第二，與氏族組織不同，國家的重要特點是公共權力的設立，這種公共權力已不再同自己組織為武裝力量的居民直接符合了。構成這種特殊的公共權力的，不僅有武裝的人，而且有物質的附屬物，如監獄和各種強制機關，有掌握公共權力的特權階級——官吏。在氏族制度下，同一氏族的人們利益完全一致，社會管理機關和居民的自動武裝組織是代表全氏族利益的。自從社會分裂為階級以後，這種代表所有人利益的機關不復存在了，居民的自動武裝組織也成為不可能了。

㉕　同❺，頁一六六。

此外，為了維持這種公共權力，就需要公民繳納費用——捐稅。這也是以前氏族社會完全沒有的。

恩格斯特別強調要把握國家的階級本質。在恩格斯看來，國家在表面上是凌駕於社會之上的力量，但實質上是階級統治和階級壓迫的工具。他說：「由於國家是從控制階級對立的需要中產生的，同時又是在這些階級的衝突中產生的，所以它照例是最強大的、經濟上占統治地位的階級的國家，這個階級借助於國家而在政治上也成為占統治地位的階級，因而獲得了鎮壓和剝削被壓迫階級的新手段。」㉖

三　經濟關係是全部社會生活的決定性基礎

在馬克思、恩格斯以前，舊的歷史觀往往都是從人們的變動著的思想，特別是那些社會稱之為偉人和天才的人們的思想中去尋求社會的終極原因，並把政治變動看成最重要的歷史變動。至於說人們的思想是從哪裡來的，政治變動的動因又是什麼，他們則不去深究。十八世紀法國的唯物主義者，雖然提出了「人是環境的產物」的重要命題，但是他們把人只是看成孤立的、自然意義的人，把決定環境的主要因素看成是法律和政治制度，而法律和政治制度又是由人的理性所決定，結果仍然跳不出人的理性和意見決定歷史發展這個歷史唯心主義的軌道。費爾巴哈在這個問題上多少向前邁了幾步，因為他的哲學體系是從天上降到地上，即把宗教世界歸結於它的世俗基礎，從唯心主義的思辨回到了感性的人。但是，費爾巴哈所說的人，仍然是抽象的生物學意義上的人，除了愛與友情，他不

㉖　同❺，頁一六八。

知道還有什麼其他的人的關係。他重視人，但不是現實的歷史的人，他也重視自然，但他的自然只是某種開天闢地以來就已存在的，始終如一的東西，是與歷史無關的。因此，在費爾巴哈那裡，唯物主義與歷史是完全脫離的。

馬克思、恩格斯在他們共同創作的《德意志意識形態》中系統闡述了他們的唯物史觀。他們指出這種唯物主義歷史觀同以往的唯心主義歷史觀不同，「它不是在每個時代中尋找某種範疇，而是始終站在現實歷史的基礎上，不是從觀念出發解釋實踐，而是從物質實踐出發來解釋觀念的東西」❷。這種唯物主義的歷史觀的前提是人，但不是費爾巴哈那個意義上的「某種幻想的與世隔絕、離群索居狀態的人，而是處在一定條件下進行現實的，可以通過經驗觀察到的發展過程中的人」❷。這些人是進行物質生產的，因而是在一定的物質的，不受他們任意支配的界限、前提和條件下能動地表現自己的。他們受著自己的生產力的一定發展以及與這種發展相適應的交往（直到它的最遙遠的形式）的制約。每一代人都遇到有前一代傳下的大量生產力、資金和環境，這些生產力、資金和環境一方面規定新的一代的生活條件，另一方面又為新的一代所改變。這就表明，人通過實踐，通過物質生產活動創造環境，同時環境也創造人。在馬、恩看來，歷史不外是各個世代的依次交替。每一代都利用以前各代遺留下來的材料、資金和生產力；由於這個緣故，每一代一方面在完全改變了的條件下，繼續從事先輩的活動，另一方面又通過完全改變了的活動來改變舊的條件。因此，「每個個人和每一代當作

---

❷　馬克思和恩格斯，《德意志意識形態》，《馬克思恩格斯選集》，卷一，頁四三，人民出版社，一九七二年版。

❷　同❷，頁二五。

現成的東西承受下來的生產力、資金和社會交往形式的總和，是哲學家們想像為『實體』和『人的本質』的東西的現實基礎，是他們神化了的並與之作鬥爭的東西的現實基礎」❷。在馬、恩後來的論述中，把與生產力發展的一定水平相適應的交往形式更確切地概括為生產關係。因而，在他們看來，人們進行物質生產所憑藉的生產力和一定的生產關係是歷史發展的基礎。恩格斯後來經常說到的經濟關係是社會生活的決定性基礎，也是表達的同樣意思。

　　馬克思、恩格斯認為，生產力和生產關係（交往形式）之間的矛盾，推動歷史的發展。他們說：「一切歷史衝突都根源於生產力和交往形式之間的矛盾。」「這種矛盾……表現為衝突的總和，表現為各個階級之間的衝突，表現為意識的矛盾、思想鬥爭等等、政治鬥爭等等。」❸馬、恩指出，隨著生產力的發展，「已成為桎梏的舊的交往形式被適應於比較發達的生產力、因而也適應於更進步的個體自主活動類型的新的交往形式所代替」❸。為了具體地闡明生產力和生產關係（交往形式）的矛盾所引起的社會經濟的運動和社會歷史的發展，馬克思和恩格斯考察了分工和所有制這兩個歷史範疇。在他們看來，生產力的發展引起的交往形式（生產關係）的改變，是通過分工和所有制的發展表現出來的。分工不僅使物質活動和精神活動、享受和勞動、生產和消費由各種不同的人來分擔這種情況成為可能，而且成為現實。分工成為束縛人的一種社會形式，與分工同時出現了對勞動及其產品的不平等的分配，因而也產生了所有制。分工發展的不同階段，同時也是所有制的各種不同形式，「這

---

❷　同❷，頁四三。

❸　同❷，頁八一～八三。

❸　同❷，頁八一。

就是說，分工的每一階段還根據個人與勞動的材料、工具和產品的
關係決定他們相互之間的關係」❷，與分工和私有制發展的不同階
段相適應，人類歷史經歷了部落所有制、古代所有制、封建所有制
和資產階級所有制。

在《德意志意識形態》中，馬克思恩格斯還闡述了經濟基礎決
定政治上層建築和意識形態的思想。他們認為，由於分工的發展而
引起的私人利益和公共利益的矛盾，公共利益才以國家的姿態出現。
國家是表面上代表共同利益的「虛幻的共同體」，「國家內部的一切
鬥爭——民主政體、貴族政體和君主政體相互之間的鬥爭，爭取選
舉權的鬥爭等等，不過是一些虛幻的形式，在這些形式下進行著各
個不同階級間的真正的鬥爭」❸。

關於思想、觀念和意識的物質基礎和物質根源問題，馬克思、
恩格斯不是停留在一般唯物主義水平上，而是從歷史唯物主義高度，
闡明社會存在決定社會意識的思想。他們認為，觀念、思維和人們
的精神交往是人們物質關係的產物。人們是自己的觀念、思想等等
的生產者；但人們是從事實踐活動的，受著自己的生產力的一定發
展以及與這種發展相適應的交往的制約。因而「意識在任何時候都
只能是被意識到了的存在，而人們的存在就是他們的實際生活過
程」❹。道德、宗教、形而上學和其他意識形態的東西，都是「與
物質前提相聯繫的物質生活過程的必然昇華物」，「那些發展著自己
的物質生產和物質交往的人們，在改變自己的這個現實的同時也改
變著自己的思維和思維的產物。不是意識決定生活，而是生活決定

---

❷　同❷，頁二六。

❸　同❷，頁三八。

❹　同❷，頁三〇。

意識」❸。

　　馬、恩把社會存在決定社會意識的觀點用來分析階級社會中的意識形態狀況,提出意識形態上的統治與物質上統治相一致的觀點。他們指出:「支配著物質生產資料的階級,同時也支配著精神生產的資料。」所以「統治階級的思想在每一時代都是占統治地位的思想。」因此,「那些沒有精神生產資料的人的思想,一般地是受統治階級支配的。」❸

　　在《德意志意識形態》中,馬、恩把他們共同創立的唯物主義歷史觀作了總結,他們說:「從直接生活的物質生產出發來考察現實的生產過程,並把與該生產方式相聯繫的,它所產生的交往形式,即各個不同階段上的市民社會,理解為整個歷史的基礎;然後必須在國家生活的範圍內描述市民社會的活動,同時從市民社會出發來闡明不同的理論產物和意識形式,如宗教、哲學、道德等等,並在這個基礎上追溯它們產生的過程。」❸在這裡所說的「市民社會」,是馬、恩早期著作中經常出現的用語,它是指一切社會特別是資本主義社會生產關係和物質生活關係的總和。馬克思、恩格斯把直接的物質生產以及與之相適應的生產關係作為全部社會生活的基礎和決定社會發展的終極原因,並在這個基礎上說明了社會之劃分為不同階級以及這些階級之間的鬥爭,說明了社會的政治上層建築和意識形態現象,也說明了一種社會形態向另一種社會形態的轉變。這是唯物主義一元論歷史觀在社會歷史領域的真正貫徹。是歷史觀上的一次偉大的飛躍。馬克思、恩格斯共同創立的唯物主義歷史觀,把

---

❸　同❷,頁三一。

❸　同❷,頁五二。

❸　同❷,頁四三。

唯心主義從它的最後避難所中，從歷史觀中驅逐出來了，從此，人們找到了用人們的存在說明他們的意識的道路而不再像以往那樣用人們的意識說明他們的存在了。

四　社會歷史的發展是受客觀規律支配的

社會歷史發展的規律性問題，在馬克思和恩格斯創立唯物主義歷史觀時，就已經解決了。關於直接的物質生活的生產和再生產是歷史發展的終極原因和最終動力，經濟基礎決定政治上層建築和觀念上層建築的觀點本身就揭示了社會歷史發展的根本規律。但是社會歷史運動的規律同自然規律有所不同。首先，在自然界中全是不自覺的盲目的動力，這些動力彼此發生作用，而自然規律就表現在這些動力的相互作用之中，在自然界中的一切，都沒有作為預期的、有自覺目的而發生的事情。而在社會歷史領域內進行活動的、全都是有意識的、經過考慮或憑激情行動的，追求某種目的的人，任何事情的發生都事先有自覺意圖和預期的目的。其次，在自然界中，甚至在有機界中，變化過程的有規律的重複性是廣泛存在的，而且自然界的變化比社會的變化顯然要緩慢得多。可是在社會歷史上，自從人類脫離原始狀態以來，重複發生的情況非常稀少，即使在某個地方發生重複，也絕不是在完全同樣的狀況下發生的。正是這些情況給人們研究社會規律帶來極大困難。許多人產生一種錯覺，似乎在社會歷史領域中根本沒有什麼規律性和必然性。針對這些複雜情況，恩格斯在晚年在歷史唯物主義的論述中對社會歷史發展的規律性問題作了更加深入的分析和更加具體的說明。

恩格斯認為，在歷史領域中規律性和必然性仍然是占統治地位

的。但這種必然性是以偶然性作為其補充和表現形式的。儘管每一
個人的行動都是有目的、有計畫的，但人們所預期的東西和所追求
的目的在大多數情況下都是相互衝突、互相矛盾的。導致歷史結果
的並不是這些偶然的因素，而是隱藏在這些偶然性背後的歷史規律
性。那麼，怎樣從這些偶然性中探討歷史的規律性呢？恩格斯提出
了以下幾種具有方法論意義的研究思路。

　　第一，合力論。他認為，人們自己創造著自己的歷史。但是最
終的結果總是從許多單個的意志的互相衝突中產生出來的，而其中
每一個意志，又是由於許多特殊的生活條件，才成為它所成為的那
樣。這樣就有無數互相交錯的力量。恩格斯將這些不同的社會力量
之間的關係比喻為力的平行四邊形。由無數的力的平行四邊形產生
出一個總的結果，就是歷史事變。而這個總的結果又可以看成是作
為整體的、不自覺和不自主地起著作用的力量的產物。因為任何一
個人的意志都會受到任何另一個人的妨礙，而最後出現的結果就是
都沒有希望過的事物。所以以往的歷史總是像一種自然過程一樣地
進行，而且實質上也是服從於和自然過程一樣的運動規律。各個人
的意志雖然起初似乎還和預期的目的相符合，但在最後結果中都沒
有達到自己的願望，可是這決不意味著這些意志等於零。相反地，
這些意志融合成一個平均數，一個總的合力，每個意志都對合力有
所貢獻，因而是包括在這個合力裡面的。

　　在恩格斯的合力理論中，體現了社會歷史現象的複雜性和統一
性，偶然性和必然性的矛盾。就每一個個人的意志來看，它要受到
十分確定的前提和條件的制約，決不是隨心所欲。這些前提和條件
有各種各樣的，有經濟的、政治的、文化的，甚至那些存在於人們
頭腦中的傳統，也起著一定的作用。決定各個意志的具體原因是極

為複雜多樣的，似乎沒有什麼規律可尋。但是，作為這些意志的總結果的合力，即這些意志融合成的平均數，總是表現了一定的規律性，總是體現出經濟的最終決定作用。

第二，探討那些隱藏在自覺動機背後的動力的動力。恩格斯並不否認人們的思想動機在創造歷史過程中所起的一定作用。但他認為，人們的思想動機，包括那些偉大人物的思想動機，並不是歷史發展的真正動力。如果要探索在歷史中起支配作用的規律，那麼就必須研究隱藏在歷史人物動機背後並且構成歷史的真正的最後動力的動力。為此，應當注意的主要不是個別人物包括那些非常傑出的人物的動機，而是「使廣大群眾，使整個整個的民族，以及在每一民族中間又使整個整個階級行動起來的動機，而且也不是短暫的爆發和轉瞬即逝的火光，而是持久的，引起偉大歷史變遷的行動」❸。也就是說，要研究使整個民族、整個階級行動起來的，帶來持久性質的歷史動因。在過去的各個歷史時期，對歷史的真正動因的探究幾乎是不可能的。因為那時階級關係和階級的利益往往被宗教的、道德的以及等級制度因素掩蓋著。在恩格斯看來，在歷史進入十九世紀以來，特別是採用大工業和無產階級力量壯大以來，這個揭開歷史動因之謎的時期完全成熟了。因為，這時歷史和它的結果之間的聯繫「已經非常簡單化了」❸。人們已能夠比較清楚地看到，土地貴族和資產階級之間的鬥爭，以及無產階級和資產階級的鬥爭，「這三大階級的鬥爭和它們的利益衝突是現代歷史的動力」❹。這

---

❸ 恩格斯，《終結》，《馬克思恩格斯選集》，卷四，頁二四五，人民出版社，一九七二年版。

❸ 同❸，頁二四五。

❹ 同❸，頁二四六。

就表明，階級鬥爭是階級社會特別是近代以來的社會發展的直接動力。

那麼，階級鬥爭又是由什麼推動的呢？恩格斯說：「土地占有者和資產階級之間的鬥爭，正如資產階級和無產階級之間的鬥爭一樣，首先是為了經濟利益而進行的，政治權力不過是用來實現經濟利益的手段。」[41]而這種經濟利益歸根到底是由生產力的發展引起的生產方式的變化造成的。資產階級和無產階級，也是由於生產力和生產方式的變化而形成和發展的。最初是從行會手工業到工場手工業的過渡，隨後又是從工場手工業到使用蒸汽和機器的大工業的過渡，這樣才使這兩個階級發展起來。恩格斯認為，資產階級革命的發生，也是生產力和生產關係矛盾發展的結果。資產階級使用新的生產力以及通過生產力發展起來的交換條件和交換需要，同當時存在的歷史上繼承下來的而且被法律神聖化的舊的生產秩序不相容了，就是說，同封建制度的行會特權以及許多其他個人特權和地方特權不相容了。資產階級所代表的生產力，起來反抗封建土地占有者和行會師傅所代表的生產秩序，結果是束縛生產力發展的封建桎梏被打碎了。

恩格斯通過這樣一種層層剖析、追根溯源的方法從歷史的表層逐步深入探討了歷史發展的動力和規律。

第三，圍繞中軸線的曲線——歷史的偶然性和必然性。恩格斯為了更清楚明白地說明歷史發展中的偶然性和必然性的關係，他用數學上的曲線和曲線所圍繞的中軸線來加以描述。無疑，歷史的發展存在著無數的偶然性。而且，我們所研究的領域愈是遠離經濟領域，愈是接近純粹抽象的思想領域，在它的發展中看到的偶然性就

---

[41] 同[38]，頁二四六。

愈多。它的發展所構成的曲線愈是曲折。如果畫出曲線的中軸線，那麼，就可以看出，「研究的時期愈長，研究的範圍愈廣，這個軸線就愈接近經濟發展的軸線，就愈是跟後者平行而進」❷。在這裡，曲線表示事物的偶然性，而中軸線則表示經濟必然性。偶然性圍繞著中軸線上下擺動，但並不與中軸線完全重合。如果完全重合，那麼就沒有偶然性的作用了。歷史就會帶有非常神秘的性質。可是偶然性畢竟是受經濟必然性支配的，必然性的這種支配作用，必須通過較長的歷史時期和較廣的研究範圍才能表現出來。這就非常清楚而又形象地刻畫了社會歷史運動的規律性和它的具體表現之間的關係。

恩格斯的這幾種研究思路為人們正確地認識和把握社會歷史運動的規律性和必然性提供了方法論上的指導，也從方法論上深化了馬克思主義的歷史觀。它既肯定了歷史運動規律的客觀性和普遍有效性，同時又揭示了規律本身的表現的多樣性和複雜性，人們認識規律的艱巨性。對於社會歷史運動的規律的科學內容，恩格斯有幾種不盡相同表述，但基本精神是一致的。其中，他給馬克思的《路易・波拿巴的霧月十八日》一書第三版所寫的序言中作了這樣的概括：「馬克思最先發現了歷史運動規律，根據這個規律，一切歷史上的鬥爭，無論是在政治、宗教、哲學的領域中進行的，還是在任何其他意識形態領域中進行的，實際上只是各社會階級鬥爭或多或少明顯的表現，而這些階級的存在以及它們之間的衝突，又為它們的經濟狀況的發展程度、生產的性質和方式以及由生產所決定的交換的性質和方式所制約。這個規律對於歷史，同能量轉化定律對於自

❷　恩格斯，〈致符・博爾吉烏斯〉，《馬克思恩格斯選集》，卷四，頁五〇七，人民出版社，一九七二年版。

然科學具有同樣的意義。」⓭這裡恩格斯肯定了社會歷史規律同自然界的規律一樣具有客觀性和普遍性。

五 全面闡述經濟基礎和上層建築的辯證關係

恩格斯論述的社會歷史運動規律，其基本的問題就是經濟基礎和上層建築的相互關係問題。他所說的「經濟狀況的發展程度、生產的性質和方式以及由生產所決定的交換的性質和方式」都是屬於經濟基礎的範疇，而政治鬥爭以及宗教、哲學和其他意識形態等則屬於政治上層建築和意識形態上層建築。他和馬克思在具體考察歷史的辯證運動、分析重大的歷史事件時，總是全面地、辯證地論述這二者之間的關係，也就是說，既肯定經濟基礎決定上層建築，也承認上層建築對經濟基礎的反作用。但是，在對這個基本原理的論述上，他和馬克思最初是「把重點放在從作為基礎的經濟事實中探索出政治觀念、法權觀念和其他思想觀念以及由這些觀念所制約的行動，而當時是應該這樣做的」⓮。因為當時他們的主要任務是把唯心主義從它的最後避難所中驅逐出去，因而不得不強調被歷史唯心主義者所否認的主要原則，「並且不是始終都有時間、地點和機會來給其他參與交互作用的因素以應有的重視」⓯。恩格斯甚至認為這是他和馬克思的一個「過錯」。由於存在這方面的問題，有些對

⓭　恩格斯，《「路易‧波拿巴的霧月十八」第三版序言》，《馬克思恩格斯選集》，卷一，頁六〇二，人民出版社，一九七二年版。

⓮　恩格斯，《致弗‧梅林》，《馬克思恩格斯選集》，卷四，頁五〇〇。

⓯　恩格斯，〈致約‧布洛赫〉，《馬克思恩格斯選集》，卷四，頁四七九，人民出版社，一九七二年版。

馬、恩的原著不肯下功夫去閱讀的青年往往對歷史唯物主義的原理產生片面的理解，把它稱之為「經濟決定論」或「經濟唯物主義」。到了十九世紀九十年代，恩格斯在他談論歷史唯物主義的論著和一系列信件中，對經濟基礎和上層建築的辯證關係，對參與社會運動諸因素的交互作用，特別是對上層建築諸因素的相對獨立性和對經濟基礎的反作用作了更全面的闡述。

首先，恩格斯對經濟基礎決定國家和法、道德、哲學和宗教等上層建築作了更為具體的說明。關於國家與經濟基礎的聯繫，國家的形成和它的本質，在前面已經對恩格斯的觀點作了敘述。恩格斯在《終結》中說，「如果說國家和公法是由經濟關係決定的，那末不言而喻，私法也是這樣，因為私法本質上只是確認單個人之間的現存的、在一定情況下是正常的經濟關係。但是這種確認所採取的形式可以是很不相同的」❹。它可以像英國那樣，把舊的封建法權形式很大一部分保存下來，並且賦予這種形式以資產階級的內容，甚至直接給封建的名稱加上資產階級的含義，也可以像法國那樣，在資產階級大革命以後，以羅馬法為基礎，創造出像法蘭西民法典這樣典型的資產階級社會的法典。也可以像普魯士那樣，雖以羅馬法以及它對簡單商品所有者的一切本質的法律關係為基礎，然後依靠所謂開明的滿口道德說教的法學家的幫助把它改造成為一種適應於這種小資產階級的半封建的社會狀況的特殊法典。

哲學和宗教是離物質經濟基礎更遠的意識形態。在這裡，觀念同自己的物質存在條件的聯繫，愈來愈混亂，愈來愈被一些中間環節弄模糊了。但它們仍然是受客觀的物質條件制約的。恩格斯指出，文藝復興以來的英、法哲學思想的發展，本質上是同那些中小市民

---

❹　同❸，頁二四八。

階級發展為大資產階級的過程相適應的思想的哲學表現。基督教在產生以後，經過二百五十年才變為國教，它的幾乎每一步的發展變化，都同社會經濟條件聯繫著。中世紀封建教階制，是同歐洲封建制度的發展相適應的。後來的新教異端的不可根絕是同正在興起的市民階級的不可戰勝相適應的。恩格斯指出，宗教和哲學（其他意識形態部門也是一樣），都包含某些傳統的材料，但是，這些材料所發生的變化和進一步發展的方式則是「由造成這種變化的人們的階級關係即經濟關係引起的」❼。

　　關於道德，恩格斯在批判費爾巴哈的倫理學說時，表達了自己的歷史唯物主義的觀點。他認為，不存在適用於一切時代、一切民族、一切情況的道德論，道德歸根到底是當時社會經濟狀況的產物。在階級社會中，道德是階級的道德，「每一個階級，甚至每一個行業，都各有各的道德」❽。被壓迫階級追求幸福的欲望被冷酷無情地和「由於正當理由」變成了統治階級的這種欲望的犧牲品。資產階級在反對封建制度的鬥爭中和在發展資本主義生產的過程中，不得不廢除一切等級的即個人的特權，實施了個人在法律上平等的權利，但是，追求幸福的欲望絕大部分要靠物質的手段來實現。在恩格斯看來，善和惡都是歷史的和相對的概念。歷史發展的動力是基於經濟利益的階級鬥爭，而道德上的惡則是階級對立社會中「歷史發展的動力藉以表現出來的形式」❾，關於這個方面封建制度的和資產階級的歷史就是一個獨一無二的持續不斷的證明。

　　其次，恩格斯在他的晚年特別強調了在承認經濟基礎的最終決

---

❼　同❸，頁二五三。

❽　同❸，頁二三六。

❾　同❸，頁二三三。

定作用的同時，必須承認上層建築對經濟基礎的相對獨立性和能動的反作用。

在上層建築中，政治上層建築特別是國家權力具有特別重要的地位。恩格斯說：「總的說來，經濟運動會替自己開闢道路，但是它也必定要經受它自己所造成的並具有相對獨立性的政治運動的反作用，即國家權力的以及和它同時產生的反對派的運動的反作用。」❺⓿ 恩格斯認為，國家權力對經濟發展的反作用有三種情況：一種是和經濟沿著同一方向，對經濟發展起促進作用；第二種是在和經濟發展的相反的方向上起作用，從而阻礙經濟的發展，最終導致政治權力的崩潰；第三種是它可以阻礙經濟發展沿著某些方向走，而推動它沿著另一種方向走，這第三種情況歸根到底還是歸結為前兩種情況中的一種。

恩格斯提出，法也是如此。職業法律家的新分工一旦成為必要，立刻就又開闢了一個新的獨立部門，這個部門雖然一般地是完全依賴於生產和貿易，即依據於經濟的，但它們具有反過來影響經濟的能力。例如以家庭的同一發展階段為前提的繼承權的基礎是經濟的，但英國立遺囑絕對自由，法國則有嚴格的限制，很難說這一切細節上的差別都是出於經濟上的原因。可是這二者都反過來對財產的分配有影響。法的發展進程大部分只在於首先設法消除那些由於將經濟關係直接翻譯為法律原則而產生的矛盾，建立和諧的法律體系。為了做到這一點，經濟關係的忠實反映便會受到破壞，然而經濟的進一步發展的影響和強制力又經常使這個體系陷入新的矛盾。

除了政治和法律上層建築外，還有作為觀念上層建築——意識形態的相對獨立性和反作用。這主要表現在：意識形態相對於經濟

---

❺⓿　恩格斯，〈致康・施米特〉，《馬克思恩格斯選集》，卷四，頁四八二。

發展的不平衡性。恩格斯說，經濟上落後的國家在哲學上仍然能夠
演奏第一提琴：如十八世紀的法國對英國來說是如此，後來的德國
對英法兩國也是如此。當然，經濟發展仍然是最終起作用的決定因
素。「不論在法國或是在德國，哲學和那個時代的文學的普遍繁榮一
樣，都是經濟高漲的結果」**❺**。其次表現在意識形態各個門類一經
產生，就形成了有一定專門分工的相對獨立的特定領域，它有特定
的思想資料，有從事於這個領域工作的人們，形成社會分工之內的
獨立集團，他們自以為是在處理一個獨立的領域。他們的產物，包
括他們的錯誤，又要反過來影響全部社會發展，以至影響經濟發展。
此外，各種社會意識形態之間還存在著相互影響和相互作用，這是
意識形態對於經濟基礎的相對獨立性和反作用的表現。恩格斯說：
「政治、法律、哲學、宗教、文學、藝術等的發展是以經濟發展為
基礎的。但是，它們又都相互影響並對經濟基礎發生影響。」**❺**不同
意識形態有各自的特殊性，它們與經濟基礎的聯繫緊密程度和對經
濟基礎的反映方式各不相同，其中法律、政治和道德觀念與經濟基
礎聯繫比較直接，而藝術、哲學、宗教則要通過一些中間環節與經
濟基礎相聯繫。恩格斯說：「對哲學發生最大的直接影響的，則是政
治的、法律的和道德的反映。」**❺**

　　恩格斯對經濟基礎和上層建築辯證關係的論述，內容非常豐
富，在這些論述中，貫穿著生動的辯證法的精神。堅持這種精神，
才能正確認識唯物主義歷史觀，有效地防止簡單化、絕對化和庸俗
化，反對任何把它變成空洞教條的企圖。

---

❺　同❺，頁四八五。

❺　同❻，頁五〇六。

❺　同❺，頁四八六。

第六章　發展和運用唯物史觀的
廣闊領域

　　恩格斯對唯物主義歷史觀的貢獻，除了表現在他對這個歷史觀的基本原理、基本方法的深入研究和詳盡論述外，還表現在他把唯物主義歷史觀運用於意識形態和社會生活的廣闊領域，從而在這些領域中推進、發展和驗證這一科學的歷史觀。他說過：「即使只是在一個單獨的歷史實例上發展唯物主義的觀點，也是一項要求多年冷靜鑽研的科學工作。」 ❶恩格斯通過自己畢生的堅持不懈的冷靜鑽研，在人類生活和社會生活的眾多領域進行辛勤的開拓，作出了重要的理論建樹，充實和發展了歷史唯物主義理論。在這裡，我們只是就其中哲學意蘊比較顯著、突出的幾個方面，即軍事、宗教、道德和文學藝術，作一簡要的敘述。

一　軍事哲學思想

　　在哲學史上，同時是軍事家、軍事思想家和哲學家的人是非常罕見的，而恩格斯則是這種罕見人物中的佼佼者。他從青年時代起就曾投身於軍事活動，積累了豐富的軍事方面的經驗。從十九世紀

---

❶　恩格斯，《卡爾・馬克思的政治經濟學批判》，《馬克思恩格斯選集》，
　　卷二，頁一一八，人民出版社，一九七二年版。

五十年代開始，直至逝世之前，他花了相當大的精力研究戰爭和軍事問題，對與他同一時代發生的和以往歷史上的一系列重大戰爭，如巴黎的六月革命，英國的殖民戰爭、印度起義、美國獨立戰爭、普奧戰爭、普法戰爭以及土耳其戰爭、克里木戰爭、中英鴉片戰爭、太平天國農民戰爭、德國農民戰爭等都進行了仔細分析研究，發表了許多有關論文和著作，對於軍事領域各個方面的問題，從戰略戰術到作戰指揮，從軍隊的組織編制、兵士的徵集到軍隊的物質保證，從各軍兵種的配合到各種武器的性能、製造和作用，從將帥的評價到士兵的分析，從軍紀到士氣，從歷史上的戰爭到未來的戰爭，都進行了深入研究，發表了自己的重要見解。他的軍事思想和唯物主義歷史觀緊密地結合在一起，其中有許多甚至可以說是唯物主義歷史觀的重要組成部分或重要補充。

Ⅰ. 關於戰爭和暴力與經濟基礎的關係

　　恩格斯認為，戰爭和暴力不僅根源於經濟，而且以經濟作基礎。他在批判杜林關於政治暴力是本原的決定性東西的錯誤觀點時指出，經濟是政治暴力的基礎，「暴力的勝利是以武器的生產為基礎的，而武器的生產又是以整個生產為基礎，因而是以『經濟力量』， 以『經濟情況』，以暴力所擁有的物質資料為基礎的」❷。他以陸軍和海軍為例說，「沒有什麼東西比陸軍和海軍更依賴於經濟前提。裝備、編成、編制、戰術和戰略，首先依賴於當時的生產水平和交通狀況」❸。海軍的情況更清楚地說明暴力對經濟的依賴。恩格斯說：

---

❷　恩格斯，《反杜林論》，《馬克思恩格斯全集》，卷二〇，頁一八一，人民出版社，一九七一年版。

❸　同❷，頁一八二。

「現代的軍艦是現代大工業的產物，而且同時還是現代大工業的縮影，是一個浮在水上的工廠——的確，主要是浪費大量金錢的工廠。」❹恩格斯在寫這些話的時候，世界上還沒有飛機，沒有用於軍事的火箭，更沒有核武器。如果今天來談論這些東西，那麼它們對生產力和全部經濟力量的依賴，更是一目了然的了。這些東西所花費的近於天文數字的巨額金錢，更是令人驚嘆的。

　　恩格斯以自己對軍事史和軍事學的豐富知識，從近代市民反對封建貴族的戰爭，美國獨立戰爭，法國大革命和普法戰爭等大量軍事實例中，生動地說明了，一方面，武器的改進，軍隊的裝備，戰爭的進行，都直接地依賴於經濟，依賴於生產力和交通工具，另一方面，技術上的進步用於軍事目的之後，又要求採用與之相適應的作戰方式和編隊形式。恩格斯考察了十四世紀以來火器的改善使軍隊的作戰體系和作戰方法所發生的一系列變化。十四世紀初，火藥從阿拉伯人那裡傳入西歐，熱兵器逐漸代替了冷兵器，作戰方式也隨之改變。市民的大炮攻破了以前一直攻不破的貴族的城堡，用火藥製造的槍彈射穿了騎士的盔甲；身披盔甲的貴族騎兵愈來愈被步兵和炮兵所代替。到十八世紀初，裝有刺刀的燧發槍把長矛最後從步兵的裝備中排擠出去。同燧發槍和完全不可靠的諸侯雇傭兵組成的步兵相適應的戰鬥形式是轉動不靈活的線式戰術。後來，美國獨立戰爭中的為自己切身利益而戰的起義者使用了新式的線膛槍，拋棄了線式戰術而發明了散兵戰。法國大革命中，全民武裝群眾要和訓練有素的反法同盟的雇傭軍作戰，他們採用了能夠相當整齊地快速運動的縱隊隊形。拿破崙又將這些作戰方式在戰術和戰略方面完善起來，實行這種部隊作戰方式的前提，除了士兵的成分變化以外，

----

❹　同❷，頁一八八。

新式武器的製造和使用，也是重要的原因。恩格斯說：「一旦技術上的進步可以用於軍事目的並且已經用於軍事目的，它們便立刻幾乎強制地，而且往往是違反指揮官的意志而引起作戰方式上的改變甚至變革。」❺

　　恩格斯在肯定軍事暴力依賴於經濟基礎的同時，又指出了它對於經濟的反作用。他認為軍事上的需要常常是刺激和促進生產力發展的重要因素。同時，軍事暴力在一定條件下可以促進和加速必然的經濟過程。恩格斯說：「暴力在歷史中還起著另一種作用，革命的作用；暴力，用馬克思的話說，是每一個孕育著新社會的舊社會的助產婆，它是社會運動藉以為自己開闢道路並摧毀僵化的垂死的政治形式的工具。」❻但是，戰爭和軍事暴力如果同經濟發展的方向相反，同人民的意願相違背，那麼也會對社會生產力造成巨大破壞，對經濟的發展起著阻障作用。

II. 戰爭的形成及其在階級社會中的發展

　　戰爭是從原始社會就已經出現了的以流血的暴力衝突為基本特徵的一種特殊的社會現象。在原始社會，氏族和部落為了保護自身的財產和獲得外族財產，常常不得不以戰爭的手段來達到這些目的。在人類的野蠻時代的低級階段，氏族制度能夠在自己內部解決一切爭端和糾紛。「一切問題，都由當事人自己解決，在大多數情況下，歷來的習俗就把一切調整好了」❼。而「對外的衝突，則由戰

---

❺　同❷，頁一八七。

❻　同❷，頁二〇〇。

❼　恩格斯，《起源》，《馬克思恩格斯選集》，卷四，頁九二～九三，人民出版社，一九七二年版。

爭來解決；這種戰爭可能以部落的消滅而告終，但決不能以它的被奴役而告終」❽，但到原始公社的後期，由於生產力的發展，人們的勞動除了能夠滿足自己生存的需要以外，還能提供剩餘產品。於是，戰爭中的俘虜不再被殺掉或吃掉，而是被勝利者進行奴役，充當奴隸。

　　隨著私有制和階級的出現，戰爭的性質、規模和它採用的形式都與原始社會有根本不同。在奴隸制出現之後，部落間的戰爭「已經開始蛻變為在陸上和海上為攫奪家畜、奴隸和財寶而不斷進行的搶劫，變為一種正常的營生」❾。這時，戰爭成了階級鬥爭的特殊形式。「只要有利益相互對立、相互衝突和社會地位不同的階級存在，階級之間的戰爭就不會熄滅」❿。雖然恩格斯在這裡所說的「階級之間的戰爭」並不單純指階級之間的軍事行動，但包含著作為軍事行動的戰爭在內。這就揭示了戰爭的深刻的階級本質和階級根源。

　　恩格斯總是對戰爭進行階級的分析，支持被壓迫階級反對剝削階級，被壓迫、被侵略的民族反對侵略者的正義的戰爭。例如對中國人民反對英國侵略者的鴉片戰爭，恩格斯堅決揭露英國政府的海盜政策和侵略行徑，憤怒地譴責這些「向毫無防禦的城市開火，殺人又強姦婦女的文明販子們」，認為中國人民的反英鬥爭是「保衛社稷和家園的戰爭」，是「保存中華民族的人民戰爭」⓫。又如十八世

---

❽　同❼，頁一五四。

❾　同❼，頁一〇四。

❿　恩格斯，《去年十二月法國無產者相對消極的真正原因》，《馬克思恩格斯選集》，卷一，頁七〇八，人民出版社，一九五六年版。

⓫　恩格斯，《波斯和中國》，《馬克思恩格斯選集》，卷二，頁二〇，人民出版社，一九七二年版。

紀法國大革命引起當時歐洲各國封建勢力結成神聖同盟對法國的戰爭，是為了撲滅這場大革命，維護封建秩序的非正義的戰爭，而法國人民在雅各賓政府領導下的反擊侵略者的戰爭則是正義的自衛戰爭。美國人民反對英國殖民主義者的獨立戰爭，同樣是正義的戰爭。恩格斯對這些正義的戰爭都給予高度的贊揚和肯定的評價。對於十六世紀在宗教旗幟下進行的德國農民戰爭，恩格斯也從階級內容上進行了分析，指出，「十六世紀的所謂宗教戰爭也根本是為著十分明確的物質的階級利益而進行的。這些戰爭，同稍後時期英國和法國的國內衝突完全一樣，都是階級鬥爭。如果說這許多次階級鬥爭在當時是在宗教的標誌下進行的，如果說各階級的利益、需要和要求都還隱蔽在宗教外衣之下，那末這並沒有改變事情的實質，而且也容易用時代條件來加以解釋」**⑫**。

　　恩格斯不僅用階級鬥爭和階級分析的方法分析了過去和他生活的時代的各種不同形式、不同性質的戰爭，而且對未來的世界性戰爭也作了富有遠見的推斷。在恩格斯看來，隨著資本主義壟斷代替自由競爭的趨勢的發展，在壟斷集團之間，各資本主義國家之間，進行著規模更大、更加劇烈的競爭，各資本主義國家為了瓜分殖民地，爭奪銷售市場和原料產地，擴大勢力範圍，矛盾愈來愈尖銳，因而醞釀著空前規模的世界性戰爭。恩格斯在他逝世前兩年給奧・倍倍爾的信中說：「下一次戰爭，只要一爆發，就絕不會限於局部地區，它在頭幾個月裡就會把大國 —— 至少是大陸上的大國 —— 都

---

⑫　恩格斯，《德國農民戰爭》，《馬克思恩格斯全集》，卷七，頁四〇〇，人民出版社，一九五九年版。

捲進去。」⑬對未來世界性戰爭的巨大破壞性和空前殘酷性，恩格斯
也作了預斷。他說：「這會是一場具有空前規模和空前劇烈的世界
戰爭。那時會有八百萬到一千萬的士兵彼此殘殺，同時把整個歐洲
都吃得乾乾淨淨，比任何時候的蝗蟲群還要吃得厲害。三十年戰爭
所造成的大破壞集中在三四年裡重演出來並遍及整個大陸，到處是
饑荒、瘟疫，軍隊和人民群眾因極端困苦而普遍野蠻化；我們在商
業、工業和信貸方面的人造機構陷於無法收拾的混亂狀態，其結果
是普遍的破產；舊的國家及其世代相因的治國才略一齊崩潰，以致
王冠成打地滾在街上而無人拾取；絕對無法預料，這一切將怎樣了
結，誰會成為鬥爭中的勝利者；只有一個結果是絕對沒有疑問的，
那就是普遍的衰竭和為工人階級的最後勝利造成條件。」⑭恩格斯逝
世後不到二十年，就爆發了第一次世界大戰。雖然有些發生得不像
他所預料的那樣，但是很多事情發生得同他預料的差不多。其所以
如此，是因為恩格斯把握了資本主義各國之間以及國內各種階級矛
盾和階級關係的總和，對這種階級關係及其發展趨勢作了極其確切
的階級分析。

III. 辯證地考察和分析各種軍事理論和軍事指揮問題

恩格斯把唯物辯證法貫穿於全部軍事問題的研究，對各種軍事
理論和軍事指揮問題進行了全面的辯證考察和分析。在人和武器的

---

⑬　恩格斯，〈致奧・倍倍爾〉，《馬克思恩格斯全集》，卷三九，頁二七，
　　一九七四年版。

⑭　恩格斯，《波克罕「紀念一八○六至一八○七年德意志極端愛國主義
　　者」一書引言》，《馬克思恩格斯全集》，卷二一，頁四○一～四○二，
　　人民出版社，一九六五年版。

關係上，恩格斯一方面充分重視武器裝備的作用，對各種兵器的特點、性能、製造和使用進行了仔細研究，認為新式武器的使用和推廣，武器技術的改進，對軍事組織、作戰方式和戰爭的勝負，都有重大影響。他在分析一八六六年普奧戰爭時指出，普魯士軍隊迅速戰勝奧地利「北方軍團」，「無疑地，速射的針發槍起了很大作用」，「如果沒有這樣的火力優勢，普軍是不會取得這樣巨大而又迅速的勝利的」 ⑮ 。但另一方面，恩格斯對戰爭中人的因素，包括官兵的軍事素養、文化素養、士氣和勇敢精神、組織紀律性、體格等更為重視。他說，「要攻擊比較強大的敵人，就需要突然和勇猛，因此部隊應當經過良好的訓練和教育。」 ⑯ 他認為，在戰爭中雖然槍是重要的，「但是這些槍自己是不會動的，需要有勇敢的心和強有力的手來使用它們」 ⑰ 。「贏得戰鬥勝利的是人而不是槍」 ⑱ 。

　　恩格斯還在他的軍事論著中全面分析了軍事上客觀條件和主觀因素，將帥和士兵，前方和後方，主動和被動，進攻和退卻，集中和分散等各種矛盾關係，堅持用全面的、發展的觀點，從全局上和相互聯繫上來觀察和處理這些關係，反對主觀的、片面的和絕對化的態度。

---

⑮　恩格斯，《德國戰爭短評》，《馬克思恩格斯全集》，卷一六，頁二一一，人民出版社，一九六四年版。

⑯　恩格斯，《戰爭短評》，《馬克思恩格斯全集》，卷一七，頁九七，人民出版社，一九六三年版。

⑰　同⑮。

⑱　恩格斯，《步槍史》，《馬克思恩格斯全集》，卷一五，頁二三二，人民出版社，一九六三年版。

二　宗教哲學思想

　　恩格斯對宗教問題有深入研究，他對世界上影響最大的幾種宗教基督教、伊斯蘭教、佛教以及史前的原始宗教、古代的宗教和許多民族的宗教都進行過詳細的考察和分析，並且按照唯物主義歷史觀對有關宗教問題的理論作了深刻的闡發。

　　恩格斯認為，一切宗教都不過是支配著人們日常生活的外部力量在人們頭腦中的幻想的反映，在這種反映中，「人間的力量採取了超人間的力量的形式」❶。在人類歷史的初期，原始人把自然力看成是某種異己的、神秘的、超越一切的東西。在一定階段上，他們用人格化的方法來同化自然力，這樣就到處創造了許多神。在原始社會中，生產極不發達，在廣大地區內人口極度稀少，因此，人類差不多完全受著外部大自然的支配。自然界起初作為一種完全異己的、有無限權威和不可制服的力量與人對立著，人們就像牲畜一樣服從神秘的自然界的權力。這種神秘而巨大的權力就反映在原始人幼稚的宗教觀念之中。恩格斯指出，除了自然力量以外，社會力量也起了作用。它和自然力量一樣，對人來說是異己的，最初也是不能解釋的，以同樣的表面上的自然必然性支配著人。在階級社會中，人們受自己所創造的經濟關係、受自己所生產的生產資料所支配，就像受某種異己的自然力支配一樣。在各階級中，必然有一些人，他們既然對物質上的解放感到絕望，就去在幻想中尋求精神上的解放來代替。被剝削、被壓迫階級由於無法改變自己的命運，無力同剝削者鬥爭，必然會產生對死後的幸福生活的憧憬，正如野蠻人由

❶　同❷，頁三四一。

於沒有力量同大自然搏鬥而產生對上帝、魔鬼、奇蹟等等的信仰一樣。

恩格斯認為，宗教的發展是從多神教發展為一神教。這一方面是由於智力發展中自然發生的抽象化過程在人們頭腦中從或多或少有限的和互相限制的許多神中產生了一神教的唯一的神的觀念。另一方面是由於社會中統一君主的出現。「沒有統一的君主就決不會出現統一的神，神的統一性不過是統一的東方專制君主的反映」❷。

關於宗教和經濟基礎的關係，恩格斯進一步指出，宗教一旦形成，總要包含某些傳統的材料，但是這些材料所發生的變化是由造成這些變化的人們的階級關係引起的。古代的一切宗教都是自發的部落宗教和後來的民族宗教，它們從各民族的社會的和政治條件中產生，並和它們一起生長。這樣每個民族中形成的神，都是民族的神，這些神的王國不越出它們所守護的民族的領域。只要這些民族存在，這些神就繼續活在人們的觀念中，這些民族沒落了，這些神也隨之滅亡。

過去，從中世紀的自由思想者到十八世紀的啟蒙思想家和唯物主義者，都流行著一種觀念，認為一切宗教，包括基督教在內，都是騙子手捏造出來的。恩格斯不贊成這種簡單化的見解。在他看來，宗教的產生有其複雜的認識根源和社會歷史根源，而基督教是一種世界性的宗教，對於這樣一種「征服羅馬世界帝國，統治文明人類絕大多數達一千八百年之久的宗教，簡單地說是騙子手湊集而成的無稽之談，是不能解決問題的」❷。在恩格斯看來，正確的態度應

---

❷　恩格斯，〈致馬克思〉，《馬克思恩格斯全集》，卷二七，頁六五～六六，
　　人民出版社，一九七二年版。

❷　恩格斯，《啟示錄》，《馬克思恩格斯全集》，卷二一，頁一一，人民出

是採取歷史唯物主義的態度，根據宗教藉以產生和取得統治地位的歷史條件，去說明它的起源和發展。正是以這種態度，恩格斯不僅論述了民族範圍的宗教，而且還深入研究了在世界範圍內影響較大的幾種宗教：基督教，伊斯蘭教和佛教。而他論述最多的還是基督教（從原始基督教、早期基督教、直至東正教、天主教和新教）。

關於早期基督教的起源和它的歷史發展線索，恩格斯在〈啟示錄〉、〈布魯諾‧鮑威爾和早期基督教〉、〈論早期基督教〉等論文中均有論述。他指出：基督教是群眾創造的，是在新宗派、新宗教、新先知數以百計地出現的時代，以一種我們完全不知道的方式在巴勒斯坦產生的。在基督教起源的問題上，他肯定了布魯諾‧鮑威爾的研究成果，認為亞歷山大里亞的猶太人斐洛（Philo Judaeus 約西元前20～約西元後50）是基督教教義之父，而羅馬的斯多葛派塞涅卡（Lucius Annaeus Seneca 約西元前4～西元後65）可以說是它的叔父，以斐洛名義流傳下來的許多著作，實際上是諷喻體的唯理論的猶太傳說和斯多葛派哲學的混合物。這種西方觀點和東方觀點的調和，已經包含著基督教全部本質性的觀念——原罪、邏各斯、把自己的心奉獻給神的懺悔等。基督教就是這樣從普遍化了的東方神學、特別是猶太神學和庸俗化了的希臘哲學特別是斯多葛派哲學的混合中悄悄地產生的。而流傳到今天的基督教的官方形式，僅僅是尼西亞宗教會議為了使它成為國教並使它適合於成為國教這個目的而賦予它的那種形式。恩格斯把早期基督教與現代工人運動加以比較，認為二者有某些相同之點。基督教「在其產生時，也是被壓迫者的運動，它最初是奴隸和被釋放的奴隸、窮人和無權者、被羅馬征服或驅散的人們的宗教」❷。基督教就是為這些被奴役、受壓迫、

版社，一九六五年版。

淪為赤貧而反抗無望的人們指出一條從苦難的塵世引向永恆的天堂
（然而卻是幻想的天堂！）的出路。恩格斯分析了被羅馬帝國征服的
所有國家的動盪不安的和經濟、政治、智力、道德各個方面均處於
全面解體時期的社會狀況和人們的生活狀況，指出，羅馬的占領，
在所有被征服的國家，首先直接破壞了過去的政治秩序，其次也間
接破壞了舊有的社會生活條件。這些民族中最強有力的部分，不是
在被征服前、被征服時、或被征服後的戰爭中被消滅，便是淪為奴
隸。即使富人和自由人，對於羅馬帝國、對於皇帝也幾乎同奴隸對
於奴隸主一樣沒有權利。同普遍的無權地位和對改善現狀的可能表
示絕望的情況相適應的，是普遍的意志消沉和精神頹廢。羅馬帝國
在消滅各民族的政治和社會的獨特性的同時，也消滅了各民族的獨
特的宗教。現狀不堪忍受，未來也許更加可怕。人們沒有任何出路
而悲觀絕望。絕大多數人只有無可奈何地服從於不可避免的命運。
在這種社會條件和思想氛圍中，各階級中必有一部分人由於對物質
上的解放感到絕望而去追求思想上的安慰，以代替那已經失去了的
宗教。這種設法從外在世界遁入內在世界的人們，大多數必然是奴
隸。最初的基督教徒來自屬於人民最下層的「受苦受難的人」──
城市中形形色色的破產的自由人，意大利西西里阿非利加的大莊園
中的奴隸，各行省農業地區日益陷入債務奴役的小農。對於所有這
些苦難的人們來說，在當時的情況下，只能在宗教領域中，尋求解
放的出路。肉體死後靈魂將為生前的行為受到某種報償或懲罰這一
信念也越來越為大家所接受。基督教最初的一個從斐洛學派抄襲來
並為廣大信徒接受的根本觀念就是認為一切時代、一切人的罪惡都

㉒　恩格斯，《論早期基督教的歷史》，《馬克思恩格斯全集》，卷二二，頁
　　五二五，人民出版社，一九六五年版。

可以通過一個中間人的一次偉大的自願犧牲而永遠贖掉，從而擺脫墮落世界獲得內心拯救和思想安慰。這樣一來，以後就沒有必要再做任何犧牲，許許多多宗教儀式也隨之失去依據。這樣，便擺脫了那些妨礙或禁止同異教徒交往的禮儀，基督教沒有造成隔絕的儀式，便為它成為世界宗教創造了條件。

　　恩格斯在分析了基督教產生的條件，以及它之成為世界宗教的條件以後，又進一步論述了基督教在歐洲封建社會和資本主義社會中的發展和變化，並以此說明宗教與階級鬥爭和社會的經濟發展之間的關係。他指出，在中世紀，隨著封建制度的發展，基督教演變成為一種同它相適應的、具有相應的封建教階制的宗教。由於中世紀把意識形態的其他一切形式——哲學、政治、法學等都合併到神學中，使之成為神學中的各種科目，因此，當時任何社會運動和政治運動都不得不採取神學的形式。在恩格斯看來，十六世紀的宗教戰爭也是為著十分明確的物質的階級利益而進行的。這些戰爭同稍後時期英國和法國的國內衝突完全一樣，本質上都是階級鬥爭。「如果說這些階級鬥爭在當時是在宗教的標誌下進行的，如果說各階級的利益需要和要求都還隱蔽在宗教外衣之下，那末這並沒有改變事情的實質」❷❸。當市民階級興起的時候，新教異端也在城市最繁榮的時代同封建的天主教相對抗而發展起來。新教異端的不可根絕是同正在興起的市民階級的不可戰勝相適應的。當這個市民階級已經充分強大時，他們從前的主要是同封建貴族進行的地方性鬥爭便開始採取了民族的規模。德國的路德(Luther, Martin 1483～1546)領導的宗教改革和法國的加爾文(Calvin, Jean 1509～1564)領導的宗教改革就是這種鬥爭的表現。路德是市民階級改良派的代表人物，而

❷❸　同⓲。

加爾文教則是當時資產階級利益的真正的宗教外衣。但是，在法國，當資產階級力量不斷壯大起來的時候，資產階級反對封建貴族的鬥爭，在他們的思想代表啟蒙思想家那裡，已經能夠採取非宗教的、純粹政治的形式而不需要披宗教的外衣，打宗教的旗號了。出席國民會議的不是新教派而是自由思想家了。這時，法國資產階級已經強大得足以建立他們自己的、同他們的階級地位相適應的意識形態了，但他們沒有想到要用某種新的宗教代替舊的宗教。這就表明，基督教「已不能成為任何進步階級的意向的意識形態外衣了，它愈來愈變成統治階級專有的東西，統治階級只把它當做下層階級就範的統治手段」**㉔**。

恩格斯認為，宗教並不是永世長存的。它的存在是由於人們還處在異己的自然力量和社會力量的支配之下，作為人們對這種異己力量的關係的有感情的形式而存在。人們在這種力量的支配下，以為謀事在人，成事在神。當著社會發展到謀事在人，成事也在人的時候，當著整個社會和一切社會成員都擺脫了奴役狀態的時候，「還在宗教中反映出來的最後的異己力量才會消失，因而宗教反映本身也就隨著消失」**㉕**。在恩格斯看來，宗教不是人為地被消滅，而是隨著科學的發展，社會的進步而自然消亡的。

三 道德哲學思想

在恩格斯的著作中，包含著豐富的道德哲學思想。恩格斯在早

㉔ 恩格斯，《終結》，《馬克思恩格斯選集》，卷四，頁二五三，人民出版社，一九七二年版。

㉕ 同**❷**，頁三四三。

年是一個激進的民主主義者和真誠的人道主義者，他對資本主義的
剝削制度的不合人性的非人道的行為，進行了憤怒的批判和尖銳的
揭露，對工人階級的悲慘境遇充滿了深切的同情。在他完全確立唯
物主義歷史觀後，雖然在他的道德論中體現了深刻的人道精神，但
這時他已認識到對資本主義社會的批判不能僅僅停留在單純的道德
義憤上，而是要用歷史發展的觀點和階級分析的方法來考察階級社
會中的人的本質以及人與人的關係。在這個基礎上，他提出了嶄新
的馬克思主義的道德論。這種道德論和道德哲學思想，是他的歷史
唯物主義學說的重要應用和發展，也為馬克思主義倫理學說奠定了
理論基礎。

　　按照恩格斯和馬克思共同制定的唯物主義的歷史觀，道德是一
種社會意識形態，歸根到底是社會經濟關係的反映。他們在《德意
志意識形態》中說過：「像國家、宗教、道德等等這些一般的名字，
決不會使我們感到迷惑，因為這些名字只是許多個人的現實關係的
抽象。」㉖ 在他們看來，道德並不是社會的基礎，而是社會經濟關係
的表現和徵兆。在無階級的原始社會中，由於土地和財產都是為部
落所共有，大家都是平等、自由的，因而道德也是單純質樸的，人
們的相互關係以及人們之間發生的問題，在大多數情況下，都靠歷
史的習慣加以調整。但是，私有制和階級的出現，打破了古代氏族
社會的純樸道德。恩格斯在《反杜林論》中指出，在階級社會中，
道德是階級的道德。在當時社會的三個階級即封建貴族、資產階級
和無產階級都各有自己的特殊道德。他認為，人們自覺或不自覺地，
歸根到底總是從他們的階級地位所依據的實際關係中──從他們進

㉖　馬克思和恩格斯，《德意志意識形態》，《馬克思恩格斯全集》，卷三，
　　頁三二〇，人民出版社，一九六〇年版。

行生產和交換的經濟關係中，吸取自己的道德觀念❷。恩格斯在歸根到底的意義上，肯定了社會經濟關係是道德關係和道德觀念的基礎，但他並不是把道德簡單歸結為經濟關係，而是把它看成一種具有相對獨立性的社會意識形態。

恩格斯在論述道德的階級性時，並沒有否認不同階級之間可以有某些共同的道德原則和道德觀念。但他對這種共同的道德論的存在，也作了歷史唯物主義的解釋。他認為這是由於有共同的歷史背景和共同的經濟發展階段。對上述封建貴族、資產階級和無產階級的三種道德論來說，的確有一些共同的東西，「這三種道德論代表同一歷史發展階段，所以有共同的歷史背景，正因為這樣就必然有許多共同之處。不僅如此，對同樣的或差不多同樣的經濟發展階段來說，道德論必然是或多或少互相一致的」❷。他以「切勿偷盜」這個道德戒律為例，指出，從動產的私有制發展起來的時候起，在一切存在著這種私有制的社會裡，必然以「切勿偷盜」為一條共同的道德戒律。另外，恩格斯也談到過資產階級在和無產階級以及其他勞動階級一起進行反對封建貴族的鬥爭時，「有權認為自己同時代表當時的各個勞動階級的利益」❷。這時，在反封建鬥爭中提出的「自由、平等、博愛」的口號，就成了共同的口號。而資產階級關於自由平等的要求，很自然地被宣布為人權。這些都表明，不同階級的某些共同的道德原則和道德觀念是以一定的共同歷史背景共同的經濟關係為基礎的。

恩格斯批判了杜林等人關於抽象的、絕對的、永恆的道德的觀

---

❷　同❷，頁一〇二。

❷　同❷，頁一〇三。

❷　同❷，頁二八。

點，揭示了道德的歷史性，指出道德是隨著歷史發展而發展的，不同的社會歷史條件下有不同的道德論，沒有永恆不變的道德原則。善和惡的觀念，從一個民族到另一個民族、從一個時代到另一個時代變更得這樣厲害，以致它們常常是互相直接矛盾的。雖然恩格斯肯定了在大體相同的歷史背景和經濟發展階段上，可以有某些相同的道德原則和道德論，但這並不意味著有什麼永恆的道德。如果說「切勿偷盜」在存在著財產私有制的社會中是一條共同的道德戒律的話，那末，「在偷盜動機已被消除的社會裡，就是說在隨著時間的推移頂多只有精神病患者才會偷盜的社會裡，如果一個道德宣揚者想來莊嚴地宣布一條永恆真理：切勿偷盜，那他將會遭到什麼樣的嘲笑啊！」❸⓪

　　恩格斯分析了他當時生活的歐洲社會的道德方面的情況。當時人們所宣揚的道德，首先是過去的宗教時代傳下來的基督教道德，這種道德主要地又分成天主教的和新教的道德，其中又分成許多種類，從耶穌天主教的正統新教的道德，直到鬆弛的啟蒙的道德。和這些道德並列的，有現代資產階級的道德，和資產階級道德並列的，又有無產階級的未來的道德。「所以僅僅在歐洲最先進國家中，過去現在和將來就提供了三大類同時並存的各自起作用的道德論」❸① 。在恩格斯看來，上述這些道德論，無論哪一種都不是絕對的、終極性的、永恆的道德。「但是現在代表著現狀的變革、代表著未來的那種道德，即無產階級的道德，肯定擁有最多的能夠長久保持的因素」❸② 。

---

❸⓪　同❷，頁一〇三。

❸①　同❷，頁一〇一～一〇三。

❸②　同❷，頁一〇二。

在論述道德的歷史性和階級性時，恩格斯分析了平等觀念的歷史變化過程。他指出，一切人，作為人來說，都有某些共同點，在這些共同點所及的範圍內，他們是平等的，這樣的觀念是非常古老的。要使這種相對平等的原始觀念發展到現代的平等要求，那就必然要經過而且確實已經經過了幾千年。在最古的自發的公社中，最多只談得上公社成員之間的平等權利，婦女、奴隸和外地人自然不在此列❸。在希臘人和羅馬人那裡，人們的不平等比任何平等受重視得多。如果認為希臘人和野蠻人、自由民和奴隸、公民和被保護民、羅馬的公民和羅馬的臣民都可以要求平等的政治地位，那末這在古代人看來必定是發了瘋。在羅馬帝國時期，所有這些區別，除自由民和奴隸的區別外，都逐漸消失了；這樣，至少對自由民來說產生了私人的平等。但是，只要自由民和奴隸之間的對立存在，就談不上一般人的平等。在羅馬帝國統治的猶太民族中產生了最初的基督教。基督教只承認一切人的一種平等，即原罪的平等，這同它曾經作為奴隸和被壓迫者的宗教的性質是完全適合的。此外，基督教至多還承認上帝的選民的平等。但這種平等只是在開始時被強調過，隨著僧侶和俗人的對立的確立，隨著基督教成為羅馬帝國的國教，很快使這種基督教平等的萌芽也歸於消失。日爾曼人在西歐的橫行，逐漸建立了空前複雜的社會和政治等級制度，從而在幾個世紀內消除了一切平等觀念。但在封建的中世紀內部孕育了一個市民階級，它在進一步發展中注定成為現代平等要求的代表者。這個市

---

❸ 恩格斯在這裡所論述的關於最古的自發的公社的平等的觀點，在他後來的《家庭・私有制和國家的起源》中有了變化，在後來的這本著作中，他說，在古代氏族制度下，大家都是平等的，自由的，包括婦女在內。他們還不曾有奴隸；奴役異族部落的事情，照例也是沒有的。

民階級最初是一個封建等級，但由於資本主義商品生產和商品交換的發展，海外航路的發現，手工業為工場手工業所代替，這個階級也日益壯大起來。他們作為商品所有者來說是有平等權利的。他們根據對他們來說全都平等的權利進行交換。同時，擺脫了行會束縛又失去了生產資料的「自由的」工人，可以和廠主訂立出租自己勞動力的契約，工人作為締約的一方是和廠主權利平等的。最後，在商品等價交換中，體現在商品中的社會必要勞動是相等的，在這裡，所有人的勞動，因為它們都是人的勞動並且只就這一點而言，它們是平等的和具有同等效用的。這些都是資產階級平等要求的經濟根源。一旦社會經濟進步，把擺脫封建桎梏通過消除封建不平等來確立權利平等的要求提到日程上來，這種要求必然迅速獲得更大規模，擴大到為廣大農民要求同樣的平等權利並要求廢除一切封建的等級特權。但是，從消滅階級特權的資產階級平等要求提出的時候起，同時就出現了消滅階級本身的無產階級平等要求。

恩格斯認為，在無產階級口中的平等要求具有雙重意義：它或者是對極端的社會不平等的自發反應，或者是從資產階級平等要求中吸取了或多或少正確的、可以進一步發展的要求，成了無產階級用資產階級本身的主張來發動工人起來反對資產階級的鼓動手段，「在上述兩種情況下，無產階級平等要求的實際內容都是消滅階級的要求」❸。恩格斯從平等觀念的形成與發展，表明道德觀念是歷史的產物，它的形成，需要一定的歷史關係，而這種歷史關係本身又以長期的已往的歷史為前提。

上述情況表明，恩格斯是道德發展論者，道德的階級論者和歷史主義者。然而，他決不是一個道德相對主義者，雖然他承認道德

---

❸ 同❷，頁一一七。

有其相對性。在他看來，在決定道德觀念和道德狀況的基本經濟關係和經濟狀況沒有根本改變之前，與之相適應的道德論不會改變。即使社會經濟狀況改變了，由於傳統的歷史惰性，傳統的道德觀念仍然會在一定時期內繼續起作用。

恩格斯在論述了階級社會中的階級道德以後，還論及了將來的超越階級對立的道德。他說：「在道德方面也和人類知識的所有其他部門一樣，總的說是有過進步的。但是我們還沒有越出階級道德。只有在不僅消滅了階級對立，而且在實際生活中也忘卻了這種對立的社會發展階段上，超越階級對立和超越對這種對立的回憶的真正人的道德才成為可能。」**❸❺**當社會發展到更高級階段的時候，人類將進入更高的文明時代，那時的情況會像摩爾根描述的那樣：「管理上的民主，社會中的博愛，權利的平等，普及的教育，將揭開社會的下一個更高的階段，經濟、理智和科學正在不斷向這個階段努力。這將是古代氏族的自由、平等和博愛的復活，但卻是在更高級形式上的復活。」**❸❻**恩格斯對摩爾根這段話的肯定，表明他相信人類社會和人類道德狀況的進步趨勢，因而，他決不是一個道德悲觀主義者。

在恩格斯的道德哲學中，關於婚姻和愛情的道德學說占有一定分量。他在這方面的論述，特別集中地反映在《家庭、私有制和國家的起源》中。恩格斯根據對大量有關原始社會的材料的深入研究，指出婚姻形式和人們的婚姻道德觀念是隨著歷史發展而發展的。在該書的一個註釋中恩格斯談到，馬克思在一八八二年春季的一封信中，以最嚴厲的語調批評瓦格納《尼貝龍根》歌詞對原始時代的完全曲解，歌詞中說：「誰曾聽說哥哥抱著妹妹做新娘？」馬克思對此

---

❸❺ 同❷，頁一〇三。

❸❻ 同❼，頁一七五。

回答說：「在原始時代，妹妹曾經是妻子，而這是合乎道德的。」恩格斯不僅完全贊同馬克思的見解，而且論證了在人類早期存在過「整個一群男子與整個一群女子互為所有，很少有嫉妒餘地的婚姻形式」。但是，人類的婚姻形式從群婚發展到對偶婚直到現代的一夫一妻制，婚姻道德也隨之發展。恩格斯在作了詳細的歷史考察之後，指出：「現代的性愛，同單純的性欲，同古代的愛，是根本不同的。第一，它是以所愛者的互愛為前提的；⋯⋯第二，性愛常常達到這樣強烈和持久的程度，如果不能結合和彼此分離，對雙方來說即使不是一個最大的不幸，也是一個大不幸；⋯⋯最後，對於性交關係的評價，產生了一種新的道德標準，不僅要問：它是婚姻的還是私通的，而且要問：是不是由於愛情，由於相互的愛而發生的？」❸ 在恩格斯看來，在現代，只有以愛情為基礎的婚姻才是合乎道德的。

　　恩格斯在他的一生各個時期，對資產階級的道德進行過猛烈的、尖銳的批判，但他也並不否認資本主義在其發展過程中也存在一定的道德上的進步。他認為，隨著資本主義生產的發展，資產階級在商業道德方面也有進步。作為早期資產階級的那些欺詐哄騙行為、以劣充優、先送上些好的樣品，然後再把蹩腳的貨物送去等瑣細的騙人技倆和狡猾手段愈來愈不能採用了。恩格斯指出：「這些狡猾手腕在大市場上已經不合算了，那裡時間就是金錢，那裡商業道德發展到一定的水平，其所以如此，並不是出於倫理的狂熱，而純粹是為了不白費時間和勞動。」❸ 恩格斯還指出，隨著世界市場的擴大，資本主義生產的發展，企業的規模愈來愈大，生產管理愈來愈

❸　同❼，頁七九。

❸　恩格斯，《「英國工人階級狀況」德文第二版序》，《馬克思恩格斯選集》，卷四，頁二七二，人民出版社，一九七二年版。

先進,「與這樣的發展同時,大工業看起來也有了某些道德準則」❸❾。
擁資百萬的工廠主覺得用一些低劣手段對工人進行瑣細的盤剝來互
相競爭已經不合算了, 他們有比這些小算盤上浪費時間更為重要的
事情要做。另一方面, 企業的規模愈大, 每次同工人發生衝突所遭
受的損失和困難就愈多。因此, 工廠主們, 甚至是大的工廠主們,
也漸漸感染了一種新的精神, 對正義的仁愛進行讓步, 使工人們生
活條件和工作條件比早期資本主義階段有了明顯的改善。但這並沒
有改變資本主義剝削的本質。在恩格斯看來, 這種讓步, 「事實上
只是使資本加速積聚於少數人手中和消滅那些沒有這種額外收入就
不能維持下去的小競爭者的一種手段」❹❶。

四　藝術哲學思想

　　恩格斯在青年時期就愛好文學和藝術, 並發表過許多詩作。在
他一生的各個時期, 都注意對文學藝術的研究, 從古代神話、史詩、
希臘羅馬的文化藝術、中世紀和文藝復興時期的文化藝術直到十八、
十九世紀歐洲各國以及俄羅斯的各種藝術形式、藝術家及其作品,
都有所涉獵, 有所評論, 發表了一系列重要見解, 為馬克思主義的
藝術哲學和文藝理論作出了寶貴的貢獻。

　　關於藝術的起源和本質問題。在恩格斯看來, 藝術是人類社會
生活的反映, 是從人類勞動中產生的。在晚期舊石器時代, 在個別
較大的工具上, 「我們有時看到很生動的動物畫, 如馴鹿、毛象、原
牛、海豹、鯨魚等, 也有赤身人物狩獵圖, 甚至還可以看到獸角上

---

❸❾　同❸❽, 頁二七四。

❹❶　同❸❾。

的原始雕刻」❹。人類的手不僅是勞動的器官，而且是勞動的產物。由於在愈來愈複雜的勞動中和日新月異的動作相適應，人的手變得愈來愈靈巧，而且由於這些遺傳下來的靈巧性以愈來愈新的方式運用於愈來愈複雜的動作，人的手才達到高度的完善，「在這個基礎上才能彷彿憑著魔力似地產生了拉斐爾的繪畫、托爾瓦德森的雕刻以及帕格尼尼的音樂」❷。當然，作為一種相對獨立的意識形態領域的專門的藝術，則是分工的產物。他說：「除了必需的生活資料只能提供微少的剩餘的時候，生產力的提高、交換的擴大、國家和法律的發展、藝術和科學的創立，都只有通過更大的分工才有可能。」❸在《德意志意識形態》中，他和馬克思談到，由於精神勞動和物質勞動的分工，才使藝術得以專門發展。但他們又同時指出，分工使藝術天才完全集中在個別人身上，因而廣大群眾的藝術天才受到壓抑。對於藝術家來說，他們的作品也受到他以前的藝術所達到的技術成就、社會組織、當地的分工以及與當地有交往的世界各國的分工等條件的制約。像拉斐爾這樣的個人是否能順利地發展他的天才，這就完全取決於需要，而這種需要又取決於分工以及由分工產生的人們所受教育的條件。恩格斯認為，藝術像其他意識形態一樣，是在一定的經濟基礎上產生和發展的。但經濟基礎只是在歸根結底的意義上對藝術起決定性作用，影響藝術的還有政治、道德、宗教、哲學等因素。藝術作品產生以後，又反過來對經濟基礎和整個社會

---

❹　恩格斯，《論古代日爾曼人的歷史》，《馬克思恩格斯全集》，卷一九，頁四七八～四七九，人民出版社，一九六三年版。

❷　恩格斯，《自然辯證法》，《馬克思恩格斯全集》，卷二〇，頁五一一，人民出版社，一九七一年版。

❸　同❷，頁一九七。

生活產生反作用。

關於藝術發展同物質生產的不平衡性問題。在恩格斯看來，藝術和經濟基礎、物質生產的關係決不能簡單地、直線式地理解，決不能把藝術生產的發展與進步，看成是與物質生產發展完全同步的過程。由於文學藝術和其他意識形態一樣是作為分工的一個特定的領域，它的發展一方面總要受到現實的經濟、政治的制約和影響，另一方面又要對前人和外域的創作經驗和思想傳統有所繼承，有所借鑒，有所批判和吸收，並在新的基礎上進行新的創造。同時文學藝術本身也是按照自身的特殊規律向前發展的。因此，在文學藝術發展的過程中，一定時期出現繁榮，出現偉大作家和偉大作品，或者某種文藝思潮，某種創作方法居於主導地位，都有許多複雜的因素在起作用。經濟上落後的國家，在一定的歷史條件下，也可以出現「文學的繁榮」❹。

關於現實主義的創作方法和原則。恩格斯在晚年的一些通信中，對現實主義的文藝創作理論提出了很重要的見解。他指出：「現實主義的意思是，除細節的真實外，還要真實地再現典型環境中的典型人物。」❺在恩格斯看來，現實主義當然要從現實出發，但不能僅僅停留在描寫細節的真實，而是通過描寫細節的真實，塑造具有典型性或典型意義的藝術形象，做到「真實地再現典型環境中的典型人物」。恩格斯通過對瑪・哈克奈斯(Harkness, Margaret 生卒年月不詳)的小說《城市姑娘》的評論，具體運用了這一現實主義原則。

---

❹ 恩格斯，〈致保・恩斯特〉，《馬克思恩格斯選集》，卷四，頁四七三，人民出版社，一九七二年版。

❺ 恩格斯，〈致瑪・哈格奈斯〉，《馬克思恩格斯選集》，卷四，頁四六二，人民出版社，一九七二年版。

恩格斯認為，該作品中的人物「就他們本身而言，是夠典型的，但是環繞著這些人物並促使他們行動的環境，也許就不那樣典型了」❻。因為當時是十九世紀八十年代，工人階級的覺醒和為恢復自己做人的地位同周圍的壓迫環境進行了半個多世紀的鬥爭。而作品中的工人則是以消極的群眾的形象出現的。同五十年前聖西門和歐文時代的情況沒有什麼差別。在恩格斯看來，環境主要的不是指自然因素，地理因素，而是人們的社會歷史條件和社會關係。人和環境的關係不是單純地由環境決定人，而是人創造環境，同時環境也創造人。在藝術作品中，要把人和環境辯證統一起來。典型環境要把時代特點體現出來，把局部與整體統一起來。而典型人物則要既具有鮮明的個性，又具有代表性和普遍性，而且又和典型環境相統一。恩格斯在給敏・考茨基(Kautsky, Minna 1837～1912)的信中提出，「每個人都是典型，但同時又是單個人，正如老黑格爾所說的，是一個『這個』」❼。這種典型，是普遍性和個性的統一，獨特性和代表性的統一。恩格斯在評論拉薩爾的悲劇《濟金根》時說：「不應該為了觀念的東西而忘掉現實主義的東西。」❽恩格斯強調，在對人物性格的刻畫中，固然要表現人物行動的心理動機，但這種動機不應當純粹是從個人的、偶然的願望中產生的，而是從人物所處的歷史潮流中得來的，而且要更多地通過劇情本身的進程使這些動機「生動地、積極地、也就是自然而然地表現出來」❾。

---

❻　同❺，頁四六二。

❼　恩格斯，〈致敏・考茨基〉，《馬克思恩格斯選集》，卷四，頁四五三，人民出版社，一九七二年版。

❽　恩格斯，〈致斐・拉薩爾〉，《馬克思恩格斯選集》，卷四，頁三四五，人民出版社，一九七二年版。

　　關於作品中的傾向及其表現。恩格斯是重視作品中的傾向問題
的。他明確地說:「我決不是反對傾向本身。悲劇之父埃斯庫羅斯和
喜劇之父阿里斯托芬都是有強烈傾向的詩人,但丁和塞萬提斯也不
遜色,而席勒的《陰謀與愛情》的主要價值就在於它是德國第一部
有政治傾向的戲劇。現代的那些寫了優秀小說的俄國人和挪威人全
是有傾向的作家。」❺文學作品的傾向是作品中所蘊含的作家的人生
態度,愛憎情感,審美理想。它表現為感情傾向、思想傾向、政治
傾向和審美傾向。恩格斯對許多作品的分析、評論都往往是從分析
作品的傾向著手,肯定積極的、進步的、正確的傾向,批判消極的、
落後的、錯誤的傾向。但是,他不贊成由作家「公開地表明」、「證
明」自己的傾向或「特別地指點出」作品的傾向,而是要根據文學
藝術的特點和規律,通過真實而生動的藝術描寫、形象塑造和場面、
情節本身自然而然地把傾向表現出來,自然而然地流露出來。他在
給拉薩爾的信中說:應該更多地「通過劇情本身的進程使這些動機
生動地、積極地、也就是說自然而然地表現出來,而相反地,要使
那些論證性的辯論……逐漸成為不必要的東西」❺。恩格斯並不反
對在作品中有與形象描繪、情節發展關係緊密的適當的議論,但他
反對用長篇大論的論證性辯論來表達作者的傾向。在他看來,「作
者的見解愈隱蔽,對藝術作品來說就愈好」❺。他甚至認為現實主
義可以違背作者的見解而表現出來。在這方面,他特別稱贊巴爾扎
克(Balzac, Honore de 1799〜1850),說他是「比過去、現在和未來

❹　同❹,頁三四四。
❺　同❹,頁四五四。
❺　同❹,頁三四四。
❺　同❺。

的一切左拉都要偉大得多的現實主義大師」❸。他在給瑪・哈克奈斯的信中，含蓄地批評了左拉 (Zola, Emile 1840～1902) 的自然主義，但同時又指出不要在作品中直接了當地鼓吹作者的社會觀點和政治觀點，而是要借鑒巴爾扎克的現實主義的創作經驗，對現實關係進行真實的描寫。恩格斯指出，巴爾扎克在政治上是一個正統派，但是他看到了他心愛的貴族的滅亡的必然性，並在當時唯一能找到未來的真正的人的地方看到了這樣的人，即聖瑪麗修道院的共和黨英雄們。巴爾扎克忠於他的現實主義原則，「不得不違反自己的階級同情和政治偏見」❹，以空前尖刻的嘲笑和空前辛辣的諷刺投向了他所深切同情的那些貴族男女，把他們描寫為不配有好命運的人，並且毫不掩飾地讚賞他政治上的死對頭——當時代表人民群眾的共和黨英雄們。恩格斯說，甚至在經濟細節方面（如革命以後動產和不動產的重新分配），他從巴爾扎克的作品中所學到的東西，「也要比從當時所有職業的歷史學家、經濟學家和統計學家那裡學到的全部東西還要多」❺。

關於文學作品的內容和形式問題。恩格斯對文藝作品的要求雖然較多的是談論作品的內容方面的問題，但他對作品的形式也相當重視。在給拉薩爾的信中，他對形式的相對獨立性，形式與內容的融合、統一作了比較多的論述。他指出，由於拉薩爾在韻律方面安排得不好，道白很長，對話也寫得不生動活潑，角色在舞臺上缺少動作，因而《濟金根》這個劇本「肯定是不能上演的」。恩格斯認為，必須根據舞臺演出的要求，對該劇本進行形式上的加工。他甚至認

---

❸　同❹。

❹　同❹，頁四六三。

❺　同❹，頁四六三。

為儘管由於這種加工會使思想內容受到損失，但這是不可避免的，必要的。恩格斯在批評拉薩爾的作品在形式上的缺陷並提出改進方法以後，進一步提出了內容與形式融合的要求。他說：「您不無根據地認為德國戲劇具有較大的思想深度和意識到的歷史內容，同莎士比亞劇作的情節的生動性和豐富性的完美融合，大概只有在將來才能達到，而且也許根本不是由德國人來達到的，無論如何，我認為這種融合正是戲劇的未來。」❺❻在這裡，恩格斯不僅僅是對拉薩爾的作品提出意見，而且是提出一個正確處理藝術作品內容和形式的重要原則。在恩格斯看來，作品應當具有「較大的思想深度」，這種思想深度應同作者對現實的或歷史的生活深刻認識、領悟融合在一起，又要同作品在情節上的生動性和豐富性融合在一起。這表達了恩格斯對未來戲劇乃至未來一切文學作品追求內容和形式完美融合的理想和期望。

此外，恩格斯還提出關於以美學的觀點和歷史觀點作為衡量藝術作品的最高的標準問題；關於悲劇和喜劇問題；關於對不同作家、不同作品的評價問題等。這些都是他的藝術哲學思想的重要內容。

---

❺❻　同❹❽，頁三四三。

第七章　恩格斯哲學思想對後世的影響

恩格斯的哲學思想，從誕生之日起，就開始產生一定的社會影響。到恩格斯逝世時，這種哲學思想和整個馬克思主義一起，已經遠遠越出了英、德、法三國的範圍，在從烏拉爾到加利福尼亞，從斯堪的納維亞半島到亞平寧半島的歐洲、北美、俄國的廣闊土地上的許多民族的工人運動中進行傳播。在恩格斯逝世以後的一百年時間裡，這種影響並沒有隨著歲月的流逝而消失，而是在世界各大洲的不同階層的人群中直接或間接地表現出來。要精確地刻畫出不同國度、不同時期的影響的深度和廣度是很困難的。我們只能就一些在哲學方面受恩格斯的思想影響較多的有代表性的人物作一個簡略的考察。

一　對第二國際重要理論家的影響

第二國際是在恩格斯直接指導下建立起來的，恩格斯是第二國際的精神領袖和顧問。第二國際的許多理論家和思想家，是在恩格斯的培育和關懷下成長起來的，他們是恩格斯的朋友、學生和追隨者，在一定時期或一定範圍內，是恩格斯和馬克思的學說的解釋者和傳播者，通過他們，馬克思、恩格斯的學說得以在工人運動的廣

大的人群中發生影響。這些人中在哲學方面有所建樹比較著名而又
有代表性的理論家有卡爾・考茨基、弗・梅林、保・拉法格、安・
拉布里奥拉和格・普列漢諾夫。

I. 德國：卡爾・考茨基和弗・梅林

　　卡爾・考茨基，是第二國際重要的思想領袖，是十九世紀末和
二十世紀頭十年最傑出的馬克思主義的理論家之一。恩格斯逝世後，
第二國際的盛衰與考茨基在思想理論、政治觀點的演變有著密切的
聯繫。考茨基一八五四年生於布拉格的一個藝術家的家庭。一八七
四年進維也納大學哲學系學習，次年加入德國社會民主黨。一八八
一年到倫敦結識了馬克思和恩格斯，後來成為恩格斯的私人秘書。
八十年代中期，他在恩格斯指導下，主持德國社會民主黨理論刊物
《新時代》的編輯工作，從一八八三年直到一九一七年，他都任該
刊主編。九十年代初期，恩格斯還決定讓考茨基協助他整理、編輯
馬克思的遺稿，教他辨認、識讀馬克思的字跡、符號和各種用語。

　　考茨基在七十年代後期，開始閱讀馬克思、恩格斯的著作。他
自己說過，他只是在讀了恩格斯的《反杜林論》之後，才弄懂了馬
克思的《資本論》。他並不認為他自己是一個關在書齋裡的學者，但
他承認自己不屬於行動家之列。考茨基寫的著作和文章，有些曾經
恩格斯審閱。恩格斯還經常就一些重要的理論問題和政治問題和考
茨基進行討論。所以，考茨基得益於恩格斯的地方是很多的。恩格
斯對考茨基的論著中的缺點和錯誤，甚至連考茨基在個人婚姻愛情
上的不嚴肅、不檢點之處，都提出過誠懇坦率的批評。

　　從十九世紀八十年代到二十世紀初，考茨基寫過不少宣傳、解
釋和發揮馬克思主義觀點的著作和文章，其中雖然也包含一些不盡

妥當的觀點，但總的來說，這些論著是符合馬克思主義精神實質的，在國際工人運動中產生了積極的影響。例如他於一八八七年所寫的《卡爾·馬克思的經濟學說》，曾受到過恩格斯審閱和讚賞。該書曾被譯成許多國家的文字廣為出版和流傳。在這本書中，他認為，在馬克思的經濟學說體系中，歷史唯物主義是進行經濟研究的基礎，而經濟範疇則是解決社會任務的手段。他在一八八七年所寫的《托馬斯·莫爾及其烏托邦》，一八八九年寫的《法國大革命時期的階級鬥爭》等著作和文章中，研究了有關階級鬥爭以及個人和人民群眾在歷史上的作用問題，對馬克思、恩格斯在這方面的歷史唯物主義觀點作了通俗具體的闡述。在一八九九年出版的《伯恩斯坦和社會民主黨的綱領：反批評》一書以及其他與伯恩斯坦進行論戰的文章中，批駁了伯恩斯坦對馬克思、恩格斯的唯物史觀和辯證法的曲解和攻擊，也駁斥了伯恩斯坦把恩格斯晚年著作說成是對歷史決定論的背離的錯誤看法。一九〇六年出版的考茨基的《倫理學和唯物主義》是在倫理學方面維護馬克思、恩格斯的唯物史觀、批判康德主義倫理學說的著作。考茨基還寫了關於原始社會的歷史，關於婚姻、家庭、宗教和道德的起源和發展的著作，如《婚姻和家庭的起源》、《基督教的基礎》等，這方面的工作，也曾受到恩格斯的一定程度的肯定。

考茨基在第一次世界大戰爆發後，支持第二國際在德、法等國家的首領投票贊成軍事撥款，為帝國主義的戰爭辯護。俄國十月革命時，考茨基對這場革命提出諸多指責，採取了「尖銳批判」的立場。這些都表明，考茨基在他一生的後期背離了馬克思主義和無產階級的國際主義，因而受到列寧 (Vladimir Ilyich Lenin 1870 ~ 1924)等馬克思主義者嚴厲的批判。但列寧在批判他時並沒有抹殺他

在傳播馬克思主義方面的貢獻。列寧說：「我們從考茨基的著作中知道，他是懂得怎樣做一個馬克思主義歷史學家的；雖然他後來成了叛徒，他的那些著作仍將是無產階級的財富。」❶

弗·梅林是德國社會民主黨著名領袖、重要的馬克思主義的歷史學家和哲學家。他於一八四六年生於德國波美尼亞的一個普魯士軍官家庭。早年在萊比錫和柏林攻讀哲學、歷史和文學，並獲得哲學博士學位，十九世紀七十年代，成為德國社會民主黨的同情者。八十年代至九十年代，他通過認真研讀馬克思、恩格斯的著作和參加社會民主黨的活動，逐步成為一個馬克思主義者。一八九一年正式加入德國社會民主黨後，在該黨的理論活動和政治活動中，發揮了重要作用。

梅林曾與恩格斯見過面，受過恩格斯當面教導並和恩格斯有過許多通信。九十年代初，恩格斯看了梅林發表在《新時代》上的幾篇社論後，非常贊賞。後來，他讀了該雜誌上刊載的梅林的著作《萊辛傳奇》，便給黨的領導人之一倍倍爾寫信說：「二十年來唯物史觀在年輕黨員的著作中仍然只是一片空談之後，終於開始被人以應有的方式用作研究歷史的引導線索，是使我非常高興的。」❷一八九三年七月十四日，恩格斯給梅林寫了一封長信，信中除了感謝他寄來《萊辛傳奇》的單行本外，還對該書及其附錄〈論歷史唯物主義〉一文給予很高評價。在這封信裡，恩格斯向梅林比較詳細地發揮了他關於意識形態對經濟基礎的相對獨立性和反作用的思想，並且承

---

❶ 列寧，〈無產階級革命和叛徒考茨基〉，《列寧全集》，卷三五，頁二六九，人民出版社，一九八五年，第二版。

❷ 恩格斯，〈致奧·倍倍爾〉，《馬克思恩格斯全集》，卷三八，頁三一〇，人民出版社，一九七二年版。

認他和馬克思對問題的這一方面強調得不夠，因而「都有同樣的過錯」❸。恩格斯在逝世前不久，從梅林的來信中得知他願意幫助恩格斯收集馬克思的早期著作。恩格斯以感謝的心情接受了這個意見並把有助於找到馬克思發表在《萊茵報》上文章的一些重要材料告訴梅林。

　　梅林是當時德國社會民主黨中哲學素養最高、對馬克思主義唯物史觀闡述得非常出色的理論家。他的主要著作除《萊辛傳奇》外，還有《德國社會民主黨史》、《馬克思傳》、《中世紀末期以來的德國史》、《哲學史論文集》、《文學史論文集》等。他雖然沒有就歷史唯物主義寫出專門的巨著，但在他關於歷史、文學、政治、哲學的論著中，都創造性地運用和始終不渝地貫徹了歷史唯物主義的理論和方法。梅林堅決駁斥那種把歷史唯物主義等同於歷史發展的命定論觀點，指出，「歷史唯物主義完全不否認觀念力量，只不過要把它追究到底，要弄明白觀念是從哪裡吸取力量的」❹。梅林在他所著的《萊辛傳奇》和《德國史》中，把國家看成階級組織，指明了普魯士國家產生的原因並說明其發展，戳穿了有些歷史學家關於這個國家具有超階級性質的神話。恩格斯在給他的信中說：「您的巨大功績是，您在普魯士歷史這一攤污泥濁水中清出一條路來，並指出了事物的真正聯繫。」❺梅林沿著馬克思、恩格斯開創的理論道路，對十八至十九世紀的德國文學史進行了歷史唯物主義的分析，還以馬克

---

❸　恩格斯，〈致弗・梅林〉，《馬克思恩格斯全集》，卷三九，頁九三～九八，人民出版社，一九七四年版。

❹　梅林，《保衛馬克思主義》中譯本，頁二五～二七，人民出版社，一九八二年版。

❺　同❸，頁九七。

告

思主義的觀點和方法，對當時在德國頗為流行的一些哲學派別和哲學傾向，如庸俗唯物主義、新康德主義以及叔本華(Schopenhauer, Arthur 1788～1860)、尼采(Nietzsche, Friedrich 1844～1900)的意志主義進行了深入的分析和批判。

儘管梅林在理論上也有一些失誤和不足之處，但他在總體上仍不失為一個傑出的馬克思主義哲學家和歷史學家。

II. 法國：保・拉法格

保・拉法格是在馬克思、恩格斯直接關懷、培養下成長起來的才華出眾的馬克思主義理論家和政治活動家，最早在法國傳播馬克思主義學說的法國工人運動領袖。他於一八四二年生於古巴聖地亞哥市一個法國酒商家庭。一八五一年他隨家遷居法國，青年時期曾於巴黎高等醫學院學醫，後投身於國際工人運動，成為第一國際巴黎支部領導人之一。一八六五年在倫敦，他結識了馬克思，與馬克思、恩格斯建立了親密無間的友誼。後來娶馬克思的女兒勞拉為妻。在馬克思、恩格斯的幫助下，他逐漸拋棄了對他曾一度有很深影響的蒲魯東(Proudhon, Pierre-Joseph 1809～1865)主義和孔德(Comte, Auguste 1798～1857)實證主義，成為堅定的馬克思主義者。九十年代初，他代表法國工人階級，當選為法國國會議員。

拉法格是馬克思、恩格斯忠實的學生，從十九世紀六十年代起，他就與恩格斯有長期交往和大量通信。他曾將馬克思、恩格斯的著作介紹給法國讀者。《社會主義從空想到科學的發展》就是恩格斯應拉法格的要求將他的《反杜林論》中的三章匯集在一起並增加若干比較詳細的說明，由拉法格譯成法文最初在法國發表的。拉法格自己的主要哲學著作有：《馬克思的經濟唯物主義》、《宗教與資本》、

《唯心史觀和唯物史觀》、《馬克思的唯物主義和康德的唯心主義》、《思想起源論》等。

拉法格的哲學著作的一個顯著的特點是用豐富的歷史材料和生動的事實來論證馬克思主義哲學理論。在《思想起源論》中，他用大量材料，包括原始部落的語言、思維發展史、人類史、宗教史等方面的材料和深刻的論證說明了人類關於物體的觀念、數和形的觀念、正義、善以及靈魂等抽象觀念的起源都是和人類的社會實踐分不開的。抽象觀念是從對具體事物的觀念通過象徵、借喻等途徑，經過漫長而曲折的演變過程才形成和發展起來的。他指出，人腦並不是一塊白板，而是經過許多世紀和經過幾千代播下概念和思想種子的一塊田地。拉法格對抽象觀念起源的研究，依據了但同時又豐富了馬克思主義關於認識依賴於實踐，社會存在決定社會意識的理論。

拉法格用豐富的歷史材料論證了唯物主義歷史觀，駁斥了那種認為博愛和正義的觀念導致人類社會發展的觀點。他指出，正義和博愛都是在人類社會實踐中歷史地發展起來的概念。在原始人那裡，並沒有正義這一概念，甚至也沒有用來表示這一概念的字眼。在階級社會中，正義是一切非正義的多產的母親。人類社會第一個剝削制度的出現，並不是什麼正義和博愛的產物，而是生產力發展到一定階段，人們用自己的勞動生產的產品不僅能夠維持自己的生存，而且有所剩餘可供別人奪取，這時才會有奴隸制產生。

拉法格還依據馬克思、恩格斯關於實踐的觀點，對當時流行的新康德主義進行了有力的批判，指出康德哲學中的「自在之物」包含一定唯物主義因素，但這種哲學也具有唯心主義和不可知論的特點。

拉法格在解釋、捍衛和發展馬克思、恩格斯的哲學思想方面是有重大貢獻的，但他在理論上也有一些缺陷，如他曾把歷史唯物主義稱之為「經濟決定論」，這是不妥的。

III. 意大利：安・拉布里奧拉

安東尼奧・拉布里奧拉是意大利最早的馬克思主義宣傳者和理論家。他生於意大利的小城卡西諾。青年時期進那不勒斯大學學習，畢業後，曾任該校哲學史副教授。一八七四年起任羅馬大學教育學和倫理學教授，以後又講授歷史學等。起初，他在哲學上是黑格爾主義者。八十年代末至九十年代初，他通過認真研讀馬克思、恩格斯著作，逐漸由激進的民主主義者轉變為馬克思主義者。

九十年代初，拉布里奧拉開始同恩格斯通信。一八九三年，他同恩格斯見過面。他和恩格斯的通信聯繫進行了五年之久，直到恩格斯逝世。現在留下的他給恩格斯的信就有一百五十二封之多。恩格斯給他的多次覆信只保存下三封。在這些通信中，他經常就一些重要的理論問題向恩格斯求教。恩格斯除了寫信向他闡述一些理論問題外，還審閱他的書稿《紀念「共產黨宣言」》。一八九三年十二月，恩格斯在給左爾格的信中稱拉布里奧拉為「一個嚴肅的馬克思主義者」。

拉布里奧拉成為馬克思主義者以後的主要著作是：《歷史哲學問題》、《論社會主義》、《唯物史觀論叢》（該書第四部分只完成了前五章）。他後期著作中的許多重要思想，在很大程度上都是在恩格斯指導和影響下形成的。

拉布里奧拉研究馬克思主義時，從不滿足於掌握馬克思、恩格斯的理論結論，簡單覆述他們的理論觀點和思想，而是以教授的方

式研究這些理論的形成發展過程，並且對這些理論如何在意大利當時情況下發揮指導作用進行了認真探索。他在哲學上的主要貢獻是對唯物史觀的研究和論述。他既堅持了馬克思、恩格斯關於物質生活資料的生產和再生產歸根結底決定著整個社會的政治和意識形態上層建築，但他同時又用豐富的歷史資料，具體地闡發了經濟基礎如何決定上層建築、社會存在如何決定社會意識。他把人類社會生活諸因素劃分為幾個互相聯繫又互相區別的幾個層次，一是勞動力和勞動工具，二是與生產力和工具的發展階段相應的社會經濟結構，三是階級鬥爭以及與之相應的法律、道德和國家形式，四是藝術、宗教和科學。他反對用粗糙的直線的方式簡單地把道德、宗教、藝術和科學說成是經濟條件的產物。他認為，這是所有懶人和不善於思考的人為自己的無知尋找避難所的說法。他說：「在歷史社會決定論的領域內永遠不可能一眼就看出原因和結果之間、條件和它所制約的現象之間、先前的現象和後來的現象之間的聯繫。」❻他反對把唯物史觀學說同達爾文主義混為一談，認為不應當把構成歷史的人借助自己製造的勞動工具創造人為的環境這種創造活動歸結為單純的生存鬥爭。拉布里奧拉充分肯定辯證法的重要性，強調在分析社會歷史問題時要自覺地用辯證法作分析的方法，反對片面和僵化的觀點。

　　拉布里奧拉的哲學思想中，也有一些錯誤和不足之處，例如，他認為不可知論否認認識事物內在本質和現象的始因的可能性，這是不可知論可以肯定的方面。但在總體上他仍不失為一個馬克思主義的哲學家。

---

❻　安・拉布里奧拉，《關於歷史唯物主義》中譯本，頁六三，人民出版社，一九八四年版。

IV.俄國： 格・瓦・普列漢諾夫

格・瓦・普列漢諾夫是俄國最早的馬克思主義理論和馬克思主義的傳播者，傑出的馬克思主義哲學家。

一八五六年十二月十一日，普列漢諾夫生於俄國唐波夫省利佩茨克縣古達洛夫卡一個破落的貴族家庭。他在學生時期便參加革命活動，並成為民粹派的一位領導成員。一八八○年他被迫流亡法國，後來到日內瓦，在這裡接觸到西歐的馬克思主義者並開始研讀馬克思主義著作。從此，他逐漸擯棄了民粹派的錯誤觀點而成為馬克思主義者。一八八三年他在日內瓦和其他俄國革命者一起建立了第一個俄國馬克思主義組織——勞動解放社。一八八九年夏，他參加了第二國際成立大會。在十九世紀九十年代，他是最早起來批判伯恩斯坦修正主義及其俄國的變種經濟主義的俄國馬克思主義者。一九○三年十月他和列寧共同主持召開俄國社會民主工黨第二次代表大會，成為該黨創始人之一。由於在黨的性質問題上的嚴重分歧，導致該黨分裂為布爾什維克和孟什維克兩派。普列漢諾夫在會議期間站在布爾什維克一邊，但在會後卻採取調和主義並轉向孟什維克。在一九○五年至一九○七年的俄國民主革命中，他作為孟什維克的思想領袖，在一系列策略問題上採取右的立場。在這次革命失敗後，至一九一一年，他又同布爾什維克結成了反對取消派的聯盟。第一次世界大戰爆發後，他站在沙皇政府一邊，鼓吹護國主義，陷入了社會沙文主義。一九一七年二月革命後，他回到俄國，繼續鼓吹護國主義，支持資產階級的臨時政府，但他又拒絕出任臨時政府的部長。俄國十月革命時，他認為革命條件不成熟而反對武裝起義。十月革命後，他拒絕了白黨分子的建議，沒有從事反對列寧領導的蘇

維埃政權的活動。一九一八年五月三十日病逝於芬蘭。

普列漢諾夫在十九世紀八十年代初就開始與恩格斯有通信聯繫，直到一八九五年恩格斯逝世之前。馬克思和恩格斯曾熱情地為普列漢諾夫翻譯的《共產黨宣言》俄文第二版作序。普列漢諾夫還是恩格斯的《終結》的最早的俄文譯者。一八八五年初，普列漢諾夫將他所寫的《我們的意見分歧》一書寄給恩格斯，恩格斯讀了該書以後相信，俄國先進的革命家確實深刻領會了馬克思的學說。他在給俄國女革命家維・查蘇利奇的信中對包括普列漢諾夫在內的俄國青年馬克思主義者進行了熱情的贊揚，他說：「我感到自豪的是，在俄國青年中有一個派真誠地、無保留地接受了馬克思的偉大的經濟理論和歷史理論，並堅決地同他們前輩的一切無政府主義和帶有一點泛斯拉夫主義的傳統決裂。如果馬克思能夠多活幾年，那他本人也同樣會以此自豪的。」❼一八八九年七月二十日，普列漢諾夫和另一位俄國革命家在倫敦拜會了恩格斯。恩格斯和他們作了長時間的談話。一八九五年夏身患重病的恩格斯還從普列漢諾夫給他的信中了解俄國的革命運動最新發展情況。當他收到普列漢諾夫的新作《論一元論歷史觀之發展》後，便給作者覆信說：「您爭取到使這本書在本國出版，這本身無論如何是一次巨大的勝利。」❽

普列漢諾夫的主要哲學著作有：《論一元論歷史觀之發展》、《唯物主義史論叢》、《馬克思主義基本問題》、《論個人在歷史上的作用》、《論藝術》等。

---

❼ 恩格斯，〈致維・伊・查蘇利奇〉，《馬克思恩格斯選集》，卷四，頁四三〇，人民出版社，一九七二年版。

❽ 恩格斯，〈致格・瓦・普列漢諾夫〉，《馬克思恩格斯全集》，卷三九，頁三八三，人民出版社，一九七四年版。

　　普列漢諾夫在哲學上的貢獻是非常突出的。他堅決維護、熱情傳播了馬克思、恩格斯的哲學思想，批判了民粹主義、經濟主義和伯恩斯坦修正主義，批判了新康德主義和馬赫主義等唯心主義哲學流派，創造性地闡述了馬克思主義各個領域中的基本問題，特別是對歷史唯物主義一系列重要問題，如唯物史觀的思想理論來源、社會存在和社會意識的相互關係、社會結構理論、個人和人民群眾在歷史上的作用、自由和必然的關係、工人階級的歷史使命等，都作了深入的研究和具體的發揮，並且用自己的創見豐富了馬克思主義哲學。他對馬克思主義的藝術理論，倫理理論也有自己的獨特的貢獻。列寧對於普列漢諾夫在政治上的錯誤進行了堅決的批判，但對他在理論上的貢獻仍然給予了充分的肯定和高度的評價。列寧說，普列漢諾夫的馬克思主義著作「培養了整個一代俄國馬克思主義者」❾，普列漢諾夫的全部哲學著作是「整個國際馬克思主義文獻中的優秀著作」❿，「不研究——正是研究——普列漢諾夫所寫的全部哲學著作，就不能成為一個覺悟的、真正的共產主義者」⓫

二　對列寧的影響

　　十九世紀末到二十世紀二十年代，列寧是俄國馬克思主義最傑出的代表。他繼承並且發展了馬克思、恩格斯學說，把馬克思主義

---

❾　列寧，〈論「前進派分子」的派別組織〉，《列寧全集》，卷一九，頁三○八，人民出版社，一九八九年，第二版。

❿　列寧，〈再論工會、目前局勢及托洛茨基和布哈林的錯誤〉，《列寧全集》，卷四，頁四五三，人民出版社，一九七二年版。

⓫　同❿。

同俄國以及新時代的世界的實際情況結合起來，把它推進到一個新的階段。

弗・伊・列寧於一八七〇年四月二十二日生於俄羅斯辛比爾斯克城，一八八七年進入喀山大學經濟系學習，因參加革命活動被捕，後被學校開除，並被流放。從此他便成為一個職業革命家並開始認真研讀馬克思、恩格斯和普列漢諾夫的著作。一八九三年，他到達當時俄國首都聖彼得堡並成為那裡的秘密革命組織的領導人。一九〇〇年他在國外創辦了馬克思主義的政治刊物《火星報》，為在俄國建立馬克思主義政黨作思想和組織上的準備。一九〇三年在俄國社會民主工黨第二次代表大會上，由於在建黨原則上的嚴重分歧而使該黨分裂為布爾什維克派和孟什維克派。列寧和他的布爾什維克黨組織領導了俄國一九〇五年、一九一七年二月兩次資產階級民主革命和一九一七年十月社會主義革命，推翻了沙皇政府和資產階級臨時政府，建立了蘇維埃政權。此後，列寧又領導蘇維埃國家反對外國武裝干涉和國內叛亂，鞏固了新的政權，並開展了社會主義的經濟文化建設。在國際工人運動中，列寧從本世紀初就積極參加了批判第二國際修正主義的鬥爭，在第一次世界大戰前後，針對以考茨基為代表的第二國際修正主義，寫了大量論戰性文章，同時在理論上進行了重大創新，提出了關於帝國主義的理論，戰爭與和平的理論，社會主義革命和社會主義建設的理論，殖民地和被壓迫民族解放鬥爭的理論等，豐富和發展了馬克思主義。

在哲學上，列寧深入研究了當時所能接觸到的公開發表的全部馬克思、恩格斯的哲學著作，主要是馬克思的《「黑格爾法哲學批判」導言》、《關於費爾巴哈的提綱》、《「政治經濟學批判」序言》、馬克思和恩格斯的《神聖家族》、《共產黨宣言》、恩格斯的《反杜林

論》、《終結》、《起源》和《社會主義從空想到科學的發展》及其英
文版序言等。在列寧看來，馬克思和恩格斯的哲學思想是一致的，
是沒有原則區別的。所以，當他介紹馬克思的哲學思想時，也引用
了恩格斯有關論述（見列寧的《卡爾·馬克思》）；在他介紹恩格斯
的事業和學說時，也同時與馬克思聯繫起來（見列寧的《弗里德里
希·恩格斯》）。他說：「要了解弗里德里希·恩格斯對無產階級有
什麼貢獻，就必須清楚地認識馬克思的學說和活動對於現代工人運
動發展的意義。」❷列寧正是這樣把馬克思、恩格斯的學說作為一個
統一的整體來理解的。

　　列寧對哲學的研究，是和他所領導的事業緊密聯繫在一起的。
他的第一部馬克思主義著作是在他二十四歲時所寫的《什麼是「人民
之友」以及他們如何攻擊社會民主主義者?》（以下簡稱《什麼是「人
民之友」?》），這本與民粹派代表人物米海洛夫斯基(Mikhailovsky,
N. K.) 進行論戰的著作包含著豐富的馬克思主義哲學，特別是唯物
史觀方面的內容，它批判了米海洛夫斯基等人的唯心主義社會歷史
觀點及其對馬克思主義的攻擊，維護並深刻闡述了歷史唯物主義理
論。進入二十世紀以後，列寧比較集中深入地研究哲學有兩個時期，
一是在俄國一九〇五年革命失敗後的斯托雷平反動時期。當時，布
爾什維克黨內出現了思想上的混亂，有一些頗有聲望的黨內知識分
子如波格達諾夫 (Bogdanov, A. 1873～1928)，盧那卡爾斯基
(Lunacharsky, A. V.) 等接受並推崇馬赫(Mach, Ernst 1838～1916)
和阿芬那留斯 (Avenarius, Richard 1843～1896) 的經驗批判主義
(Empirio-Criticism) 或曰馬赫主義，主張用它來「補充」和「修正」

---

❷　列寧，〈弗里德里希·恩格斯〉，《馬克思恩格斯選集》，卷一，頁三三，
　　人民出版社，一九七二年版。

「過時了」的馬克思主義。為了批判馬赫主義（即經驗批判主義），澄清黨內的思想混亂，堅持和維護馬克思主義的辯證唯物主義，列寧於一九〇八年寫了《唯物主義和經驗批判主義》（以下簡稱《唯批》）。另一個比較集中研究哲學的時期是第一次世界大戰爆發以後，從一九一四年到一九一六年的一年半時間內。列寧在此期間之所以集中精力和時間從事哲學研究，一方面是為了同第二國際的理論家考茨基、普列漢諾夫等人作理論上的鬥爭並且全面總結俄國和國際工人運動的經驗，分析新的世界形勢。解決這些問題都需要有極高的辯證思維水平。另一方面，是由於戰爭爆發使他暫時免去了許多實際事務，從而在國外有較多時間從事閱讀和寫作。在此期間，列寧研讀了大量哲學著作，特別是系統地研究了黑格爾的《邏輯學》、《哲學史講演錄》等，寫下了八個筆記本的讀書筆記和摘錄。這些筆記雖然不是完整的論文和著作，但包含著十分豐富的辯證法思想。列寧逝世後出版的《哲學筆記》就是以此為主要內容。此外，列寧在一九一六年下半年至一九一七年二月，還深入研究了國家問題，寫下了有關這一問題的筆記和摘錄，並在此基礎上，寫出了《國家與革命》一書，系統地集中並發展了馬克思、恩格斯關於國家的學說。

　　列寧的《唯批》，雖然多處引用恩格斯的哲學論著，但決不能認為《唯批》是恩格斯哲學著作的簡寫本。因為列寧緊密結合了當時俄國和國際哲學思潮的實際，結合了十九世紀末二十世紀初自然科學發展的實際，對馬克思主義哲學在新的歷史條件下進行新的應用和發展。從所解決的哲學任務來看，恩格斯和列寧在理論上的側重點和針對性是不同的。恩格斯的《反杜林論》當時在哲學上主要是批判杜林的形而上學的絕對化，而列寧的《唯批》則著重批判馬赫

主義的主觀唯心主義和相對主義觀點。

應當肯定，恩格斯的哲學唯物主義對列寧寫作《唯批》的影響是非常突出而明顯的，列寧在《唯批》中的全部立論主要是依據恩格斯的有關論述。但列寧並沒有停留在對恩格斯哲學觀點的引證和覆述上，而是從認識論方面進一步深化和發展了恩格斯的思想。

首先，關於哲學的基本問題。恩格斯關於哲學基本問題的理論，著重強調從基本問題的第一個方面，即如何回答本原問題來劃分唯物主義和唯心主義，雖然他對認識論領域中應貫徹唯物主義原則有過明白的交待，但並沒有明確提出在認識論領域中如何劃分唯物主義和唯心主義的標準。列寧在堅持恩格斯的哲學基本問題的理論的同時，又對恩格斯的論點從認識論的角度作了必要的引申和發揮。列寧指出：「唯物主義和唯心主義是依如何解答我們認識的源泉問題即認識（和一般『心理的東西』）同物理世界的關係問題而區分開來的。」⑬在列寧看來，世界的本原問題同認識的源泉問題是一致的，本體論和認識論是統一的。在認識論和本體論統一的基礎上，列寧提出了認識論上兩條對立的認識路線：「從物到感覺和思想呢，還是從思想和感覺到物？恩格斯主張第一條路線，即唯物主義路線，馬赫主張第二條路線，即唯心主義路線。」⑭這也就是在認識論上劃分唯物主義和唯心主義的根本標準。

列寧對哲學基本問題理論的引申和發揮，還體現在他提出的哲學上的黨性原則(Partisan Principle in Philosophy)問題上。按照列寧對這個原則的解釋，所謂哲學的黨性問題，就是，在解決哲學問題

---

⑬ 列寧，《唯批》，《列寧選集》，卷二，頁二六六，人民出版社，一九七二年版。

⑭ 同⑬，頁三六。

上，總是毫無例外地看到，有兩條基本路線、兩個基本派別⑮，即唯物主義和唯心主義兩大派別，或兩大陣營。在列寧看來，哲學上既非唯物主義又非唯心主義或者既是唯物主義又是唯心主義的中間黨派是不存在的。不管哲學上的鬥爭是多麼紛繁複雜，也不管有多少煩瑣語句和晦澀術語，總要看出在這些字眼和語句的外表下，毫無例外地存在著唯物主義和唯心主義的鬥爭。而這種鬥爭「歸根到底表現著現代社會中敵對階級的傾向和思想體系」⑯。列寧在這裡說的是，歸根到底哲學上唯物主義和唯心主義的鬥爭表現著階級之間的對立傾向和思想體系，這決不意味著哲學上的鬥爭簡單地就和敵對階級之間的鬥爭劃等號，而是必須看到哲學鬥爭的複雜性、曲折性，必須進行具體分析。

　　第二，關於辯證唯物主義的反映論。恩格斯在他的哲學論著中，肯定了唯物主義反映論的基本原則，「把我們頭腦中的概念看做現實事物的反映」⑰，他還提出「原則不是研究的出發點，而是它的最終結果」⑱的重要論斷。同時，恩格斯在反駁不可知論過程中，還具體地分析了人類是怎樣在實踐中證明了，自己的觀念同事物的客觀本性相符合⑲。但是，恩格斯沒有就唯物主義反映論進行系統論述。而列寧和俄國馬赫主義者的爭論，其焦點就是關於唯物主義反

⑮　同⑬，頁三四二。

⑯　同⑬，頁三六五。

⑰　恩格斯，《終結》，《馬克思恩格斯選集》，卷四，頁二三九，人民出版社，一九七二年版。

⑱　恩格斯，《反杜林論》，《馬克思恩格斯全集》，卷二〇，頁三八，人民出版社，一九七一年版。

⑲　恩格斯，《「社會主義從空想到科學的發展」英文版導言》，《馬克思恩格斯選集》，卷三，頁三八六～三八七，人民出版社，一九七二年版。

映論問題。列寧依據恩格斯的有關論述，進一步系統地提出辯證唯物主義反映論的基本觀點：⑴肯定認識是對客觀世界的反映，外部的客觀世界是被反映者，人及其頭腦是反映者，被反映者是不依賴於反映者而存在的。列寧把這個反映論的觀點具體貫徹到對感覺的界定上，指出，感覺是外部世界的主觀印象，是外部刺激力向意識事實的轉化。客觀的外部世界是感覺和認識的唯一源泉。⑵肯定了作為被反映者的認識對象與其在人腦中的主觀印象存在著某種「相似」、「一致」和「符合」，因而在反映者和被反映者之間，主觀認識和客觀世界之間，現象和自在之物之間，決沒有也不可能有不可逾越的鴻溝。⑶肯定了人對客觀世界的反映是一個不斷發展的過程，意識不過是存在的反映，至多也只是存在的近似正確的反映，「不要以為我們的認識是一成不變的，而要去分析怎樣從不知到知，怎樣從不完全的不確切的知識到比較完全比較確切的知識」❷，⑷肯定了「生活、實踐的觀點應該是認識論的首先的和基本的觀點」❹，指出唯物主義認識論的結論「是由一切人在生動的人類實踐中作出的」❷。在列寧看來，在實踐問題上，同樣存在著唯物主義和唯心主義的鬥爭，他說：「在唯物主義者看來，人類實踐的『成功』證明著我們的表象和我們所感知的事物的客觀本性的符合。在唯我論者看來，『成功』是我在實踐中所需要的一切，而實踐是可以同認識論分開來考察的。」❷但是，列寧還強調了用辯證的態度去看待實踐標準。他基於對人類認識和實踐的辯證發展過程的深刻理解，指出

---

❷　同❸，頁一〇〇。

❹　同❸，頁一四二。

❷　同❸，頁一〇一。

❷　同❸，頁一三九。

實踐標準既有「確定性」，又有「不確定性」的一面。說它「不確定」，是因為實踐標準不能完全地證實或駁倒人類的任何表象，承認這種「不確定性」，是為了不至於使人的知識變成「絕對」；另一方面，說它是「確定的」，是因為實踐所證實的是唯一的最終的客觀的真理，承認這種「確定性」，是為了同唯心主義和不可知論的一切變種劃清界限並與之作鬥爭❷。

第三，關於辯證唯物主義物質觀。恩格斯在《反杜林論》中提出世界物質統一性的理論，但他並沒有對哲學上的「物質」概念作出明確的界說。在《自然辯證法》手稿中，恩格斯提出過對「物質」概念的規定，說：「物質無非是各種實物的總和，而這個概念就是從這一總和中抽象出來的。」❷物質一詞無非是簡稱，「我們用這種簡稱，把許多不同的，可以從感覺上感知的事物，依照其共同的屬性把握住。」❷但是，列寧在生前沒有見到過恩格斯的《自然辯證法》手稿。列寧在批判馬赫主義和其他唯心主義派別時，特別強調物質的概念。這是因為，一方面許多唯心主義哲學家把唯物主義的物質概念看成唯物主義全部大廈的基石，他們千方百計地要抽掉這個基石；另一方面，在二十世紀初出現的「物理學的危機」中，有些人依據物理學上的某些新發現便聲稱「物質消失了」，從而向唯物主義提出怎樣看待和怎樣界定物質概念的尖銳問題。列寧依據恩格斯關於世界物質性和物質與意識關係的一般論述，在這個新的形勢下，進一步具體地規定了哲學上的物質概念。列寧首先指出，物質和意識是在哲

---

❷　同❸，頁一四三。

❷　恩格斯，《自然辯證法》，《馬克思恩格斯全集》，卷二一，頁五七九，人民出版社，一九七一年版。

❷　同❷。

學上的兩個「廣泛已極的概念」， 除了指出它們之中哪一個是第一性的，實際上不可能下別的定義。其次，列寧認為，應當把哲學上的物質範疇同物理學關於物質結構、層次理論中所使用的物質概念加以區別。當一些物理學家說「物質正在消失」時，實際上指的是，「迄今我們認識物質所達到的那個界限正在消失，我們的知識正在深化；那些從前以為是絕對的、不變的、原本的物質特性……正在消失，現在它顯現出是相對的，僅為物質的某些狀態所特有的」[27]。再次，列寧在總結哲學思維上的教訓和概括科學上新成果的基礎上，對辯證唯物主義的物質範疇作了明確界定，他說:「物質是標誌客觀實在的哲學範疇,這種客觀實在是人通過感覺感知到的,它不依賴於我們的感覺而存在，為我們的感覺所複寫、攝影、反映。」[28] 這個定義不是用邏輯學上通常的種加屬差的方法來定義的，而是通過指明物質和精神何為第一性，用它們之間的相互關係來定義的。在這個定義中，指出哲學上所說的物質的唯一特性是客觀實在性，而這種客觀實在性又是可以為人們所認識、反映的。自然科學不管發現何種物質層次和物質現象，都不可能推翻而只能深化和豐富哲學上物質的概念。

第四，關於真理論問題。在真理論問題上，列寧所著力解決的問題和恩格斯寫《反杜林論》時的問題有所不同。恩格斯著重批評的是杜林的形而上學的絕對主義的真理觀。杜林到處搬弄所謂絕對不變的「永恆真理」，鼓吹個人「思維的至上性」和「無條件的真理權」。恩格斯在批評杜林時，著重論述了真理是一個發展的過程，真理和謬誤對立的條件性，人們認識的相對性以及認識過程中有限和

---

[27]　同[13]，頁二六六。

[28]　同[13]，頁一二八。

無限，至上性和非至上性的矛盾。列寧在真理論上，著重批評馬赫主義者的唯心主義和相對主義觀點，同時批評波格丹諾夫等人對恩格斯有關論述的曲解。列寧認為，在真理觀上，有兩個雖有聯繫但又互相區別而不能混淆的問題：一是「有沒有客觀真理？就是說，在人的表象中能否有不依賴於主體、不依賴於人、不依賴於人類的內容？」二是「關於絕對真理和相對真理的相互關係問題」❷。在列寧看來，辯證唯物主義者恩格斯和形而上學的唯物主義者杜林都承認客觀真理，而承認客觀真理，就是這樣或那樣地承認絕對真理。「正是這個『這樣或那樣』，就把形而上學的唯物主義者杜林同辯證唯物主義者恩格斯區別開來了」❸。這裡說的「這樣或那樣」，是指形而上學地或辯證地。列寧認為，辯證唯物主義在承認客觀真理的同時，也就承認絕對真理。但「絕對真理是由相對真理構成的」❹。相對真理和絕對真理之間沒有不可逾越的鴻溝。承認相對真理，表明人類對客觀世界的認識是受歷史條件制約的。但這並不歸結為相對主義。列寧說：「馬克思和恩格斯的唯物主義辯證法無疑地包含著相對主義，可是它並不歸結為相對主義，這就是說，它不是在否定客觀真理的意義上，而是在我們的知識向客觀真理接近的界限受歷史條件制約的意義上，承認我們一切知識的相對性。」❺ 在相對真理和絕對真理的關係問題上，列寧主張要區分相對真理和絕對真理，但這種區分既有確定的一面，又有不確定的一面。他認為，承認這種「不確定性」是為了阻止科學變為惡劣的教條，變為某種

---

❷　同❸，頁一二一。

❸　同❸，頁一三二。

❹　同❸，頁一三三。

❺　同❸，頁一三六。

僵死的凝固不變的東西，但同時又要承認這種「確定性」，以便最堅決果斷地同信仰主義、唯心主義和不可知論劃清界限。此外，列寧的《唯批》還對時間和空間、物質和運動、因果性、自由和必然性等問題上辯證唯物主義觀點和馬赫主義觀點的對立分別作了闡述，引證並發揮了恩格斯的有關論點。

應當承認，列寧的《唯批》一書，從總體上看是一部辯證唯物主義認識論的重要著作，在認識論的許多方面繼承、深化和發展了馬克思主義創始人的觀點。但是，我們同時也要看到，這部寫於一九〇八年的著作，也包含著一些不夠成熟和不夠完善的方面。這種缺陷主要表現在：⑴列寧為了批駁唯心主義的認識論基礎，往往從一般唯物主義的角度來闡述問題，為此而大量引用了馬克思主義以前的唯物主義者（如狄德羅，費爾巴哈等）的有關論述，有時沒有對機械唯物主義者的觀點作必要的評說，有些地方對某些舊唯物主義者的評價有不恰當之處，例如他說：「費爾巴哈和馬克思、恩格斯一樣，在認識論的基礎問題上也向實踐作了……『躍進』。」❸❸「費爾巴哈把人類實踐的總和當作認識論的基礎。」❸❹這種論斷看來並不符合費爾巴哈哲學的實際情況，也不符合馬克思、恩格斯對費爾巴哈的評價。馬克思認為，費爾巴哈的主要缺點是對事物只是從客體的或者直觀的形式去理解，而不是把它們當作實踐去理解。費爾巴哈對於實踐「只是從它的卑污的猶太人活動的表現形式去理解和確定。所以，他不了解『革命的』、『實踐批判的』活動的意義」❸❺。

---

❸❸　同❶❸，頁一四一。

❸❹　同❶❸，頁一四二。

❸❺　馬克思，〈關於費爾巴哈的提綱〉，《馬克思恩格斯選集》，卷一，頁一六，人民出版社，一九七二年版。

在《德意志意識形態》中，馬克思、恩格斯對費爾巴哈的錯誤表達了與上述同樣的見解。列寧沒有讀過《德意志意識形態》，只讀過馬克思的《關於費爾巴哈的提綱》，但對馬克思在實踐觀上對費爾巴哈的批評看來重視得不夠。⑵與上述問題相聯繫，列寧在這部著作中突出強調了物質第一性、精神（感覺、表象和意識）第二性這個唯物主義的基本觀點，但對認識過程中的主體能動性方面雖然有所涉及，但似乎重視不夠，書中也談到人的認識是一個「從不知到知」、「從不完全的不確切的知識到比較完全比較確切的知識」的發展過程，但在具體論述中，更多的是談論從客觀物質到感覺和經驗的轉化，至於如何從感覺到思想、理論，如何使認識深化和發展，這些問題該書並沒有解決。此外，在《唯批》中，也有一些不夠確切或不夠準確的說法，例如書中說：「馬克思和恩格斯幾十次地把自己的哲學觀點叫作辯證唯物主義。」㊱這是不確切的。書中在談到客觀真理時，有時說這一概念是指人的表象（認識）中的客觀內容，但有時似乎又把客觀對象本身說成客觀真理㊲。又如書中在論述唯物主義反映論原理時，為了說明人的主觀認識與客觀對象的一致、符合而採用了「攝影」、「複寫」、「摹寫」等容易引起誤解的字眼。在說明恩格斯同機械唯物主義、形而上學唯物主義者在反對唯心主義這一點上存在著某種一致性時，列寧把這種一致性強調得有些過分。當有人說杜林這一派唯物主義者「毫不掩飾地宣稱感覺以及意識和理性的各種表現，都是動物機體的分泌物、機能、高級產物，總效果等」，列寧認為，在這一點上，恩格斯「和杜林是完全一致的」，他還認為，在承認意識所反映的自然界的客觀規律性這一點上，「恩格

㊱　同⑬，頁一二。

㊲　同⑬，頁一三五。

斯和杜林是完全一致的，正如和其他一切唯物主義者一致一樣」❸ 。
事實上，在這兩點上，恩格斯的觀點同杜林以及其他形而上學唯物
主義者並不是「完全一致」的，而是既有一致，又有重要分歧的。
又如在說明哲學和政治經濟學的黨性問題時，列寧認為像馬赫、彭
加勒(Poincare, Henri)、奧斯特瓦爾德(Ostwald, Wilhelm)等具有唯
心主義哲學觀點的教授們「雖然在化學、歷史、物理學等專門領域
內能夠寫出極有價值的作品，可是一談到哲學問題的時候，他們中
間任何一個人所說的任何一句話都不可相信」，同樣，政治經濟學
教授「雖然在實際材料的專門研究方面能夠寫出極有價值的作品，
可是一旦說到政治經濟學的一般理論時，他們中間任何一個人所說
的任何一句話都不可相信」❸ 。這些話都說得過分了。類似的不確
切之處還可舉出一些來，但就總體和主要方面來看，《唯批》仍然
是一部重要的馬克思主義的哲學著作。它的缺點和不足之處畢竟是
次要的。

列寧的《哲學筆記》是列寧在《唯批》中論述的哲學思想的繼
續和發展，且又有新的特色。如果說《唯批》的基本內容是辯證唯
物主義，重點是唯物主義，那麼《哲學筆記》的基本內容則是唯物
辯證法，重點是辯證法。如果說，列寧在寫《唯批》時，對黑格爾
哲學只是在原則上肯定其中包含著辯證法的「寶貴成果」而未作具
體闡述，那麼在《哲學筆記》中，列寧對黑格爾辯證法的寶貴成果
進行了具體深入的研究和剖析。如果說，列寧的《唯批》由於是一
部論戰性著作，其中論戰性的內容常常遮蔽了正面的理論闡述，那
麼《哲學筆記》則處處表現了列寧正面的開拓和創新。總的來說，

《哲學筆記》比《唯批》顯得更深刻，更豐富。

在《哲學筆記》中，除了列寧在一八九五年所作的《馬克思和恩格斯「神聖家族」或對「批判的批判所做的批判」一書摘要》以外，並沒有大段摘引馬克思、恩格斯的言論，但對馬克思、恩格斯思想的繼承和發展的線索仍然是清晰可見的。恩格斯的影響，大體上可從以下幾點來看。

首先，列寧依據恩格斯關於黑格爾的體系是顛倒過來的唯物主義的精神，深入地研究了黑格爾的《邏輯學》、《哲學史講演錄》、《歷史哲學講演錄》等著作，批判地吸取並且在唯物主義基礎上改造了其中豐富的有價值的思想。他說：「我總是竭力用唯物主義觀點來讀黑格爾的著作：黑格爾學說是倒立的唯物主義（恩格斯的說法）──就是說，我大抵拋棄神、絕對、純粹觀念等等。」⑩他認為，必須像馬克思和恩格斯那樣，「揭發、理解、拯救、解脫、清洗」黑格爾主義的晦澀的、荒謬的言詞背後所包含的辯證的實質⑪。通過這樣深入的批判性的考察和研究，列寧得出許多非常重要的結論，他說，在黑格爾《邏輯學》這部「最唯心的著作中，唯心主義最少，唯物主義最多」⑫，又說，「聰明的唯心主義比愚蠢的唯物主義更接近於聰明的唯物主義」⑬，還說，「不鑽研和不理解黑格爾的全部邏輯學，就不能完全理解馬克思的《資本論》，特別是它的第一章」⑭。

列寧對黑格爾辯證法的合理內容的拯救與挖掘，集中地概括於

---

⑩　列寧，《哲學筆記》，單行本，頁一〇四，人民出版社，一九六〇年版。

⑪　同⑩，頁一四七。

⑫　同⑩，頁二五三。

⑬　同⑩，頁三〇五。

⑭　同⑩，頁一九一。

他所寫辯證法的十六要素和其他關於辯證法的一系列論述之中。

第二，列寧繼承並發展了恩格斯關於辯證法和形而上學是兩種對立的發展觀的思想，指出，它們之間的對立在於，是不是把發展看成由事物自身的矛盾所引起的「自己運動」，是不是把發展看成「對立面的鬥爭」，看成舊的東西的消滅和新的東西的產生。形而上學者也講發展，但他們把發展看成是外力推動所引起，是同類事物的簡單重複，是數量的增減。

第三，列寧繼承和發展了恩格斯關於辯證法的基本規律的思想。恩格斯在《反杜林論》中提出了辯證法三條基本規律的思想，但對三條規律各自的地位以及它們之間的相互關係並沒有明確的界定。關於矛盾問題，恩格斯在《反杜林論》中，還沒有像在《自然辯證法》中那樣明確地提出「對立的相互滲透的規律」，而是稱之為「矛盾辯證法」。列寧在恩格斯論述的基礎上，通過對辯證法的深入研究，進一步提出了對立統一規律是辯證法的實質和核心的觀點，列寧沒有忽視質量互變和否定之否定，但他不是把它們與對立統一（或矛盾）規律並列起來，而是突出了對立統一規律的核心地位。他認為，恩格斯在《反杜林論》中把對立面的統一當作實例的總和是「為了通俗化」，但顯然，對這條規律的論述不能只是停留於「實例的總和」，而是要用全部認識史和科學史來加以證明和檢驗，把它當作認識的規律以及客觀世界的規律，同時也當作一般辯證法的闡述以及研究的方法❹。

第四，列寧繼承並發展了恩格斯關於邏輯的東西和歷史的東西相統一的思想，進一步提出邏輯、辯證法、認識論三者一致的重要學說。列寧論證了辯證法同時也就是辯證邏輯，它是人類認識史的

❹　同❹，頁四〇七~四一〇。

積極成果的總計、總和和結論，辯證法的範疇體系與人類認識的發展過程、發展規律相一致，由淺入深，由簡單到複雜，由抽象到具體，因而，它又是認識論。

三 恩格斯哲學思想在中國的影響

I．恩格斯著作在中國的翻譯和出版

馬克思、恩格斯的名字開始為中國人知道，大約在上世紀末和本世紀之初。中國人在自己的著述中最早（一九○二年）提到馬克思的是資產階級啟蒙學者、改良派代表人物梁啟超(1873～1929)。而最早介紹馬克思、恩格斯生平並摘譯馬、恩著作的是資產階級民主主義者朱執信。朱執信(1885～1920)於一九○五年在同盟會機關報《民報》上發表《德意志社會革命家小傳》，其中介紹非力特力媽及爾（即弗里德里希・恩格斯），與馬爾克（即馬克思）「相友善」，「相與播其學說於比律悉（即布魯塞爾）之日報間，言共產主義者群宗之，萬國共產同盟會遂推使草檄，布諸世，是為共產主義宣言」。此後，在《民報》以及在日本出版的其他中文報紙中，對馬克思、恩格斯的《共產黨宣言》以及恩格斯的《起源》均有簡介或摘譯。辛亥革命後，國內出版物中介紹馬、恩學說日益增多。一九一二年五～七月，上海出版的中國社會黨紹興支部的刊物《新世界》中，以《理想社會主義和實行社會主義》為題，連載了由施仁榮所譯恩格斯的《社會主義從空想到科學的發展》一書的第一、二節和第三節的一部分。這是國內最早譯載恩格斯（當時譯為「弗勒特立克恩極爾斯」）的著作。但這些從不同角度對馬、恩思想的介

紹，還是非常粗糙、膚淺的。這些評介，涉及恩格斯的著作除《共產黨宣言》和《社會主義從空想到科學的發展》外，還有《起源》，但都是摘譯，缺少完整性，系統性和準確性。

一九一五年由陳獨秀(1880～1942)等人發起，創辦的《新青年》和此後不久陳獨秀和李大釗(1889～1927)一起創辦的《每周評論》上，都刊載有介紹馬克思、恩格斯學說的文章和譯作。其中李大釗在《新青年》第六卷第五、六號上連載的《我的馬克思主義觀》則是以一個中國馬克思主義者的身分對馬克思、恩格斯學說比較完整的理解和系統的介紹。雖然文中存在一些不準確的說法，但在當時在擴大馬、恩學說在中國的影響無疑起了很重要的推動作用。一九二〇年三月，在李大釗指導下，成立了「北京大學馬克思學說研究會」，在該會所搜集的中外文馬克思主義書籍中，有馬克思、恩格斯的《共產黨宣言》、恩格斯的《社會主義從空想到科學的發展》、《共產主義原理》、《起源》、《德國的革命與反革命》。一九二〇年夏，陳獨秀等人在上海發起成立了「馬克思主義研究會」，該會成員之一的陳望道全文翻譯並正式出版了《共產黨宣言》，這是該書在中國的第一個全譯本，也是馬、恩著作在中國出版的第一個單行本。大體同時在上海出版的恩格斯著作還有由上海群益書社和伊文思圖書公司聯合出版的由鄭次川編譯、王雲五校訂的《科學的社會主義》(這是恩格斯《社會主義從空想到科學的發展》一書第六章節譯)、商務印書館主辦的《東方雜誌》發表的惲代英編譯的《英哲爾士論家庭的起源》(是為恩格斯《起源》第二章部分內容)。二十年代在上海成立的由中國著名馬克思主義哲學家和理論家李達(1890～1966)主持的人民出版社曾計畫出版《馬克思全書》十五種，其中有馬克思、恩格斯合著的《共產黨宣言》(陳佛突譯)、《神聖家庭》兩種。一

九二三年，在北京的《今日》雜誌上刊載了由熊得山譯的恩格斯的《起源》的第一章、第五、六章和第九章。一九二五年二月到三月，在上海的《民國日報》副刊「覺悟」上連載了由柯柏年所譯恩格斯的《社會主義從空想到科學的發展》一書的全文，標題為《空想的及科學的社會主義》，筆名「麗英女士」。一九二九年上海新生命書局出版了由楊賢江（筆名李膺揚）所譯恩格斯《起源》一書的全譯本。同年，上海南強書店出版了由彭嘉生所譯恩格斯的《終結》全文，譯名為《費爾巴哈論》，該書還以附錄形式收有馬克思的《關於費爾巴哈的提綱》、恩格斯的《「自然辯證法」札記和論斷》、《卡·馬克思「政治經濟學批判」》的節譯。同時上海滬濱書局出版的《宗教・哲學・社會主義》一書中除收有恩格斯的《終結》的全部中譯文外，還有恩格斯的《論早期基督教的歷史》等著作。

　　恩格斯的重要著作《反杜林論》一書的第一個全譯本是一九三〇年上海江南書店出版的，譯者吳黎平根據德文原本，參照俄文和日文本翻譯的。該書出版後，曾在上海再版數次，後來又以「筆耕堂」的名義翻印出版。一九三〇年五月，上海泰東書局以「從猿到人」為題出版了由成嵩譯的恩格斯的《勞動在從猿到人轉變過程中的作用》。一九三二年，上海神州國光社出版了恩格斯的《自然辯證法》。三十年代初期，魯迅（周樹人，1881～1936）主編的文藝刊物《萌芽月刊》上曾對馬克思和恩格斯的文藝理論作過介紹。瞿秋白(1899～1935)曾於一九三二年下半年到一九三三年在上海期間編譯和編寫了關於馬克思主義文藝理論方面的著述。其中一九三二年編譯的《現實——馬克思主義文藝論文集》中包括恩格斯致哈克奈斯的信和致保·恩斯特的信，譯者加的標題是《恩格斯論巴爾扎克》、《恩格斯論易卜生的信》。一九三三年，瞿秋白編寫了《馬克

思恩格斯論文學上的現實主義》、《恩格斯和文學上的機械論》等文章，系統地介紹了馬、恩關於文學藝術的理論。郭沫若(1892～1987)也翻譯和介紹過馬、恩文藝論著和其他方面的論著。

抗日戰爭爆發以後，一九三八年五月，在延安成立了以張聞天(1900～1976)為院長的馬列學院。該學院的一項基本任務是編輯和翻譯馬克思主義著作、文獻。從一九三八年至一九四二年延安的解放社曾出版《馬克思恩格斯叢書》，該叢書包括一系列馬克思主義重要著作，其中有恩格斯的《社會主義從空想到科學的發展》、《德國的革命和反革命》以及馬克思、恩格斯的《共產黨宣言》和《馬恩通信選集》。此外，《大眾哲學》一書作者、哲學家艾思奇(1910～1966)來到延安後，又譯出了《馬克思恩格斯關於唯物史觀的書信》。吳黎平重新校訂了《反杜林論》，並於一九四〇年由解放社出版了該書校訂版。在軍事方面，翻譯出版了《恩格斯軍事論文選集》，該書收入了恩格斯五篇軍事著作。魯迅藝術學院出版了《馬克思恩格斯列寧論藝術》，其中收入了恩格斯關於藝術問題的書信和論著。《中國青年》於一九四〇年十二月刊載了于光遠翻譯、景林校訂的《從猿到人過程中勞動的作用》。在延安，毛澤東(1893～1976)曾組織了一個哲學研究會，約請艾思奇、何思敬等人一起研究馬克思主義哲學。于光遠等人發起成立一個學習自然辯證法小組，主要學習恩格斯的《反杜林論》和《自然辯證法》等著作。在抗日戰爭時期，除延安外，在上海、武漢、重慶等地的一些出版社都出版了大批馬克思、恩格斯著作和學習介紹馬、恩學說的論著。一九四〇年，在恩格斯誕辰一百二十周年之際，在重慶出版的《群眾》周刊開闢特輯專欄，發表了一批介紹恩格斯生平、事業和學說的文章，還發表了恩格斯一八九〇年九月二十一日致布洛赫的信的中譯文。

一九四六年至一九四九年期間，各地新華書店，重慶的生活‧讀書‧新知三聯書店及其在當時的上海、武漢、北平、廣州等地的聯營書店都出版了大量的馬、恩著作。這個時期，香港也成了出版馬克思主義著作的重要地方。一九四九年二月，由毛澤東親自審定的一套幹部必讀書目中，馬克思、恩格斯的《共產黨宣言》和恩格斯的《社會主義從空想到科學的發展》這兩部著作都整本列入。

一九四九年以後，在中國大陸對馬克思、恩格斯著作的翻譯、出版和研究工作都進入新的歷史階段，出版的馬、恩著作種類之多，發行量之大，翻譯研究的質量都達到新的水平。一九五三年一月成立了馬恩列斯著作編譯局，從而系統地有計畫地翻譯馬克思、恩格斯、列寧、斯大林的全部著作。從一九五五年開始，該局依據前蘇聯出版的《馬克思恩格斯全集》俄文第二版一至三十九卷陸續將其翻譯為中文出版，到一九七四年全部出齊。在這三十九卷中，包括恩格斯全部重要哲學著作和大量通信。一九七二年，還出版了《馬克思恩格斯選集》一至四卷，馬、恩的這些專著和通信，在翻譯、校訂過程中，參考了一九四九年以前出版的各種譯本，還就各種專門問題廣泛求教於有關專家學者。五十年代後半期到六十年代前半期，在大規模地出版《馬克思恩格斯全集》同時，還翻譯出版了馬、恩著作的單行本和專題言論集。從一九七七年起，又陸續出版了《馬克思恩格斯全集》的補卷從第四十卷至五十卷。補卷中收進馬、恩的早期著作，讀書筆記和手稿，其中包括馬克思的《一八四四年經濟學－哲學手稿》、恩格斯的《謝林論黑格爾》、《謝林和啟示》、《謝林──基督教哲學家》、《共產主義信條》等。一九九五年，開始發行《馬克思恩格斯選集》新版四卷集和新的《全集》譯本。

II. 毛澤東哲學對恩格斯哲學思想的繼承和發展

在中國，無論在一九四九年以前還是以後，都有一批理論家、思想家比較系統地研究過恩格斯哲學思想，並且把它用於指導中國問題的研究，其中最重要的代表當推毛澤東。

毛澤東於一八九三年十二月二十六日生於湖南省湘潭縣韶山沖的一個農民家庭，辛亥革命時參加革命軍，一九一三年入湖南第一師範學校學習。青年時期他便開始接受馬克思主義，並成為中國最早的馬克思主義者和中共主要創始者之一。毛澤東接觸馬克思、恩格斯的學說，大體上是在一九一七年以後。用他自己的話說，「十月革命一聲炮響，給我們送來了馬克思列寧主義」❻。一九一八年八月，毛澤東為籌備組織湖南學生赴法勤工儉學而第一次去北京，經他的老師楊昌濟介紹，認識了當時任北京大學圖書館主任的李大釗。李大釗推薦他在該圖書館當一名助理員。一九一九年五四運動爆發時，毛澤東從北京返回長沙，在長沙創辦學生的報紙《湘江評論》。他發表在《湘江評論》上的文章，已經反映出他的初步的馬克思主義觀點。一九一九年十二月，他第二次來到北京。在北京期間，他讀了許多關於俄國革命和馬克思主義的書籍。據毛澤東自己說，當時對他影響最大、幫助他建立起馬克思主義信仰的有三本書：馬克思、恩格斯的《共產黨宣言》、考茨基的《階級鬥爭》、柯卡普的《社會主義史》。他說，到了一九二〇年夏天，在理論上，而且在某

---

❻ 毛澤東，《論人民民主專政》，《毛澤東選集》，卷四，頁一四七六，人民出版社，一九六〇年版。

種程度的行動上，他已成為一個馬克思主義者了❹。毛澤東在一九
三一年紅軍打下漳州時得到恩格斯《反杜林論》的全譯本，如獲至
寶。在長征路上，他丟棄了好些衣物，但卻把此書一直帶在身邊，
帶到延安。他曾反覆閱讀過這部書，在延安時，還和譯者吳黎平討
論過該書翻譯中的問題。一九三七年毛澤東在延安期間，曾系統地
給幹部講授馬克思主義哲學，他當時的講課提綱《辯證法唯物論提
綱》多處引用恩格斯的原話或轉述恩格斯有關論點。從這篇提綱來
看，毛澤東在此之前曾經認真研讀了當時所能搜集到的恩格斯哲學
著作的中譯本，特別是《反杜林論》和《終結》中的觀點，曾被多
次引述。但毛澤東決不是一個僅僅從書本上討生活的人，他在對待
馬克思主義著作問題上，總是堅決反對教條主義或「本本主義」。他
閱讀恩格斯的著作是非常認真的，但他並不是停留在重複恩格斯的
現成結論上，而是緊密結合中國和世界的實際，加以融匯貫通，並
加以應用和發展。

　　在恩格斯哲學思想中，毛澤東特別加以運用、發揮並在實際生
活中產生巨大影響的觀點主要是：關於矛盾的觀點，關於實踐觀點，
關於階級鬥爭的觀點，關於社會基本矛盾的觀點。

　　矛盾的觀點。毛澤東在他的《矛盾論》等論著中，系統地闡述
了他對於對立統一規律的思想。在他看來，在辯證法的規律中，最
根本的規律是對立統一規律，其他規律和範疇都是對立統一規律的
具體表現和進一步展開。在論述矛盾的普遍性時，他引用了恩格斯
在《反杜林論》中的有關論述。在論述矛盾的特殊性時，他指出，
馬克思、恩格斯在運用矛盾的法則對社會歷史過程進行具體分析方

---

❹　見《毛澤東一九三六年同斯諾的談話》，頁三九，人民出版社，一九
　　七九年版。

面，「給了我們很好的模範」**❸**。但是，毛澤東關於矛盾普遍性、矛盾特殊性的界說，以及矛盾普遍性和特殊性的關係，關於矛盾的同一性和鬥爭性的關係，關於主要矛盾和矛盾的主要方面，關於對抗性矛盾和非對抗性矛盾的論述，都豐富和發展了恩格斯以及列寧關於對立統一規律的思想。毛澤東在這個問題上的新貢獻還表現在他運用對立統一規律和矛盾分析方法，具體研究中國社會，分析中國的經濟、政治和文化領域中的矛盾，分析軍事鬥爭中各種矛盾關係，分析人民內部和敵我之間的矛盾，並提出了相應的理論和策略。

　　實踐觀點和以實踐為基礎的能動反映論。關於實踐在認識中的作用，馬克思、恩格斯有一系列的論述，提出了許多重要觀點，例如，關於馬克思、恩格斯的唯物論和舊唯物論之間的區別，關於生產活動是最基本的實踐活動，關於實踐是檢驗人們認識真理性的唯一標準，關於實踐是認識發展的動力等觀點。毛澤東在他的《實踐論》等著作中，堅持並發展了馬克思主義的實踐觀點和以實踐為基礎的能動反映論。首先，他進一步論述了實踐的內容和形式，指出人類的生產活動是最基本的實踐活動，但人的社會實踐除了生產活動之外，還有其他多種形式。他在六十年代初期，明確地指出生產鬥爭，階級鬥爭和科學實驗是三項基本的實踐活動形式。其次，毛澤東系統地闡明了實踐在認識過程中的地位和作用，指出實踐是認識的來源，是認識深化和發展的動力，是檢驗真理的標準又是認識的目的。第三，毛澤東系統地闡明了在實踐基礎上認識發展中的兩次飛躍，即從感性認識到理性認識又從理性認識到實踐的飛躍。他認為人類認識的辯證發展過程就是「從感性認識而能動地發展到

---

❸ 毛澤東，《矛盾論》，《毛澤東選集》，卷一，頁三〇五，人民出版社，一九五二年版。

理性認識，又從理性認識而能動地指導革命實踐，改造主觀世界和改造客觀世界。實踐、認識、再實踐、再認識，這種形式，循環往復以至無窮，而實踐和認識之每一循環的內容，都比較地進到了高一級的程度」❹。

　　關於能動的反映論，涉及到「思維和存在的同一性」問題。對於這一問題，毛澤東曾在他關於前蘇聯《政治經濟學教科書》的談話中談了他的看法。他認為，說思維和存在不能等同，是對的，但是因此就說思維和存在沒有同一性，則是錯誤的。說二者同一，不是說二者等同，不是說思維等同於存在。如果認為思維只是思維，存在只是存在，思維不能達到存在的彼岸，存在不能被認識，客觀不能被主觀所認識，這就一定要走到二元論，最後走到康德那裡去。思維是一種特殊的運動形態，它能夠反映客觀的運動，並且由此產生科學的預見。而這種預見經過實踐又能轉化成為事物。他認為，只要肯定了存在是第一性的，思維是第二性的，我們就同唯心主義劃清了界限。然後還要進一步解決客觀存在能否認識，如何認識的問題。毛澤東還指出，人們的主觀認識運動的規律和外界客觀運動的規律是同一的。辯證法的規律是客觀所固有的，是客觀運動的規律，這種客觀運動的規律，反映在人們頭腦中，就成為主觀辯證法。毛澤東指出，這種客觀辯證法和主觀辯證法是統一的。這是恩格斯多次闡明的論點。

　　毛澤東在六十年代初，把他關於能動的反映論的思想概括為「物質可以變成精神，精神可以變成物質」的命題。所謂物質變精神，他指的是客觀外界的現象通過人的實踐而轉化為人的主觀認識，

────────────

❹　毛澤東，《實踐論》，《毛澤東選集》，卷一，頁二八五，人民出版社，一九五二年版。

由感性認識變為理性認識。這是認識的第一階段。所謂精神變物質，就是把第一階段中形成的認識變為群眾的自覺行動，從而變為改造世界的物質力量。

關於階級鬥爭觀點。毛澤東接觸馬克思主義，首先掌握的是馬克思、恩格斯關於階級鬥爭的觀點和對社會階級關係進行階級分析的方法。他後來說，他在一九二○年第一次讀了由陳望道翻譯的《共產黨宣言》等著作，才知道人類自有史以來就有階級鬥爭，階級鬥爭是社會發展的原動力，初步地得到認識問題的方法論。可是這些書上，並沒有中國的湖南、湖北，也沒有中國的人和事，他只是把握其基本觀點和觀察問題的方法，「只取了它四個字：『階級鬥爭』，老老實實地來開始研究實際的階級鬥爭」❺。毛澤東對中國社會的研究，就是從對中國社會各階級進行分析開始。這個階級鬥爭的觀點和階級分析的方法，一直是毛澤東在社會歷史問題上最基本的觀點和方法。

關於社會基本矛盾。馬克思和恩格斯所創立的唯物主義歷史觀揭示了社會歷史發展規律，提出了生產力和生產關係，經濟基礎和上層建築之間的相互關係的理論。恩格斯在分析資本主義社會矛盾時，明確提出了資本主義社會的基本矛盾的概念❺。毛澤東依據馬克思、恩格斯的歷史唯物主義基本觀點，進一步研究了馬、恩逝世後幾十年來歷史唯物主義研究的新成果，明確提出了生產力和生產關係的矛盾，經濟基礎和上層建築的矛盾是社會的基本矛盾。他還

❺ 毛澤東，《毛澤東農村調查文集》，頁二一～二二，人民出版社，一九八二年版。

❺ 恩格斯，《社會主義從空想到科學的發展》，《馬克思恩格斯選集》，卷三，頁四四二，人民出版社，一九七二年版。

認為，這兩對矛盾仍然是社會主義社會的基本矛盾。但是社會主義社會的這些矛盾，同以往社會中生產關係和生產力的矛盾，上層建築和經濟基礎的矛盾，「具有根本不同的性質和情況罷了」❷。在毛澤東看來，社會主義社會生產關係和生產力，上層建築和經濟基礎，是「又相適應又相矛盾」的，「矛盾不斷出現又不斷解決，就是事物發展的辯證規律」❸。

四　結束語

恩格斯哲學思想在當今世界的影響問題，是一個涉及面極其廣泛而又複雜的問題，遠不止我們在前面幾節所談到的那些。在西歐、北美和澳大利亞，在亞洲、拉丁美洲和非洲，都有恩格斯的影響，尤其是在談論馬克思主義哲學時，更是如此。但是，人們對恩格斯哲學思想的看法並不是一致的。在西歐和北美，這種褒貶不一和眾說紛紜的情況更為常見，更為突出。本書無意於對這些不同見解進行評論，因為這將會大大超出本書論述的範圍。

自恩格斯逝世，到現在已經過去了整整一個世紀。一百年來，人類社會面貌發生了巨大變化，自然科學，社會科學和人文科學也是突飛猛進的，新成果，新學說層出不窮，令人眼花繚亂。人類正走向二十一世紀。在這樣一個新的歷史時期，哲學也面臨一系列新的問題。恩格斯曾經說過：「隨著自然科學領域中每一個劃時代的發

---

❷　毛澤東，《關於正確處理人民內部矛盾的問題》，《毛澤東選集》，卷五，頁三七三，人民出版社，一九七七年版。

❸　同❷，頁三七五。

現，唯物主義也必將改變自己的形式。」❺ 恩格斯從來不把自己的見解看成什麼一成不變的「永恆真理」和「終極真理」。如果他活著，他一定會根據新的情況將自己的理論加以修改、完善和發展。這個任務由於他的逝世而永久地留給後來的人們。但是恩格斯哲學思想中的唯物的、辯證的、歷史的和人道的精神，他本人像馬克思那樣奮不顧身地為人類而工作的獻身精神，孜孜不倦、永不滿足地追求新知識的學習精神和不斷探索未知領域、不斷開拓的創造精神都是他留給我們的寶貴的精神財富。

---

❺ 同❶，頁二二四。

年 表

1820年11月28日

    弗里德里希‧恩格斯出生於德國巴門市。

1834年10月20日

    恩格斯進愛北斐特中學。

1837年9月15日

    恩格斯由於父親的堅持，沒有讀完最後一學年就離開中學，到他父親在巴門的公司當辦事員。

1838年7月中～1841年3月下半月

    恩格斯在不來梅一家大貿易公司見習。

1839年3～4月

    恩格斯在漢堡《德意志電訊》上匿名發表〈烏培河谷來信〉。

1841年3月底

    恩格斯從不來梅回到巴門。

1841年9月下半月～1842年10月8日

    恩格斯作為志願兵在柏林服役。在服役期間，恩格斯利用公餘時間在柏林大學旁聽。在此期間，他寫了尖銳抨擊謝林、維護黑格爾的三篇文章。

1842年3月

    恩格斯為《萊茵報》撰稿。

1842年 10月

　　恩格斯服役期滿後，從柏林回到巴門。

1842年11月下半月

　　恩格斯動身前往英國，到歐門－恩格斯公司在曼徹斯特的棉紡廠實習經商。赴英途中，恩格斯訪問了在科倫的《萊茵報》編輯部，在那裡和馬克思初次見面。

1843年

　　恩格斯結識愛爾蘭女工瑪麗·白恩士。

1844年1月

　　恩格斯為馬克思和盧格主編的《德法年鑑》寫《英國狀況　評托馬斯·卡萊爾的「過去和現在」》和《政治經濟學批判大綱》等文章。

1844年8月底～9月初

　　恩格斯從英國回德國，他繞道巴黎，與馬克思會見，並與馬克思合作撰寫批判鮑威爾兄弟及其伙伴的著作《神聖家族》。

1844年9月6日左右～1845年3月

　　恩格斯離開巴黎回巴門，在巴門寫《英國工人階級狀況》一書，並將手稿送交萊比錫的出版商出版。

1845年4月5日以後

　　恩格斯遷往布魯塞爾與馬克思比鄰而居。

1845年11月～1846年夏

　　恩格斯和馬克思共同寫作《德意志意識形態》一書。

1846年8月

　　恩格斯遷居巴黎。

1847年11月～12月底

恩格斯和馬克思分別由巴黎和布魯塞爾前往倫敦，參加共產主義者同盟第二次代表大會。他們二人受大會委託，起草《共產黨宣言》。該宣言於1848年2月在倫敦出版。

1848年4月～次年5月

恩格斯由巴黎回德國，協助馬克思編輯出版《新萊茵報》，並在該報上發表了一系列政論文章。

1849年6月～7月

恩格斯作為維利希志願軍團的副官，參加維護帝國憲法的起義。

1849年11月

恩格斯由瑞士經意大利到達倫敦。

1850年夏末

恩格斯寫完《德國農民戰爭》，在馬克思主編的《新萊茵報・政治經濟評論》上發表。

1850年11月中旬

恩格斯遷居曼徹斯特，重新在歐門－恩格斯公司工作。

1850年11月底

恩格斯開始系統地研究軍事問題。

1851年8月8日～14日

恩格斯根據馬克思的要求為《紐約每日論壇報》撰寫〈德國的革命和反革命〉系列文章。

1852年5月21日

在歐門－恩格斯公司的股東們簽訂的合同中規定給恩格斯增薪，因此恩格斯有可能給馬克思一家以更多的幫助。

1853年7月底～8月初

恩格斯來倫敦看望從德國到這裡來的母親。

1853年9月29日

恩格斯就俄國和土耳其準備開戰寫〈俄軍在土耳其〉一文。

1857年4月初

恩格斯為《紐約每日論壇報》寫文章，論述英國侵略者繼廣州挑釁之後出兵中國的可能性。

1857年11月6日

恩格斯經過海濱療養以後回到曼徹斯特。

1857年8月～1860年11月

恩格斯為在紐約出版的《美國新百科全書》撰稿。

1858年5月底～7月6日

恩格斯寫了三篇關於印度起義的文章。

1858年7月14日

恩格斯寫信給馬克思，把自己研究比較生理學、物理學以及其他自然科學的情況告訴馬克思。

1859年2月25日

恩格斯寫信告訴馬克思，說他打算寫一本小冊子，書名叫《波河與萊茵河》。該書於1859年4月5日在柏林匿名出版。

1859年12月11日

恩格斯寫信告訴馬克思，他正在閱讀達爾文的著作《物種起源》。

1860年1月～2月

恩格斯研究軍事理論和實踐問題，研究各種武器的發明和發展的問題。

1860年2月4日～20日

　　恩格斯寫小冊子《薩瓦·尼斯與萊茵》，它是《波河與萊茵河》
的續篇。這本小冊子於4月初在柏林匿名出版。

1860年3月23日～4月6日

　　恩格斯由於父親去世而赴巴門。

1862年5月23日～25日

　　恩格斯寫信給馬克思詳細地分析了美國南北戰爭各主要戰場
上的形勢。

1863年1月6日

　　恩格斯的妻子瑪麗·白恩士逝世。

1863年4月8日

　　恩格斯開始研究自然科學問題，閱讀賴爾的《人類古代的地質
學考證》和赫胥黎的《論人類在自然界的位置》等著作。

1863年9月底

　　恩格斯參觀利物浦港。

1865年2月底

　　恩格斯著《普魯士軍事問題和德國工人政黨》在漢堡出版。

1865年3月6日

　　恩格斯參加席勒協會理事會會議。

1865年8月底～9月中

　　恩格斯到德國、瑞士和意大利旅行。

1866年1月初

　　恩格斯研究自然科學的一些問題，對分子理論表現出極大的興
趣。

1867年6月上半月

恩格斯對化學的最新理論感興趣，他閱讀了德國化學家奧威 ・ 霍夫曼的《現代化學通論》等著作。

1867年7月5日

恩格斯動身去瑞典、丹麥和德國旅行。

1868年1月上半月

恩格斯寫《資本論》第一卷書評，書評於1月21日發表在《新巴登報》上。

1868年4月1日～5日

恩格斯到倫敦參加馬克思的女兒勞拉和拉法格的婚禮。

1868年9月初

恩格斯陪從德國來的母親在奧斯坦德住了幾天。旅途中，他在倫敦同馬克思見面。

1868年10月

恩格斯閱讀達爾文的著作《家畜和農作物的變異》第一卷。

1869年7月1日

恩格斯徹底結束在曼徹斯特的歐門－恩格斯公司的工作。

1869年8月19日左右～9月初

恩格斯去德國旅行，曾到恩格爾斯基爾亨探望親屬並在那裡住了幾天。

1869年9月6日～23日

恩格斯和妻子莉希 ・ 白恩士以及愛琳娜 ・ 馬克思在愛爾蘭旅行。他訪問了都柏林、基拉尼和科克，到處看到英國在愛爾蘭實行殖民政策所造成的嚴重後果。

1869年9月底

　　恩格斯準備出版《德國農民戰爭》一書的第二版。

1870年7月27日左右～1871年2月中

　　恩格斯根據同《派爾－麥爾新聞》編輯部商議的結果，寫了五十九篇關於普法戰爭的文章，從1870年7月29日至次年2月18日在該報發表。

1870年8月25日

　　恩格斯寫《戰爭短評》（十二）。文中剖析了麥克馬洪的軍隊撤離蘭斯，預言法軍將在色當慘敗。

1870年9月20日

　　恩格斯把他在歐門－恩格斯公司的一切事務料理完畢後，從曼徹斯特遷居倫敦，住在離馬克思家不遠的地方。

1870年10月4日

　　恩格斯經一致通過被選為國際工人協會總委員會委員。

1873年5月底

　　恩格斯擬定了寫《自然辯證法》一書的計畫，他斷斷續續寫到1883年為止，但未寫完。

1873年10月28日～11月20日

　　恩格斯因為母親生病和去世住在恩格爾斯基爾亨。

1874年～1875年初

　　恩格斯繼續寫作《自然辯證法》。在這段時間裡他寫了五十多篇札記和片斷。

1874年9月5日

　　恩格斯在澤稷島休息後返回倫敦。

1875年3月～1876年

　　恩格斯繼續寫作《自然辯證法》。在這段時間中他寫完了兩章（《導言》和《勞動在從猿到人轉變過程中的作用》），並寫了大量的札記和片斷。

1875年8月中～9月22日左右

　　恩格斯在蘭茲格特休養。

1876年5月底～8月底

　　恩格斯中斷了《自然辯證法》一書的寫作，開始為批判杜林的觀點收集材料。

1876年7月24日～9月1日

　　恩格斯在蘭茲格特休養。

1877年約2～3月和5月下半月

　　恩格斯陪患病的妻子莉希在布萊頓療養。

1877年7月11日～8月28日

　　恩格斯陪患病的妻子在蘭茲格特休養。

1877年9月5日～21日左右

　　恩格斯陪妻子在蘇格蘭休養。

1878年初

　　恩格斯寫〈神靈世界中的自然科學〉一文，後來他把該文編入《自然辯證法》。

1878年7月8日

　　恩格斯的《歐根・杜林先生在科學中實行的變革》（《反杜林論》）一書的第一個單行本在萊比錫出版。

1878年8月

　　恩格斯寫完《反杜林論》以後，打算著手系統地整理《自然辯

證法》的材料，為此他擬訂了這一著作的總計畫草案。

1878年9月12日

恩格斯的妻子莉希・白恩士逝世。

1879年9月左右

恩格斯寫《自然辯證法》中的〈辯證法〉一章。

1880年1月～3月

恩格斯應保・拉法格的請求，把《反杜林論》一書中的三章改寫成一本獨立的通俗著作。該書由拉法格譯成法文，以《空想社會主義和科學社會主義》為題在《社會主義評論》上發表。同年又用同一標題出版了法文單行本。1883年出版了德文單行本，標題為《社會主義從空想到科學的發展》。

1881年12月2日

馬克思的妻子燕妮・馬克思逝世。

1881年12月5日

恩格斯在安葬燕妮・馬克思時發表墓前講話。講話發表在12月11日《平等報》上。

1882年4月下半月

恩格斯寫《布魯諾・鮑威爾和早期基督教》一文。

1883年3月14日下午二時四十五分

卡爾・馬克思逝世。

1883年3月17日

馬克思的葬禮在倫敦海德公墓舉行，恩格斯發表墓前講話。

1883年9月下半月

恩格斯開始準備出版《資本論》第二卷的手稿。他幾乎用了兩年的時間進行這一工作。

1884年1月～3月

恩格斯繼續整理馬克思的遺稿和藏書。

1884年3月5日

恩格斯應維也納大學講師古·格羅斯的請求，把馬克思傳記方面的一些事實告訴他，供編寫《德國人名大辭典》中的馬克思傳記使用。

1884年3月底～5月26日

恩格斯寫《家庭、私有制和國家的起源》一書。該書於1884年10月在蘇黎世出版。

1884年底

恩格斯計畫重新出版自己的《德國農民戰爭》一書，並著手進行修改的準備。

1885年1月

馬克思的著作《哲學的貧困》第一版在斯圖加特出版，恩格斯寫了序言。

1885年2月23日

恩格斯完成《資本論》第二卷的最後一部分手稿的整理工作，並把它寄給出版社。

1885年2月底

恩格斯開始整理《資本論》第三卷手稿。這一工作一直進行了十年左右。

1885年7月上旬

馬克思的《資本論》第二卷出版。

1885年7月下半月

恩格斯結束《資本論》第三卷手稿的辨認工作。

1885年12月2日

　　恩格斯的《反杜林論》第二版在蘇黎世出版。

1886年2月25日～8月5日

　　恩格斯校訂《資本論》第一卷英譯稿，他在校訂時特別利用了馬克思在1877年為當時準備在美國把這部著作譯成英文時所作的一些批註。

1886年4月～5月

　　德國社會民主黨的理論雜誌《新時代》上發表了恩格斯著的《路德維希·費爾巴哈和德國古典哲學的終結》一文，此文於1888年經過修訂，在斯圖加特出了單行本。

1886年8月29日

　　恩格斯離開伊斯特勃恩回倫敦，以便會見從德國前往美國的李卜克內西。

1887年1月初

　　《資本論》第一卷英譯本在倫敦出版。

1888年8月8日～9月29日

　　恩格斯同愛琳娜·馬克思—艾威林、愛德華·艾威林以及卡爾·肖萊馬一起赴美國和加拿大旅行。

1890年1月～12月

　　恩格斯繼續進行整理出版《資本論》第三卷手稿的工作。

1890年7月1日～26日

　　恩格斯同他的朋友卡·肖萊馬一起在挪威旅行。

1890年10月12日～19日

　　恩格斯清理1836年至1864年馬克思的書信。

1890年11月28日

　　恩格斯七十歲生日，收到來自各國的大批賀信、賀電。

1891年9月

　　恩格斯經過一個時期的間斷之後，繼續整理出版《資本論》第三卷手稿的工作。

1892年3月29日

　　恩格斯為馬克思的《哲學的貧困》一書德文第二版寫按語，此書於1892年在斯圖加特出版。

1892年6月27日

　　卡爾·肖萊馬在曼徹斯特逝世，恩格斯參加了葬禮。

1893年7月29日

　　恩格斯立遺囑。他把一部分財產和藏書遺贈給德國社會民主黨，把大部分財產留給馬克思的幾個女兒和外孫。

1893年8月1日～9月29日

　　恩格斯去德國、瑞士和奧匈帝國旅行。他訪問了科倫，然後同倍倍爾一起經美因茲和斯特拉斯堡到蘇黎世。從那裡去格勞賓登看望他的弟弟海爾曼，住了幾天後返回蘇黎世，後去維也納經布拉格和卡爾斯巴德到柏林，在柏林住了十幾天，最後經鹿特丹返回倫敦。

1894年1月～5月11日

　　恩格斯繼續進行整理出版《資本論》第三卷手稿的工作。

1894年12月初

　　由恩格斯整理付印的《資本論》第三卷在漢堡出版，恩格斯寫了序言。

1895年5月

　　恩格斯寫《資本論》第三卷增補，共兩篇文章《價值規律和利
　　潤率》和《交易所》。

1895年8月5日晚十點三十分

　　弗里德里希·恩格斯逝世。

1895年8月27日

　　遵照恩格斯的遺囑，他的最親密的朋友——愛·馬克思—艾威
　　林、列斯納等人在伊斯特勃恩海濱把他的骨灰罐投入海中。

參考書目

《馬克思恩格斯全集》，第一卷，北京，人民出版社，一九五六年版。

《馬克思恩格斯全集》，第二卷，北京，人民出版社，一九五七年版。

《馬克思恩格斯全集》，第三卷，北京，人民出版社，一九六〇年版。

《馬克思恩格斯全集》，第四卷，北京，人民出版社，一九五八年版。

《馬克思恩格斯全集》，第七卷，北京，人民出版社，一九五九年版。

《馬克思恩格斯全集》，第十三卷，北京，人民出版社，一九六二年版。

《馬克思恩格斯全集》，第十四卷，北京，人民出版社，一九六四年版。

《馬克思恩格斯全集》，第十五卷，北京，人民出版社，一九六三年版。

《馬克思恩格斯全集》，第十六卷，北京，人民出版社，一九六四年版。

《馬克思恩格斯全集》，第十七卷，北京，人民出版社，一九六三
    年版。

《馬克思恩格斯全集》，第十九卷，北京，人民出版社，一九六三
    年版。

《馬克思恩格斯全集》，第二十卷，北京，人民出版社，一九七一
    年版。

《馬克思恩格斯全集》，第二十一、二十二卷，北京，人民出版社，
    一九六五年版。

《馬克思恩格斯全集》，第二十七卷，北京，人民出版社，一九七
    二年版。

《馬克思恩格斯全集》，第三十一卷，北京，人民出版社，一九七
    二年版。

《馬克思恩格斯全集》，第三十二卷，北京，人民出版社，一九七
    四年版。

《馬克思恩格斯全集》，第三十三卷，北京，人民出版社，一九七
    三年版。

《馬克思恩格斯全集》，第三十四卷，北京，人民出版社，一九七
    二年版。

《馬克思恩格斯全集》，第三十五卷，北京，人民出版社，一九七
    一年版。

《馬克思恩格斯全集》，第三十六卷，北京，人民出版社，一九七
    四年版。

《馬克思恩格斯全集》，第三十九卷，北京，人民出版社，一九七
    四年版。

《馬克思恩格斯全集》，第四十一卷，北京，人民出版社，一九八

二年版。

《馬克思恩格斯全集》，第四十二卷，北京，人民出版社，一九七
　　九年版。

《馬克思恩格斯選集》，第一～四卷，北京，人民出版社，一九七
　　二年版。

《列寧選集》，第一～四卷，北京，人民出版社，一九七二年版。

列寧，《哲學筆記》，北京，人民出版社，一九六〇年版。

《毛澤東選集》，第一～四卷，北京，人民出版社，一九九一年版。

《毛澤東選集》，第五卷，北京，人民出版社，一九七七年版。

《毛澤東一九三六年同斯諾的談話》，北京，人民出版社，一九七
　　九年版。

《毛澤東農村調查文集》，北京，人民出版社，一九八二年版。

普列漢諾夫著，博古譯，《論一元論歷史觀之發展》，北京，人民出
　　版社，一九五七年版。

梅林，《保衛馬克思主義》，北京，人民出版社，一九八二年版。

拉法格，《思想起源論》，北京，生活・讀書・新知三聯書店，一九
　　六三年版。

拉布里奧拉，《關於歷史唯物主義》，北京，人民出版社，一九八四
　　年版。

奧古斯特・科爾紐，《馬克思恩格斯傳》，一、二、三卷，北京，人
　　民出版社，一九六三年、一九六五年、一九八〇年版。

海因里希・格姆科夫等著，《恩格斯傳》，北京，生活・讀書・新知
　　三聯書店，一九八〇年版。

曼・克利姆編著，《恩格斯文獻傳記》，湖南人民出版社，一九八六
　　年版。

格姆科夫著，舒昌善譯，《我們的一生──馬克思恩格斯傳記》，天
　　津，天津人民出版社，一九八三年版。

《馬克思恩格斯著作在中國的傳播》，北京，人民出版社，一九八三
　　年版。

戴維・麥克萊倫著，余其銓、趙常林等譯，《馬克思以後的馬克思
　　主義》，北京，中國社會科學出版社，一九八六年版。

約翰・霍夫曼著，固裕昶、杜章智譯，《實踐派理論和馬克思主義》，
　　北京，社會科學文獻出版社，一九八八年版。

《摩爾和將軍》，北京，人民出版社，一九八〇年版。

《馬克思恩格斯生平事業年表》，北京，人民出版社，一九七六年版。

黑格爾，《哲學史講演錄》，第一～四卷，北京，商務印書館，一九
　　九五年版。

《費爾巴哈著作選集》，北京，商務印書館，一九八四年版。

北京大學哲學系外國哲學史教研室編譯，《古希臘羅馬哲學》，北京，
　　生活・讀書・新知三聯書店，一九五七年版。

北京大學哲學系外國哲學史教研室編譯，《十六～十八世紀西歐各國
　　哲學》，北京，商務印書館，一九六三年版。

北京大學哲學系外國哲學史教研室編譯，《十八世紀法國哲學》，北
　　京，商務印書館，一九六三年版。

北京大學哲學系編，《西方哲學原著選讀》，上、下卷，北京，商務
　　印書館，一九八一年版。

黑格爾，《小邏輯》，北京，商務印書館，一九八一年版。

張世英，《論黑格爾的邏輯學》，上海，上海人民出版社，一九五九
　　年版。

烏克蘭科學院哲學所編，《恩格斯與現代自然科學》，北京，中國社

會科學出版社，一九八四年版。

童鷹著，《馬克思恩格斯與自然科學》，北京，人民出版社，一九八
　　二年版。

王興斌、欒扶桂著，《恩格斯的晚年》，北京，人民出版社，一九八
　　五年版。

羅郁聰、蘇振富著，《反杜林論研究》，山東人民出版社，一九九〇
　　年版。

復旦大學哲學系自然辯證法教研室編，《馬克思恩格斯列寧自然辯證
　　法文選》，北京，人民出版社，一九八〇年版。

徐吉升、李玉春、孫桃香主編，《馬克思恩格斯書信論哲學》，北京，
　　中國人民公安大學出版社，一九八八年版。

許征帆等編著，《馬克思主義學說史》，長春，吉林人民出版社，一
　　九八七年版。

黃楠森、施德福、宋一秀主編，《馬克思主義哲學史》，北京，北京
　　大學出版社，一九八七年版。

余其銓著，《恩格斯哲學思想新探》，北京，北京大學出版社，一九
　　九二年版。

朱傳啟等著，《馬克思恩格斯哲學思想比較研究》，鄭州，河南人民
　　出版社，一九九五年版。

徐琳、唐源昌主編，《恩格斯與現時代》，北京，中國人民公安大學
　　出版社，一九九四年版。

沈真編，《馬克思恩格斯早期哲學思想研究》，北京，中國社會科學
　　出版社，一九八二年版。

李其駒、王炯華、張耀先主編，《馬克思主義哲學在中國》，上海，
　　上海人民出版社，一九九一年版。

中國人民大學馬列主義發展史研究所,《馬克思恩格斯思想史》,上
　　海,上海人民出版社,一九八二年版。

悉尼・胡克著,徐崇溫譯,《對卡爾・馬克思的理解》,重慶出版社,
　　一九八九年版。

悉尼・胡克著,金克、徐崇溫譯,《理性、社會神話和民主》,上海
　　人民出版社,一九六五年版。

《馬克思恩格斯列寧斯大林毛澤東論歷史唯物主義》,上、中、下冊,
　　北京,北京師範大學出版社,一九八三年版。

潘永祥等編,《自然科學概論》,北京大學出版社,一九八六年版。

中國人民大學馬列主義發展史研究所,《列寧思想史》,上海,上海
　　人民出版社,一九八八年版。

趙修義、童世駿著,《馬克思恩格斯同時代的西方哲學》,上海,華
　　東師範大學出版社,一九九四年版。

斯・布賴奧維奇著,李興漢等譯,《卡爾・考茨基及其觀點的演變》,
　　北京,東方出版社,一九八六年版。

蘇、德馬列主義研究院,《恩格斯逝世之際》,北京出版社,一九八
　　五年版。

索 引

一劃

二劃

三劃

四劃

五劃

十三劃

十四劃

十五劃

世界哲學家叢書（一）

書　　　　　名	作　　　者	出　版　狀　況
孔　　　　　子	韋　政　通	已　　出　　版
孟　　　　　子	黃　俊　傑	已　　出　　版
莊　　　　　子	吳　光　明	已　　出　　版
墨　　　　　子	王　讚　源	已　　出　　版
淮　　南　　子	李　　　增	已　　出　　版
董　　仲　　舒	韋　政　通	已　　出　　版
揚　　　　　雄	陳　福　濱	已　　出　　版
王　　　　　充	林　麗　雪	已　　出　　版
王　　　　　弼	林　麗　真	已　　出　　版
阮　　　　　籍	辛　　　旗	已　　出　　版
劉　　　　　勰	劉　綱　紀	已　　出　　版
周　　敦　　頤	陳　郁　夫	已　　出　　版
張　　　　　載	黃　秀　璣	已　　出　　版
李　　　　　覯	謝　善　元	已　　出　　版
楊　　　　　簡	鄭　曉　江貴 李　承	已　　出　　版
王　　安　　石	王　明　蓀	已　　出　　版
程顥、程頤	李　日　章	已　　出　　版
胡　　　　　宏	王　立　新	已　　出　　版
朱　　　　　熹	陳　榮　捷	已　　出　　版
陸　　象　　山	曾　春　海	已　　出　　版
王　　廷　　相	葛　榮　晉	已　　出　　版
王　　陽　　明	秦　家　懿	已　　出　　版
方　　以　　智	劉　君　燦	已　　出　　版
朱　　舜　　水	李　甦　平	已　　出　　版
戴　　　　　震	張　立　文	已　　出　　版

世界哲學家叢書（二）

書　　　　　名	作　　者	出　版　狀　況
竺　　　道　　　生	陳　沛　然	已　　出　　版
慧　　　　　　　遠	區　結　成	已　　出　　版
僧　　　　　　　肇	李　潤　生	已　　出　　版
吉　　　　　　　藏	楊　惠　南	已　　出　　版
法　　　　　　　藏	方　立　天	已　　出　　版
惠　　　　　　　能	楊　惠　南	已　　出　　版
宗　　　　　　　密	冉　雲　華	已　　出　　版
湛　　　　　　　然	賴　永　海	已　　出　　版
知　　　　　　　禮	釋　慧　岳	已　　出　　版
嚴　　　　　　　復	王　中　江	排　　印　　中
章　　太　　炎	姜　義　華	已　　出　　版
熊　　十　　力	景　海　峰	已　　出　　版
梁　漱　溟	王　宗　昱	已　　出　　版
殷　海　光	章　　清	已　　出　　版
金　岳　霖	胡　　軍	已　　出　　版
馮　友　蘭	殷　　鼎	已　　出　　版
湯　用　彤	孫　尚　揚	已　　出　　版
賀　　　　　麟	張　學　智	已　　出　　版
商　羯　羅	江　亦　麗	排　　印　　中
泰　戈　爾	宮　　靜	已　　出　　版
奧羅賓多・高士	朱　明　忠	已　　出　　版
甘　　　　　　　地	馬　小　鶴	已　　出　　版
拉達克里希南	宮　　靜	已　　出　　版
李　栗　谷	宋　錫　球	已　　出　　版
道　　　　　　　元	傅　偉　勳	已　　出　　版

世界哲學家叢書 (三)

書　　　　　名	作　　者	出　版　狀　況
山　鹿　素　行	劉　梅　琴	已　　出　　版
山　崎　闇　齋	岡　田　武　彥	已　　出　　版
三　宅　尚　齋	海老田輝巳	已　　出　　版
貝　原　益　軒	岡　田　武　彥	已　　出　　版
楠　本　端　山	岡　田　武　彥	已　　出　　版
吉　田　松　陰	山　口　宗　之	已　　出　　版
亞　里　斯　多　德	曾　仰　如	已　　出　　版
伊　壁　鳩　魯	楊　　適	已　　出　　版
伊　本　‧　赫　勒　敦	馬　小　鶴	已　　出　　版
尼　古　拉　‧　庫　薩	李　秋　零	排　　印　　中
笛　　卡　　兒	孫　振　青	已　　出　　版
斯　賓　諾　莎	洪　漢　鼎	已　　出　　版
萊　布　尼　茨	陳　修　齋	已　　出　　版
托　馬　斯　‧　霍　布　斯	余　麗　嫦	已　　出　　版
洛　　　　克	謝　啓　武	排　　印　　中
巴　　克　　萊	蔡　信　安	已　　出　　版
休　　　　謨	李　瑞　全	已　　出　　版
托　馬　斯　‧　銳　德	倪　培　民	已　　出　　版
伏　　爾　　泰	李　鳳　鳴	已　　出　　版
孟　德　斯　鳩	侯　鴻　勳	已　　出　　版
費　　希　　特	洪　漢　鼎	已　　出　　版
謝　　　　林	鄧　安　慶	已　　出　　版
祁　　克　　果	陳　俊　輝	已　　出　　版
彭　　加　　勒	李　醒　民	已　　出　　版
馬　　　　赫	李　醒　民	已　　出　　版

世界哲學家叢書（四）

書　　　　　名	作　　者	出　版　狀　況
迪　　　　　昂	李　醒　民	已　　出　　版
恩　　格　　斯	李　步　樓	已　　出　　版
約　翰　彌　爾	張　明　貴	已　　出　　版
狄　　爾　　泰	張　旺　山	已　　出　　版
弗　洛　伊　德	陳　小　文	已　　出　　版
史　寶　格　勒	商　戈　令	已　　出　　版
雅　　斯　　培	黃　　藿	已　　出　　版
胡　　塞　　爾	蔡　美　麗	已　　出　　版
馬克斯・謝勒	江　日　新	已　　出　　版
海　　德　　格	項　退　結	已　　出　　版
高　　達　　美	嚴　　平	排　　印　　中
哈　伯　馬　斯	李　英　明	已　　出　　版
榮　　　　　格	劉　耀　中	已　　出　　版
皮　　亞　　傑	杜　麗　燕	已　　出　　版
索　洛　維　約　夫	徐　鳳　林	已　　出　　版
馬　　賽　　爾	陸　達　誠	已　　出　　版
布　拉　德　雷	張　家　龍	排　　印　　中
懷　　特　　海	陳　奎　德	已　　出　　版
玻　　　　　爾	戈　　革	已　　出　　版
弗　　雷　　格	王　　路	已　　出　　版
石　　里　　克	韓　林　合	已　　出　　版
維　根　斯　坦	范　光　棣	已　　出　　版
艾　　耶　　爾	張　家　龍	已　　出　　版
奧　　斯　　丁	劉　福　增	已　　出　　版
魯　　一　　士	黃　秀　璣	已　　出　　版

世界哲學家叢書（五）

書　　　　名	作　　者	出　版　狀　況
蒯　　　　因	陳　　波	已　　出　　版
庫　　　　恩	吳　以　義	已　　出　　版
洛　爾　斯	石　元　康	已　　出　　版
喬　姆　斯　基	韓　林　合	已　　出　　版
馬　克　弗　森	許　國　賢	已　　出　　版
尼　布　爾	卓　新　平	已　　出　　版